Sean Covey

Die 6 wichtigsten Entscheidungen für Jugendliche

*›› Zwei Wege trennten sich im Wald, und ich –
ich nahm dann den, der kaum begangen war.
Und das machte den großen Unterschied. ‹‹*

Robert Frost

Für alle Teenager auf der Welt,
die sich für den »hohen Weg« entscheiden wollen.

&

Für meinen Sohn Michael Sean,
der in schwierigen Augenblicken unglaublich mutig war.

Sean Covey

Die 6 wichtigsten Entscheidungen für Jugendliche

Wie du die Weichen für dein Leben richtig stellst

Illustriert von Timo Wuerz

Aus dem Amerikanischen
von Ingrid Proß-Gill

GABAL FranklinCovey

Die amerikanische Originalausgabe »The 6 Most Important Decisions You'll Ever Make« erschien 2006 bei Fireside, Simon & Schuster, USA.

www.franklincovey.de

Bibliografische Information der Deutschen Nationalbibliothek

Die Deutsche Nationalbibliothek verzeichnet diese Publikation in der Deutschen Nationalbibliografie; detaillierte bibliografische Daten sind im Internet über http://dnb.d-nb.de abrufbar.

ISBN 978-3-86936-969-3

Lektorat: Claudia Franz, Oberstaufen | info@text-it.org
Umschlaggestaltung: total italic (Thierry Wijnberg), Amsterdam / Berlin | www.totalitalic.com
Titelabbildungen: Irina Adamovic / Shutterstock
Illustrationen: Timo Wuerz, Hamburg | www.timowuerz.de
Satz und Layout: Das Herstellungsbüro, Hamburg | www.buch-herstellungsbuero.de
Druck und Bindung: Salzland Druck, Staßfurt

9. Auflage 2024

Wir drucken in Deutschland.

www.gabal-verlag.de
www.gabal-magazin.de
www.facebook.com/Gabalbuecher
www.twitter.com/gabalbuecher
www.instagram.com/gabalbuecher

PEFC-zertifiziert
Dieses Produkt stammt aus nachhaltig bewirtschafteten Wäldern und kontrollierten Quellen
PEFC/04-31-2251
www.pefc.de

Das steht im Buch

Erst mal: Glückwunsch! 7

6 lebenswichtige Entscheidungen für Teens 11
Sei clever: Mach das Richtige! 11

Die 7 Wege: Ein Schnellkurs 25
Deine Tool-Box fürs Leben 25

1. Entscheidung: Schule

Der Stressmacher Nr. 1 43
Mach den Marshmallow-Deal! 47
So kriegst du die Schule in den Griff 53
Sieben Geheimnisse für gute Noten 69
Wie geht's nach der Schule für dich weiter? 74
Was willst du wirklich? 80

2. Entscheidung: Freunde

So toll – und doch so schwierig 95
Überlebenstipps für Freundschaften 99
So findest du richtig gute Freunde 110
Gruppendruck: Mach nicht alles mit 119

3. Entscheidung: Eltern

Einfach nur peinlich! 133
Das emotionale Beziehungskonto 139
Meine Eltern machen mich wahnsinnig 146
Die Kommunikationslücke überwinden 154
Dreh den Spieß um und erzieh deine Eltern 174

4. Entscheidung: Dates und Sex

Müssen wir wirklich darüber sprechen? 181

Alles über Dates 185

Die vier größten Mythen über Sex 205

Wahre Liebe kann warten 220

5. Entscheidung: Süchte

Mach dir nichts vor! 229

Drei schockierende Tatsachen 234

Die ganze Wahrheit 241

Das Übel an den Wurzeln packen 257

6. Entscheidung: Selbstbewusstsein

Es ist egal, was andere von dir halten 271

Was siehst du wirklich im Spiegel? 275

Charakter und Kompetenz 282

Selbstzweifel besiegen 300

Halte dich an den Kodex

Triff gute Entscheidungen – es lohnt sich! 317

Stichwortverzeichnis 322

Über den Autor 324

Über FranklinCovey 325

Erst mal: Glückwunsch!

In deinen Händen hältst du ein ziemlich wertvolles Buch. Und um ganz ehrlich zu sein: Ich bin ein bisschen neidisch. Denn hätte ich dieses wertvolle Ding bereits in deinem Alter gehabt, wären mir so manche schmerzhaften Umwege und Sackgassen erspart geblieben. Und ich wäre viel früher dort angekommen, wo vermutlich jeder hinwill: in einem rundum geilen Leben.

Womöglich denkst du nun: »Was will der Typ? Woher will der wissen, was gut für mich ist?« Auch okay, eine gesunde Portion Skepsis ist etwas Wertvolles. Aber Vorsicht: Sie darf dich nicht blind machen für grundlegende Wahrheiten und Weisheit! Denn darum geht's in diesem Buch. Diese Wahrheiten sind einfach immer gültig. Das stimmt wirklich. Auch unabhängig davon, welche anderen Erwachsenen dich so mit ihren Ideen zwangsbeglücken.

Nochmal: Woher ich das wissen will? Weil genau das mein Beruf und meine Leidenschaft ist. Seit fast drei Jahrzehnten beschäftige ich mich nun schon mit der menschlichen Psyche und der Frage, wie ein gutes Leben gelingt. Zunächst als Psychiatriepfleger, dann als Medizinstudent, Arzt, Führungskraft, Trainer, Autor, Coach und Unternehmer. Ich habe in meinem Leben bereits monatelang in Seminaren und Vorträge gesessen, kilometerweise Buchseiten gefressen und wirklich unzählige Coachings und Therapien durchgeführt.

Und dabei letztlich immer wieder festgestellt: Wir Menschen lernen entweder durch schmerzhafte oder durch schöne Erfahrungen.

Das Lernen durch Schmerzen kommt leider sehr häufig vor. Denn die Schule, so sinnvoll viele Fächer auch sein mögen, bringt einem zwar viel Fachwissen bei, aber meist kaum Lebensweisheit. Und so stolpern viele danach ohne Kompass und Karte in eine ziemlich komplexe Welt voller Fragen: Wer bin ich? Wer nicht? Welchen Beruf ergreifen? Wo leben? Was tun? Was bleiben lassen? Mit welchen Menschen Zeit verbringen? Was ins Hirn füllen? Worauf hinarbeiten? Welche Träume verfolgen? Welche begraben?

Die Folge sind oft unbedachte Entscheidungen, die Jahre oder Jahrzehnte wertvollen Lebens kosten: falsche Freunde, falscher Job, falsche Stadt, falscher Partner, falsche Ernährung, falsche Finanzplanung, falsche Ziele, falsche Prioritäten – ach, falsches Leben! Und so folgen dann schmerzhafte Krisen, die mehr schlecht als recht überwunden werden, um kurz darauf gleich in der nächsten Krise zu landen, weil viele Entscheidungen grundfalsch waren. Was soll's: Das Leben ist halt kein Zuckerschlecken …

Irrtum! Denn weißt du, wo Menschen landen, die ihre Krisen wirklich überstanden und zum Lernen genutzt haben? Bei genau den Wahrheiten, Prinzipien und Weisheiten aus diesem Buch! Und dann wünschen sie sich – genau wie ich: »Ach, hätte ich das doch alles früher gewusst!« So wie dir das nun möglich ist.

Und damit zur zweiten Möglichkeit, zu lernen. Zur schöneren, klügeren, einfacheren. Bei der du mit Karte und Kompass unterwegs bist und genau weißt, wohin deine Reise gehen soll. Obwohl dich der Krach und Wirrwarr des täglichen Lebens und der anderen Menschen abzulenken drohen, kannst du so deinen ganz eigenen Weg gehen, der dich von einer schönen Erfahrung zur nächsten leitet. Auf dem du als Mensch immer weiter wächst, stärker wirst, immer mehr du selbst wirst – und eben ein rundum geiles Leben führst.

So, jetzt habe ich aber genug auf dich eingeredet. Zeit, dass du dir dein eigenes Bild machst. Von den klaren und wertvollen Gedanken von Sean Covey. Von der Landkarte und dem Kompass, die du in deinen Händen hältst. Von den Entscheidungen, die du treffen darfst. Und von der fantastischen Welt, die da draußen auf dich wartet und von dir erobert werden will.

Ich wünsche dir von Herzen eine geniale Lebensreise!

Oder besser im Jedi-Sprech: Möge die Macht mit dir sein!

Dein

Dr. Stefan Frädrich

6 lebenswichtige Entscheidungen für Teens

Sei clever: Mach das Richtige!

Nenn mich ruhig Sean.

Ich bin der Autor und freue mich, dass du hier bist. Keine Angst, das ist kein langweiliges Buch! Es ist ganz anders. Ich habe es für dich geschrieben. Alles dreht sich um **dein** Leben, **deine** Probleme, **deine** Fragen. Außerdem gibt es jede Menge tolle Cartoons, die ein sehr cooler Comic-Zeichner extra für dieses Buch gemacht hat.

Hier geht es um eine einzige Idee. Ich will direkt zur Sache kommen:

> In deiner Teenagerzeit triffst du sechs »lebenswichtige« Entscheidungen. Davon hängt deine Zukunft ab. Also, sei clever: Mach das Richtige. Du darfst es auf keinen Fall vermasseln!

Und was, wenn doch mal was schiefgeht? Keine Panik! Geh schnell zurück auf den richtigen Weg und fang an, klügere Entscheidungen zu treffen.

Ich erinnere mich noch genau an die vielen Höhen und Tiefen, die ich als Teenager durchgemacht habe. Eigentlich begannen meine Probleme schon bei meiner Geburt. Meine Backen waren so dick, dass der Arzt nicht wusste, auf welches Ende er mir den obligatorischen Klaps geben sollte. Du solltest mal meine Babyfotos sehen – meine Backen hingen mir wie dicke Ballons aus dem Gesicht! Deswegen wurde ich dauernd gehänselt.

Einmal war ich mit den Kids aus der Nachbarschaft beim Trampolinspringen. Plötzlich sagte Susan: »He, seht euch mal an, wie bei Sean die Backen hüpfen! Die sind sooo dick.« Mein kleiner Bruder David wollte mich verteidigen und sagte: »Sie sind gar nicht dick – das sind doch alles nur Muskeln!« Von da an hatte ich meinen Spitznamen weg: Muskelbacke.

Auf der Junior High School wurde alles noch schlimmer. Scott, ein Typ aus der achten Klasse, hat mich ständig wegen meiner dicken Backen fertiggemacht. Jeden Tag nach Mathe wartete er mit seinen Freunden auf dem Flur auf mich. Ich versuchte immer, ganz schnell abzuhauen. Doch einmal war ich zu langsam. Scott drängte mich in eine Ecke und sagte: »He, Covey, du feiger Fettsack! Warum rennst du immer weg?«

Dann schlug er mir mit voller Wucht in den Magen. Ich bekam keine Luft. Außerdem hatte ich viel zu viel Angst, um mich zu wehren. Nach dieser Sache ließ Scott mich in Ruhe. Aber ich fühlte mich wie ein mieser Verlierer.

Als ich auf der High School war, gab sich das mit den dicken Backen. Dafür hatte ich jetzt andere Probleme. Schon in der ersten Woche fragten mich ein paar ältere Jungs, ob ich bei ihrer Clique dabei sein wollte. Sie rauchten und tranken, was das Zeug hielt. Da wollte ich nicht mitmachen. Aber ich wollte die Typen auch nicht beleidigen. Und dann waren da auch noch die Mädels. Eins von ihnen hat mich ganz schön angebaggert. Sie war echt hübsch. Aber ich war unsicher, wie ich darauf reagieren sollte.

Oh, Mann! Ich hatte so viele Fragen. Mit wem sollte ich meine Freizeit verbringen? Was ist mit den Mädels? Welche Fächer sollte ich wählen? Sollte ich zu allen Partys gehen? Wie konnte ich Schule, Sport und meine Freunde unter einen Hut bringen?

Ich musste mich entscheiden – aber wie??? Damals habe ich eine Sache noch gar nicht begriffen: Alle diese Entscheidungen gehörten zu den wichtigsten in meinem ganzen Leben. Das wurde mir allerdings erst viel später klar. Aber zurück zu diesem Buch. Die Idee dazu hatte ich, als ich Hunderten von Teenagern Fragebogen schickte und sie nach ihren größten Problemen fragte.

Hier einige der Antworten:

»Stress! Mein größtes Problem ist, für alles genug Zeit zu haben. Ich hab so viel um die Ohren!«

»Meine Eltern. Ich hab dauernd Krach mit ihnen. Das nervt total.«

»Die Schule und meine Noten. Der Druck ist mega.«

»Was ist mit Sex. Jetzt schon? Oder lieber warten? Ich will nicht, dass die andern mich für verklemmt oder so was halten.«

»Die Vorbereitung aufs Studium. Es geht bald los. Aber ich hab keine Ahnung, was da genau auf mich zukommt.«

»Die Scheidung meiner Eltern. Sie streiten sich ständig und ziehen mich da mit rein.«

»Das Mobbing und das ganze Geschwätz in der Schule: Wer mit wem? Wer ist besonders lässig? Wer hat die angesagtesten Klamotten? Wer hat was über wen gesagt? Das ist so was von uncool!«

»Das doofe Geld. Wir haben grade mal das Nötigste. Extras sind nicht drin!«

»Gruppendruck. Es ist echt schwer, nicht einzuknicken und nicht bei jedem Quatsch mitzumachen.«

»Meine Freundinnen. Plötzlich bin ich ihnen total egal. Sie beachten mich einfach nicht mehr!«

»Typen. Ich habe noch keinen Freund. Dabei bin ich schon 16. Das ist belastend!«

Die Antworten aus den Fragebögen und viele Gespräche haben gezeigt: Es gibt **sechs große Probleme**, die den meisten Teens ziemlich zu schaffen machen! Bei jedem dieser Probleme müssen sie eine Entscheidung treffen. Diese Entscheidungen sind die sechs wichtigsten in der gesamten Teenagerzeit.

Die 6 wichtigsten Entscheidungen für Jugendliche

1. **Schule**
   Mittelschule oder Abi? Ausbildung oder Studium?
   Welchen Weg willst du gehen?

2. **Freunde**
   Welche Freunde wünschst du dir?
   Was für ein Freund willst du sein?

3. **Eltern**
   Was ist mit deinen Eltern?
   Wie willst du mit ihnen klarkommen?

4. **Dates und Sex**
   Wen möchtest du daten?
   Und was ist mit Sex?

5. **Drogen, Alkohol und Co.**
   Was hältst du vom Rauchen und vom Trinken?
   Was denkst du über Drogen und Co.?

6. **Selbstbewusstsein**
   Wie siehst du dich selbst?
   Was findest du gut an dir?

Hast du schon mal über diese Entscheidungen nachgedacht? Eins ist sicher: Früher oder später wird das auf dich zukommen. Aber keine

Angst! In diesem Buch bekommst du alles, damit du *kluge* Entscheidungen treffen kannst. Durchlesen lohnt sich. Dann musst du später nicht jammern und sagen: »Ach, wenn ich das nur alles gewusst *hätte*, dann *hätte* ich mir so viel Stress und Ärger erspart!«

Die Geschichte von Allie und Désirée

Hier ist die Geschichte von zwei Mädchen. Mit 13 waren sie sich sehr ähnlich. Doch jetzt sind sie 19 – und der Unterschied zwischen ihnen ist gewaltig:

Allie studiert und wohnt mit zwei Freundinnen in einer WG. Die drei haben viel Spaß. Allie hat ein Stipendium bekommen. Zudem hat sie noch einen Nebenjob. In zwei Jahren will sie ihr Anglistik-Studium abschließen und Lehrerin werden. Festen Freund hat sie gerade keinen. Aber sie hofft, dass sie irgendwann Mr. Right trifft. Mit 15 hat Allie mit Drogen experimentiert. Sie hat allerdings schnell gemerkt, dass das richtig dumm von ihr war. Seitdem trinkt sie höchstens mal einen Wein, einen Hugo oder einen Aperol Spritz. Sie raucht nicht und lässt die Finger von Marihuana, Hasch, Ecstasy, Crystal und dem ganzen anderen Zeug. Oft und gerne telefoniert sie mit ihrer Mutter, die so etwas wie ihre beste Freundin ist. Natürlich hat auch Allie hin und wieder Probleme. Aber insgesamt ist sie mit sich und der Welt ziemlich zufrieden.

Désirée ist extrem hübsch, hat aber kein Selbstvertrauen. Wenn man sie nach dem Grund fragt, antwortet sie: »Ich denke, dass ich fett und hässlich bin.« Désirée hat mit 14 mit dem Rauchen angefangen. Inzwischen raucht sie eine Schachtel pro Tag. Allerdings behauptet sie, dass sie jederzeit aufhören könnte. Sie arbeitet als Vollzeitkraft in einem Supermarkt. Dort bekommt sie nicht viel Lohn. Die Realschule hat sie abgeschlossen. Aber ihre Noten waren mies. Auf eine Ausbildung hat sie keine Lust. Sie lebt allein in einer winzigen Wohnung. Beziehungen hat sie schon einige hinter sich. Teilweise war es ziemlich heftig, und Désirée meint: »Irgendwie gerate ich immer an den Falschen!« Zu ihren Eltern und ihren Freunden von früher hat sie kaum noch Kontakt. Désirée weiß nicht, was sie mit ihrem Leben anfangen soll. Oft ist sie total deprimiert.

Zwei Mädchen, zwei komplett unterschiedliche Geschichten. Warum? Weil sie komplett verschiedene Entscheidungen getroffen haben.

Zehn Jahre: Ein Experiment

Hast du Lust, ein kleines Experiment zu machen? Erinnere dich bitte zurück, wie du vor genau zehn Jahren warst. Stell dich jemandem genau so vor. Falls du Leon heißt und 17 bist, würdest du beispielsweise sagen: »Hallo, ich heiße Leon. Ich bin sieben und lebe mit meinen Eltern und meinem kleinen Bruder in Kanada, in Toronto. Ich komme jetzt in die zweite Klasse. Ich habe einen Goldfisch, der Spot heißt, male gern und spiele auch gern Fußball. Ich bin glücklich.«

Ist gerade irgendjemand in deiner Nähe? Dann mach das Experiment mit ihm zusammen! Sag ihm aber, dass das eine Aufgabe aus einem Buch ist. Stellt euch so vor, wie ihr vor zehn Jahren wart. Und falls gerade keiner da ist? Dann füll einfach die Lücken im folgenden Text aus.

Das Datum von vor zehn Jahren ist:

Ich heiße:

Ich bin _____ Jahre alt.

Ich wohne in:

Ich wohne mit ________________ zusammen.

Was ich am liebsten mache:

Wie ich mich fühle:

So, und jetzt gehen wir in die entgegengesetzte Richtung: Stell dich so vor, *wie du in zehn Jahren sein möchtest.* Sag, was du machst. Erzähl auch sonst noch was über dich. Leon würde vielleicht sagen:

»Hallo, ich heiße Leon. Ich bin 27 und wohne in Kanada, in Vancouver. Ich habe gerade geheiratet, eine tolle Frau, die Jasmin heißt. Vor ein paar Jahren habe ich mein Musikstudium an der Universität von Toronto abgeschlossen. Jetzt bin ich Klavierlehrer an einer privaten Musikschule. Ich liebe meine Familie und verbringe viel Zeit mit ihr. Die Richtung, die ich in meinem Leben eingeschlagen habe, gibt mir ein gutes Gefühl.«

Das Datum in zehn Jahren ist:

Ich heiße:

Ich bin _____ Jahre alt.

Ich wohne in:

Ich wohne mit ________________ zusammen.

Was ich in den letzten zehn Jahren gemacht habe:

Wie ich mich fühle:

Wow! Du hast gerade zwei Zeitreisen gemacht. Welche Erinnerungen an früher sind wieder hochgekommen? Wie hast du dich damals gefühlt – gut oder schlecht?

Und was ist mit deiner Zukunft? Wo siehst du dich in zehn Jahren? Was willst du in den nächsten zehn Jahren machen? Was für ein Leben willst du führen?

Du hast die Wahl!

Die gute Nachricht: Wo du in zehn Jahren sein wirst, hängt allein von dir ab. Du kannst entscheiden, was du aus deinem Leben machen willst. Das nennt man *freien Willen*. Den hast du schon bei deiner Geburt mitbekommen. Deinen freien Willen kannst du sofort nutzen. Du kannst dich jetzt dafür entscheiden, dich nicht dauernd selbst niederzumachen oder dich nicht länger mit Freunden zu treffen, die dich runterziehen. Ja, du kannst dich sogar entscheiden, ob du glücklich oder unglücklich sein willst. Aber Achtung: Du hast die Freiheit, zu wählen. Aber du hast keinen Einfluss auf die Konsequenzen deiner Entscheidungen. Die Konsequenzen sind vorgegeben. Es handelt sich sozusagen um ein Paket. Deine Entscheidungen und ihre Konsequenzen gehören zusammen – genau wie Pommes und Majo. Solltest du dich dafür entscheiden, nichts für die Schule zu tun und keinen Abschluss zu machen, wirst du die Konsequenzen dafür tragen müssen: Ohne Abschluss wird es sehr schwer für dich, einen tollen Job zu bekommen und gutes Geld zu verdienen.

Wenn du zu irgendetwas Ja sagst, musst du automatisch zu etwas anderem Nein sagen. Genau deshalb werden dir manche Entscheidungen richtig schwerfallen. Dazu ein Tipp: Triff deine Entscheidungen einmal – und bleib dann auch dabei. Als ich ein Teenager war, habe ich beschlossen, nicht zu rauchen, nicht zu trinken und keine Drogen zu nehmen. Deshalb bin ich nicht auf Partys gegangen, auf denen sich alle sinnlos zugeschüttet haben. Ich habe mich auch nicht mit Leuten getroffen, die sich irgendwelche Drogen eingeworfen haben. So habe ich hier nie Gruppendruck zu spüren bekommen. Ich habe mich einmal entschieden und das Thema dann komplett abgehakt.

Vielleicht denkst du jetzt, dass ich als Teenager einiges verpasst habe. Kann sein. Aber mir hat meine Entscheidung gegen Zigaretten, Alkohol, Drogen und das ganze andere Zeug sehr viel Freiheit gebracht. Ich war nie süchtig und konnte immer selbst bestimmen, was ich machen will und was nicht!

Kurzer Überblick

Du kannst dieses Buch so lesen, wie es für dich am besten ist. Zum Beispiel ganz klassisch von vorn nach hinten. Du kannst aber auch mit den Kapiteln anfangen, die dich besonders interessieren. Damit du weißt, was dich alles erwartet, kommt hier ein kurzer Überblick.

SCHULE
Der Stressmacher Nr. 1

Bei den meisten Teens ist die Schule der Stressmacher Nummer 1. Die Noten, die Lehrer, die Klassenarbeiten und dann auch noch der ganze Klatsch und Tratsch … Deine Eltern erwarten von dir, dass du dich in der Schule anstrengst. Und dann musst du dir auch noch überlegen, was du später mal beruflich machen willst.

Die Entscheidung, welchen Schulabschluss du machen willst, gehört zu den ganz großen in deinem Leben. Damit kannst du dir viele gute Chancen erschließen – oder auch verbauen. Im Kapitel über die Schule werden wir über viele total wichtige Dinge sprechen, zum Beispiel:

- warum du die Schule nicht einfach hinwerfen solltest,
- wieso es richtig teuer für dich wird, wenn du keinen Schulabschluss hast,
- wie und wo du neue Motivation für die Schule hernimmst,
- wie du mit wenig Aufwand gute Noten bekommst,
- wie du dir das Lernen erleichtern kannst,
- wie du dich auf die Uni vorbereiten kannst,
- wie du herausfindest, worin du besonders gut bist.

FREUNDE
So wichtig ... und doch so schwierig

Manchen Teens fällt es leicht, gute Freunde zu finden. Für andere ist es ein großer Kampf. Sie werden geschnitten, weil sie nicht die richtigen Klamotten haben oder nicht perfekt aussehen. Viele von uns haben Zeiten hinter sich, in denen sie keine Freunde hatten. Andere tun alles, um akzeptiert zu werden. Sie befreunden sich mit jedem – auch wenn diese Leute einen schlechten Einfluss auf sie haben.

Welche Leute willst du als Freunde? Und wie willst du als Freund oder Freundin gerne sein? Das gehört zu den wirklich großen Entscheidungen in deinem Leben. Deshalb dreht sich in diesem Kapitel alles um superwichtige Fragen. Du erfährst:

- wie du beim »Beliebtheitsspiel« gut abschneidest,
- was du tun kannst, wenn du keine Freunde hast,
- wie du der Freund wirst, den du auch selbst gern hättest,
- wie du Streit, Stress und Machtkämpfe überstehst,
- was du über Gangs und Cliquen wissen musst,
- wie du dem Gruppendruck standhältst.

ELTERN
Einfach nur peinlich!

»Meine Mutter ist ganz okay. Sie versucht, mich zu verstehen. Aber je mehr sie sich bemüht, desto mehr geht sie mir auf die Nerven. Und mein Vater kommt mir vor wie jemand von einem anderen Stern.«

Das hat Sabrina gesagt, ein ganz normales Mädchen. Sie liebt ihre Eltern. Aber oft wird sie einfach nicht schlau aus ihnen. Das Problem mit den Eltern hängt stark davon ab, wie wir sie sehen. Als ich in der Grundschule war, fand ich meine Eltern ziemlich cool. Doch als ich 13 wurde, hielt ich sie für total bekloppt und fand die beiden nur noch peinlich.

Aber eins kannst du mir glauben: Irgendwann wirst du feststellen, dass deine Eltern gar nicht so schlimm sind. Du kannst schon jetzt entscheiden, wie gut deine Beziehung zu deinen Eltern sein soll. Das ist eine der wichtigsten Entscheidungen in deinem Leben. Ich werde dir zeigen:

- wie du eine richtig gute Beziehung zu deinen Eltern aufbaust,
- wie du deine Eltern mit einem einzigen Satz entwaffnen kannst,
- welche vier Zauberformeln du bei deinen Eltern einsetzen kannst,
- was du machen kannst, falls deine Eltern sich trennen,
- wie du mit dem »Warum bist du nicht wie dein Bruder oder deine Schwester«-Syndrom fertig wirst,
- was du tun kannst, falls du deine Eltern erziehen musst.

DATES UND SEX

Müssen wir wirklich darüber sprechen?

Natürlich ist es nicht leicht, dieses Thema offen anzusprechen. Aber es ist wichtig. Denn dabei könnte es sich um die allerwichtigste Entscheidung handeln, die du je in deinem Leben treffen wirst.

Meine Eltern haben mich nie richtig aufgeklärt. Mein Vater lief schon knallrot an, wenn er nur an diese Sache dachte. Also bezog ich mein ganzes Wissen von den Jungs aus der Nachbarschaft. Doch die Zeiten haben sich geändert. Du musst dir unbedingt darüber klar werden, mit welchen Leuten du dich verabreden und wie du es in Sachen Sex halten willst. Wenn du dir dazu keine Gedanken machst, wird irgendein anderer diese Entscheidung für dich treffen. Deshalb geht es im Kapitel »Dates und Sex« um folgende Punkte:

- was du beim Daten unbedingt beachten solltest,
- weshalb es gar nicht schlimm ist, wenn du keine Dates hast,
- wieso deine Freundin oder dein Freund nicht der alleinige Mittelpunkt deines Lebens sein sollte,
- wie du »rote Flaggen« in Beziehungen erkennst,
- was sexuell übertragbare Krankheiten sind und warum du dir darüber Gedanken machen musst,
- warum die vier großen Mythen über Teenager und Sex gar nicht stimmen.

DROGEN, ALKOHOL UND CO.

Mach dir nichts vor!

Ja, ich muss es zugeben: Ich bin auf dem Gymnasium doch süchtig geworden – nach Chips! Ich konnte von den Dingern einfach nicht genug bekommen. Und: Ich bin immer noch süchtig danach …

Ich bin froh, dass ich nicht noch nach anderen Dingen süchtig geworden bin. Ob Regen, Schnee oder Sturm: Einer meiner Arbeitskollegen muss ständig nach draußen gehen, um sich eine Zigarette anzustecken. Ein Freund unserer Familie hat sein Gehirn durch Drogen so stark geschädigt, dass er nicht mehr ganz richtig im Kopf ist. Solche Leute tun mir echt leid. Eins ist klar: Die Folgen der Entscheidungen, die du im Zusammenhang mit Süchten trifft, wirst du dein ganzes Leben lang tragen müssen.

Heute ist der Druck groß, zu rauchen, sich sinnlos zu besaufen, Drogen zu nehmen, Klebstoff zu schnüffeln und, und, und. Deshalb solltest du dieses Kapitel auf keinen Fall verpassen. Wir werden über viele wichtige Dinge sprechen:

- was die drei brutalsten Tatsachen über Süchte sind,
- wie die ganze Wahrheit über Alkohol, Tabak, Amphetamine, Ecstasy, Steroide, Kokain, verschreibungspflichtige Medikamente, Schnüffelstoffe ... aussieht,
- weshalb Marihuana heute viel gefährlicher ist als früher,
- wie du Süchte besiegen kannst,
- was die Droge des 21. Jahrhunderts ist,
- wo man die besten Chips bekommt.

SELBSTBEWUSSTSEIN

Es ist egal, was andere von dir halten!

Denkst du, dass alle anderen viel besser aussehen als du? Kommst du dir vielleicht sogar richtig hässlich vor? Ja? Dann bist du nicht allein. Im Vergleich zu den Models in den Modezeitschriften, den Instagram-Stars und den ganzen anderen Supermenschen kommen sich die meisten echt mies vor!

Es spricht nichts dagegen, dass du möglichst gut aussehen willst. Allerdings solltest du dein Selbstbewusstsein nicht von deinem Aussehen abhängig machen. Tatsache ist, dass es unzählige Teens mit großen Nasen und uncoolen Klamotten gibt, die nur so vor Selbstvertrauen strotzen. Andererseits haben Unmengen gut aussehender und sehr beliebter Teenager gar kein Selbstvertrauen. Das zeigt: Selbstachtung hat weniger mit gutem Aussehen, angesagten Klamotten oder großer Beliebtheit zu tun, als man denkt.

Es ist deine Entscheidung, ob du dich so magst, wie du bist. Du musst dein Selbstbewusstsein nicht davon abhängig machen, wie du aussiehst oder was andere über dich sagen. In diesem Kapitel beschäftigen wir uns damit:

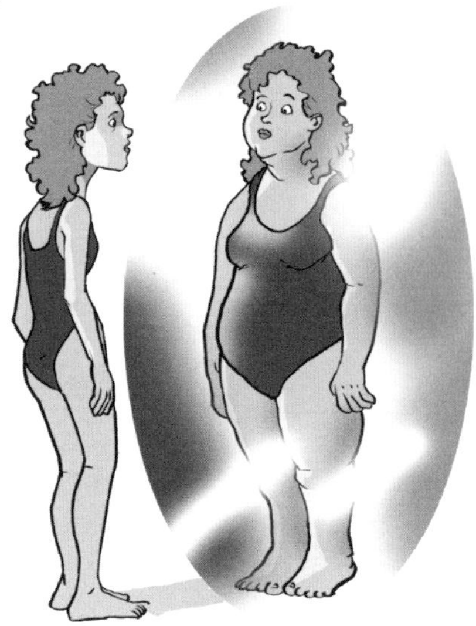

- warum du immer in den wahren Spiegel schauen solltest,
- weshalb es dir egal sein kann, was andere von dir halten,
- wie du ein gesundes Selbstvertrauen bekommst,
- warum du Hilfe brauchst, wenn du Depressionen hast und dich nicht daraus befreien kannst,
- weshalb es so wichtig ist, dass du deine Talente und Fähigkeiten entdeckst,
- wie du deine wahren Schätze findest.

Die 7 Wege: Ein Schnellkurs

Deine Tool-Box fürs Leben

Bevor es mit den sechs großen Entscheidungen in deinem Leben losgeht, kommt hier noch ein Schnellkurs zu den 7 Wegen. Vielleicht kennst du ja schon mein Buch *Die 7 Wege zur Effektivität für Jugendliche.* Wenn du es schon gelesen hast, wird der Schnellkurs eine gute Wiederholung für dich sein. Falls du es noch nicht kennst, findest du hier alles, was du über die 7 Wege wissen musst. Letztlich ist es egal, in welcher Reihenfolge du die beiden Bücher liest. Das ist wie bei den *Star Wars*-Filmen: Sie gehören alle zusammen, doch es kommt nicht darauf an, welchen man sich zuerst ansieht.

Wir werden die 7 Wege in diesem Buch als Werkzeugkasten verwenden, den du bei deinen großen Entscheidungen nutzen kannst. Aber was genau sind die 7 Wege? Es sind Gewohnheiten, die glückliche und erfolgreiche Teenager auf der ganzen Welt gemeinsam haben.

Bist du bereit für die Zukunft?

Ich habe dieses Buch geschrieben, weil ich dir helfen möchte, bei den sechs wichtigsten Entscheidungen in deinem Leben klug vorzugehen.

Ich möchte, dass du glücklich und erfolgreich bist und dich schon heute auf die Zukunft vorbereiten kannst! Wenn du 20 wirst und das Teenageralter hinter dir lässt, sollst du sagen können:

- Ich habe eine richtig gute Ausbildung!
- Ich habe tolle Freunde, die das Beste aus mir herausholen!
- Ich komme prima mit meinen Eltern klar!
- Ich habe im Hinblick auf Sex und Dates die richtigen Entscheidungen getroffen!
- Ich bin frei von jeder Sucht!
- Ich mag mich und finde mich in Ordnung!

Natürlich wirst du in deiner Teenagerzeit immer wieder Fehler machen. Du wirst viele Kämpfe austragen müssen und viele Höhen und Tiefen erleben. Niemand erwartet, dass du perfekt bist! Mach es dir also nicht schwerer als nötig. Wenn du gleich heute anfängst, klügere Entscheidungen zu treffen, kannst du dir deine Teenagerzeit enorm erleichtern.

Der Dichter Robert Frost bringt auf den Punkt, wie wichtig unsere Entscheidungen sind:

> »Zwei Wege trennten sich im Wald, und ich – ich nahm dann den, der kaum begangen war. Und das machte den großen Unterschied.«
> Robert Frost

PS: Mach dieses Buch zu deinem ganz persönlichen Wegweiser durch deine Teenagerzeit! Hol deinen Lieblingsstift, bunte Filzschreiber oder Leuchtstifte und leg los. Schreib dir Anmerkungen an den Rand. Zieh Kreise um deine Lieblingszitate. Markier die Geschichten, die du toll findest. Zeichne Symbole neben wichtige Erkenntnisse. Erobere dir dieses Buch. Dann wird es dir noch viel mehr bringen!

DIE 7 WEGE: EIN SCHNELLKURS
Deine Tool-Box fürs Leben

Unten findest du ein Bild mit Zahlen von 1 bis 54. Dein Job ist es, alle Zahlen in der richtigen Reihenfolge zu suchen: erst die 1, dann die 2, dann die 3 – bis zur 54. Du hast 90 Sekunden Zeit. Wie weit kommst du? Natürlich habe ich keine Zahlen ausgelassen und will dich auch sonst nicht reinlegen. Bist du bereit? Dann leg los!

Und: Wie weit bist du gekommen? Die meisten Leute schaffen es ungefähr bis zur 30. Jetzt versuch es bitte noch mal. Vorher möchte ich dir aber einen Trick verraten, wie du die Zahlen schneller finden kannst. Schau einfach mal ganz am Ende dieses Kapitels nach.

Na, wie weit bist du jetzt gekommen? Vielleicht sogar bis zur 54? Der Unterschied? Diesmal hattest du einen Wegweiser. Damit konntest du die Zahlen viel besser finden. Als du wusstest, wo du suchen musstest, ging es gleich dreimal so schnell.

Genauso ist es mit den 7 Wegen. Auch sie sind ein wichtiger Wegweiser. Sie helfen dir, deine Probleme zu lösen und viel bessere Entscheidungen zu treffen. Deshalb werde ich die 7 Wege hier für dich kurz zusammenfassen und dann das ganze Buch hindurch immer wieder darauf verweisen. Vorher musst du aber noch zwei wichtige Dinge kennenlernen: Paradigmen und Prinzipien.

Was ist ein Paradigma?

Ein Paradigma ist dein Standpunkt. Es ist die Art, wie du die Welt siehst. Zu kompliziert? Hier ein einfaches Beispiel: Mein Schwager Kameron hat mehrere Wochen daran gearbeitet, in seinem Garten eine Trennwand aus Bahnschwellen zu bauen. Als er fast fertig war, bat ihn seine Nachbarin, die Bahnschwellen wieder zu entfernen und stattdessen Steine zu benutzen. Als Begründung sagte sie nur, ihr Mann wolle nicht für den Rest seines Lebens auf eine Trennwand aus Bahnschwellen schauen.

Kameron konnte nicht glauben, dass die Nachbarin ihn um so etwas bat. Die Trennwand war ja schon fast fertig. Die ganze Arbeit war umsonst. Er verstand seine Nachbarin einfach nicht. Er wusste, dass sie noch lange Tür an Tür wohnen würden. Deshalb erfüllte er ihre Bitte und ersetzte die Bahnschwellen durch Steine. Als er fertig war, kam die Nachbarin zu Kameron und bedankte sich, dass er die Trennwand neu gemacht hatte. Dann erklärte sie ihm, weshalb das für ihren Mann so wichtig war: »Er selbst würde Ihnen das nie erzählen, aber er war nach dem Krieg 18 Monate lang als Gefangener in einem Arbeitslager in Deutschland. Dort musste er die ganze Zeit Bahnschwellen schleppen. Ihm wird heute noch ganz schlecht, wenn er auch nur eine einzige Bahnschwelle sieht.«

Nun verstand Kameron seine Nachbarn – und seine Sicht der Dinge änderte sich schlagartig. Seine Wut verwandelte sich in Mitgefühl. Das ist ein typisches Beispiel für einen *Paradigmenwechsel*. Da wir oft nicht alle Hintergründe kennen, sind unsere Paradigmen manchmal völlig falsch. Dann müssen wir sie korrigieren. Deshalb sollten wir andere niemals vorschnell beurteilen.

In diesem Buch werden wir viele deiner Paradigmen über dich und das Leben auf den Prüfstand stellen. Vielleicht glaubst du ja, dass du nie mit deinen Eltern klarkommen wirst? Oder du bist überzeugt, dass du in Mathe eine Null bist? Vielleicht stimmt das ja alles gar nicht? Kann es sein, dass dein Paradigma falsch ist? Wir werden sehen …

Was sind Prinzipien?

Prinzipien sind Naturgesetze. Die Schwerkraft zum Beispiel ist ein Prinzip. Wenn du einen Apfel hochwirfst, kommt er wieder herunter – ganz egal, ob du in New York oder in Neu-Delhi lebst.

Nicht nur die Welt der Physik wird von Prinzipien beherrscht, sondern auch unsere zwischenmenschlichen Beziehungen. Ehrlichkeit beispielsweise ist so ein Prinzip. Wenn du anderen gegenüber ehrlich bist, wirst du ihr Vertrauen gewinnen. Wenn du aber unehrlich bist, kannst du die anderen vielleicht eine Weile hinters Licht führen. Doch irgendwann kommen sie dir auf die Schliche. Das ist immer so! Natürlich gibt es noch viel mehr Prinzipien – etwa Fleiß, Respekt, Dankbarkeit, Geduld, Verantwortungsbewusstsein, Liebe oder Gerechtigkeit …

Das folgende Funkgespräch zwischen einem Schiff der US-Navy und kanadischen Behörden vor der Küste von Neufundland zeigt, was ich mit Prinzipien meine:

Amerikaner: Sie sind auf Kollisionskurs. Ändern Sie Ihren Kurs bitte um 15 Grad nach Norden!

Kanadier: Wir empfehlen Ihnen, Ihren Kurs um 15 Grad nach Süden zu ändern.

Amerikaner: Ich bin der Kapitän eines Schiffs der US-Navy. Ich wiederhole: Ändern Sie sofort IHREN Kurs!

Kanadier: Nein, ich wiederhole: Ändern Sie IHREN Kurs!

Amerikaner: Hier ist der Flugzeugträger Abraham Lincoln, das zweitgrößte Schiff der US-amerikanischen Atlantikflotte. Wir werden von drei Zerstörern, drei Kreuzern und zahlreichen anderen Schiffen begleitet. Ich fordere Sie auf, Ihren Kurs um 15 Grad nach Norden zu ändern. Andernfalls werden wir Maßnahmen zum Schutz dieses Schiffs ergreifen.

Kanadier: Wir sind ein Leuchtturm. Over!

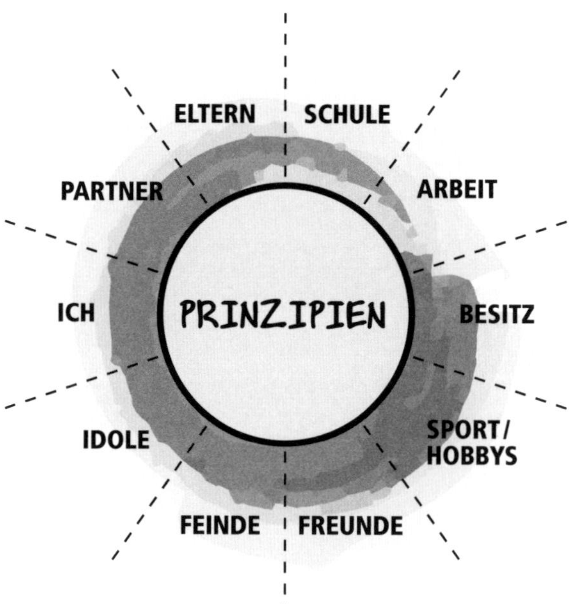

Die 7 Wege

Die 7 Wege zur Effektivität für Jugendliche sind die sieben Leitlinien, an denen sich glückliche und erfolgreiche Teenager auf der ganzen Welt orientieren.

1. Weg: **Pro-aktiv sein**
Nimm dein Leben selbst in die Hand

2. Weg: **Schon am Anfang das Ende im Sinn haben**
Finde dein Leitbild und deine Ziele

3. Weg: **Das Wichtigste zuerst tun**
Mach das, was wirklich wichtig für dich ist

4. Weg: **Win-Win-Denken**
Mach dir klar, dass alle gewinnen können

5. Weg: **Erst verstehen, dann verstanden werden**
Hör anderen wirklich zu

6. Weg: **Synergien schaffen**
Tu dich mit anderen zusammen. Gemeinsam seid ihr stärker

7. Weg: **Die Säge schärfen**
Denk auch mal an dich. Gönn dir kleine Auszeiten

Prinzipien sind wie Leuchttürme. Sie sind zeitlos, allgemeingültig und offensichtlich. Man kann sie nicht brechen – man kann nur an ihnen zerbrechen. Prinzipien funktionieren immer. Sie lassen uns nie im Stich. Deshalb sind sie das beste Lebenszentrum. Ob unsere Kumpels, unser Freund oder unsere Freundin, die Schule und die Familie: Wenn wir uns an Prinzipien orientieren, findet alles andere in unserem Leben wie von selbst den richtigen Platz. Jeder einzelne der 7 Wege beruht auf zeitlosen Prinzipien, die nie aus der Mode kommen. Und was passiert, wenn man etwas anderes als Prinzipien in den Mittelpunkt seines Lebens stellt? Dann bricht das blanke Chaos aus. Aber dazu später mehr …

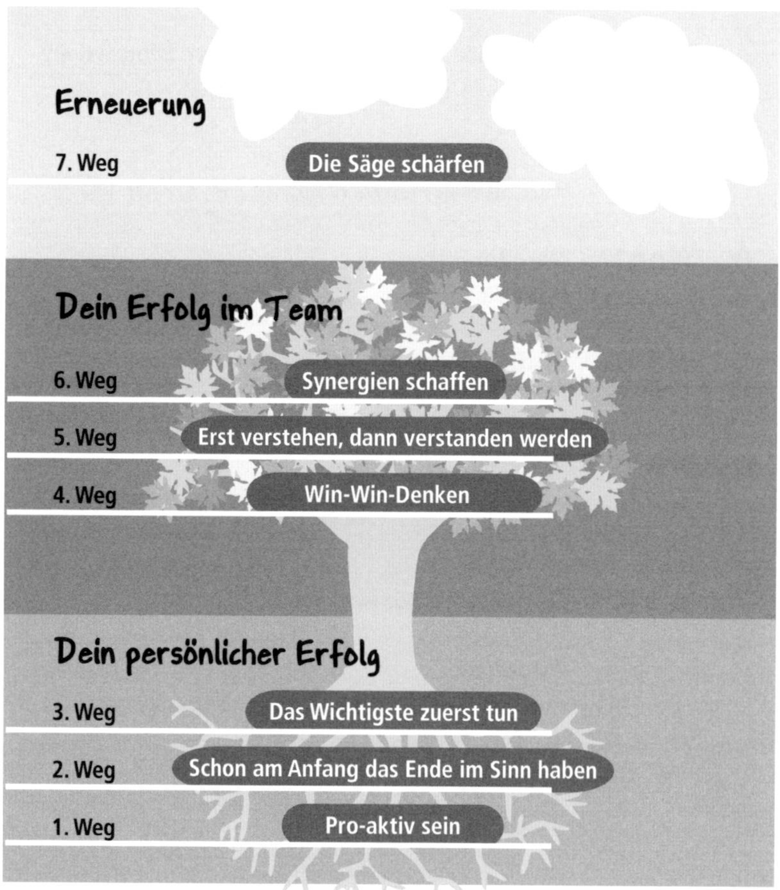

Sieh dir die Abbildung oben bitte genau an. Erkennst du, dass die 7 Wege aufeinander aufbauen? Die ersten drei sind die Wurzeln. Dabei geht's um dich und um deinen *persönlichen Erfolg*. Hier liegt alles unter der Oberfläche. Außer dir weiß niemand, was wirklich vor sich geht. Wir versuchen viel zu oft, andere zu ändern. Doch das funktioniert nicht. Wenn wir etwas ändern wollen, müssen wir zuerst uns selbst ändern. Alle Veränderungen beginnen an der Wurzel!

Die Wege 4 bis 6 sind der Stamm und die Äste. Das kann jeder sehen. Es geht um deinen Umgang mit anderen, um deinen *Erfolg im Team*. Bevor du Erfolg im Team haben kannst, musst du an deinem persönlichen Erfolg arbeiten. Der Schlüssel zu guten Beziehungen ist, erst mal Frieden mit dir selbst zu machen. Du musst immer von innen nach außen vorgehen – und nicht umgekehrt.

Ob Regen oder Sonnenschein: Über dem Baum sind die Dinge, die ihm Nahrung geben. Das ist der 7. Weg, die Erneuerung. Sie gibt allen anderen Wegen Kraft und Leben.

Übrigens: Es ist ganz leicht, sich die 7 Wege einzuprägen. Wie das geht? Stell dir einfach zu jedem Weg ein passendes Bild vor.

1. WEG: Pro-aktiv sein

Das ideale Bild für den 1. Weg ist eine **Fernbedienung**. Beim 1. Weg geht es darum, dass du die Verantwortung für dein Leben übernimmst und der Kapitän deines Schiffs wirst. Oder wie mein Freund, der Autor John Bytheway, sagt: Pro-aktive Menschen haben die *Fernbedienung* für ihr Leben fest in der Hand. Sie wählen ihr Programm selbst. Reaktive Menschen lassen sich dagegen von anderen steuern. Es ist, als hätten andere ihre Fernbedienung in der Hand. Die anderen können ihre Stimmung einfach per Knopfdruck ändern. Beispielsweise lassen sich reaktive Menschen durch eine einzige blöde Bemerkung den ganzen Tag verderben.

Reaktive Menschen sagen Dinge wie:

- *»Bei diesem Lehrer kann ich einfach keine guten Noten bekommen.«*
- *»Mama, du verdirbst mir mein ganzes Leben!«*
- *»Wenn ich so hübsch wäre wie sie, hätte ich auch ganz viele Freunde.«*

Der entscheidende Punkt ist: Wer in die Opferrolle schlüpft, gibt die Kontrolle aus der Hand. Er reicht die Fernbedienung weiter – an seine Eltern, einen Lehrer, seine Freunde oder das Schicksal. Beim 1. Weg geht es darum, dir die Fernbedienung zurückzuholen und selbst die *Verantwortung für dein Leben zu übernehmen.*

Du wirst noch sehen, dass der 1. Weg bei allen sechs wichtigen Entscheidungen in deinem Leben eine Schlüsselrolle spielt.

2. WEG: Schon am Anfang das Ende im Sinn haben

Für den 2. Weg kannst du dir eine **Landkarte** vorstellen.
Stell dir vor, du willst einen Freund in einer fremden Stadt besuchen. Ohne Stadtplan, Navi oder Google Maps wäre das ziemlich schwer. Vielleicht kommst du irgendwann bei deinem Freund an. Aber das lange Suchen hätte dich viel Zeit und Nerven gekostet. Was ich damit sagen will? Wenn du keinen Plan hast, wie deine Ziele aussehen, irrst du kreuz und quer durch die Gegend. Du verschwendest deine Zeit und deine Energie. Zudem wirst du schnell zum Spielball anderer. Deshalb ist es wichtig, dass du schon am Anfang das Ende im Sinn hast und deine Ziele genau kennst.

Damit dir klar wird, wohin du im Leben willst, solltest du ein **persönliches Leitbild** oder eine Liste mit deinen Zielen erstellen. Das ist dann deine Landkarte. Persönliche Leitbilder können ganz unterschiedlich aussehen: Sie können lang oder kurz sein, in Gedichtform verfasst oder auch als Zeichnung oder Collage dargestellt werden. Das von Peter Parker lautet:

**Was das Leben mir auch bringen mag, die folgenden Worte werde ich nie vergessen:
»Große Stärke bedeutet viel Verantwortung.«
Das ist meine Gabe und mein Fluch zugleich.
Denn ich bin Spider-Man.**

Ich werde dir in diesem Buch immer wieder persönliche Leitbilder von Teenagern zeigen. Natürlich freue ich mich, wenn du auch eins schreibst. Falls du noch mehr Unterstützung bei der Erstellung deines Leitbilds brauchst, kann dir die englische Website www.6decisions.com weiterhelfen.

3. WEG: Das Wichtigste zuerst tun

Das Bild für den 3. Weg ist eine **Uhr mit 13 Stunden**. 13 Stunden? Ja! Wer das Wichtigste zuerst tut, hat automatisch mehr Zeit. Es ist, als hätte er eine Uhr mit 13 Stunden. Die folgenden Quadranten helfen dir, mehr Zeit zu haben. Sie bestehen aus zwei Elementen: *wichtigen* und *dringenden Dingen.*

Wichtig: Das, worauf es wirklich in deinem Leben ankommt. Deine wichtigsten Prioritäten.

Dringend: Eilige Dinge. Sachen, die angeblich nicht warten können und sofort erledigt werden müssen.

DIE ZEIT-QUADRANTEN

	DRINGEND	NICHT DRINGEND
WICHTIG	1. **DER DRINGLICHKEITS-JUNKIE** • Wichtiges wird wieder aufgeschoben • Bevorstehende Klassenarbeit • Überschrittener Abgabetermin • Verspätung auf dem Weg zur Schule	2. **DER PRIORITÄTEN-SETZER** • Klare Zielsetzung • Vorausschauende Planung • Freundschaften, Beziehung • Sport, Entspannung und Erholung
NICHT WICHTIG	3. **DER JA-SAGER** • Unwichtige Chats und Textnachrichten • Ständige Störungen • Druck von außen • Probleme anderer	4. **DER TRÖDLER** • Permanent online • Schaut andauernd Filme und Serien • Endloses Gamen • Sinnloses Zeitvergeuden

Quadrant 1 enthält die Dinge, die *wichtig und dringend* sind. Beispiele sind der Deutschaufsatz, der in zwei Tagen abgegeben werden muss, oder die Klassenarbeit, die morgen ansteht ... Diese Sachen sind wichtig und müssen *sofort* in Angriff genommen werden. Manchmal kommen wir ganz schön unter Zeitdruck. Doch oft sind wir selbst schuld, weil wir vieles nicht rechtzeitig in Angriff nehmen. Beispielsweise schieben wir unsere Hausaufgaben das ganze Wochenende vor uns her. Das Resultat? Am Montag müssen wir im Morgengrauen aufstehen, um alles doch noch irgendwie hinzubekommen. Das bringt jede Menge Stress. Deshalb: Versuch möglichst wenig Zeit in Q1 zu verbringen.

Quadrant 2 umfasst die Dinge, die *wichtig,* aber *nicht dringend* sind. Beispielsweise Sport und Bewegung. Ist das wichtig? Ja! Ist das dringend? Nein! Wenn du dir das Joggen heute schenkst, wirst du deswegen morgen nicht gleich sterben. Daher gehören Sport und Bewegung in Q2. Was ist mit dem Referat, das du in einer Woche abgeben musst? Ist es wichtig? Ja. Ist es dringend? Nein. Noch nicht! Wenn du es aber zu lange vor dir herschiebst, wird sich daraus schnell eine Q1-Krise entwickeln. Noch gehört das Referat aber in Q2. Denn: Q2 ist die Heimat des Prioritäten-Setzers. In die wichtigen, aber nicht dringenden Aufgaben von Q2 solltest auch du den Großteil deiner Zeit stecken. Das verhindert Stress und ermöglicht dir richtig gute Leistungen.

Quadrant 3 steht für alles, was *dringend, aber überhaupt nicht wichtig* ist. Hierher gehören viele Anrufe, Textnachrichten und E-Mails oder unerwartete Störungen und plötzlich auftauchende Probleme. Weil Dinge wie diese Dinge ziemlich dringend sind, denken wir, dass sie auch wichtig sind. Doch das ist ein Irrtum. In Q3 vergeudet der Ja-Sager seine Zeit. Er sagt zu allem und jedem Ja, weil er niemanden enttäuschen will. Doch so hat er nie Zeit für sich und die Dinge, die wichtig sind. Genau deshalb solltest du einen weiten Bogen um Q3 machen.

Quadrant 4 ist die Kategorie der Zeitverschwendung. Wer hier zu Hause ist, schaut ohne Ende Filme, schläft bis mittags, spielt stundenlang auf seiner Xbox und ist ständig online. Natürlich ist es wichtig, auch mal nichts zu tun, zu chatten, im Internet zu surfen oder Filme und Serien zu schauen. Wenn du das aber andauernd machst, ist es pure Zeitverschwendung. Aus diesem Grund solltest du möglichst wenig Zeit in Q4 verbringen.

Sobald du begriffen hast, was es mit den vier Quadranten auf sich hat, wird dir das in der Schule enorm helfen. Diese Erfahrung hat auch die 16-jährige Sarah gemacht:

> Früher habe ich fast jede Klassenarbeit in den Sand gesetzt. Ich hatte allerdings nicht die geringste Ahnung, warum. Als ich die vier Quadranten sah, wurde mir schlagartig klar, dass ich zu den Ja-Sagern gehörte. Wenn ich mir vorgenommen hatte zu lernen, ließ ich mich immer wieder ablenken – zum Beispiel durch Textnachrichten von Freunden. Am Abend vor der Klassenarbeit stopfte ich dann noch schnell so viel Wissen wie möglich in meinen Kopf. Jetzt sage ich auch mal Nein zu anderen und Ja zu mir selbst. Ich habe gelernt, dass ich bei meinen Prioritäten ruhig ein bisschen egoistisch sein darf. Jetzt sind meine Noten viel besser.

4. WEG: Win-Win-Denken

Ein gutes Bild für diesen Weg ist **High five**.
Das Abklatschen gibt's nicht nur im Sport. Das kannten schon die Höhlenmenschen. Es ist ein Symbol für Teamarbeit und Win-Win-Denken. Das Motto lautet: Alle können gewinnen! Nicht *du oder ich*, sondern wir *beide*. Wer so denkt, ist nicht neidisch auf die Erfolge der anderen. Nein! Er freut sich darüber. Denn die anderen nehmen ihm ja nichts weg.

Manchmal ist ein gesunder Wettkampf durchaus angebracht – beispielsweise im Sport und in der Wirtschaft. Aber das Leben ist *kein Wettkampf*, schon gar nicht, wenn es um Beziehungen geht. Es wäre einfach doof, jemanden zu fragen: »Wer gewinnt denn bei euch? Du oder deine Mutter?« In Beziehungen gilt immer: Wenn nicht beide gewinnen, werden letztlich beide verlieren. Wenn es um Beziehungen geht, solltest du deine Entscheidungen also am besten immer aus der Win-Win-Perspektive heraus treffen.

5. WEG: Erst verstehen, dann verstanden werden

Für diesen Weg stellst du dir am besten ein **riesiges Ohr** vor.
Die meisten Leute hören einfach nicht richtig zu. Daher gehört es zu den großen Enttäuschungen in unserem Leben, dass wir uns nicht verstanden fühlen. Niemand scheint unsere Probleme, unsere Sehnsüchte und unsere ganz spezielle Situation wirklich zu verstehen.

Die Indianer haben schon seit Jahrhunderten eine geniale Lösung für dieses Problem: den *Talking Stick*. Das ist ein großer Holzstab. Der ist immer dabei, wenn mehrere Personen zusammenkommen. Nur derjenige, der den Talking Stick in der Hand hält, darf etwas sagen. Wer den Talking Stick hat, darf so lange reden, bis ihn alle verstanden haben. Der Talking Stick sorgt also dafür, dass alle wirklich zuhören.

Wäre es nicht toll, einen Talking Stick zu haben, wenn du mit deinen Eltern sprichst? Dann dürften sie erst etwas sagen, wenn du dich wirklich verstanden fühlst!

Wenn es um die Kommunikation geht, ist Zuhören die wichtigste Fähigkeit, die wir lernen können. Richtiges Zuhören bedeutet aber nicht, einfach nur stumm wie ein Fisch dazusitzen. Es geht darum, sich zu bemühen, den anderen tatsächlich zu verstehen und keine voreiligen Schlüsse zu ziehen.

6. WEG: Synergien schaffen

Das beste Bild für diesen Weg sind **vier ineinandergreifende Arme.** Synergie entsteht, wenn mehrere Menschen als Team zusammenarbeiten und dabei etwas herauskommt, was viel besser ist als alles, was jeder Einzelne von ihnen allein geschafft hätte. Synergie ist nicht dein Weg oder meiner, sondern *ein besserer, höherer Weg.* Wir können das Leben mit vier ineinandergreifenden Armen vergleichen. Jeder bringt andere Stärken ein. Letztlich sind die vier Arme gemeinsam viel stärker als jeder einzelne von ihnen. Die Leute vom Bau wissen das. Wenn ein fünf mal zehn Zentimeter großer Balken eine Last von 275 Kilo tragen kann, dann sollten zwei Balken eine Last von 550 Kilo aushalten. Oder? In Wirklichkeit können zwei dieser Balken aber sagenhafte 2200 Kilo tragen. Und: Mit uns ist es genauso. *Gemeinsam können wir viel mehr erreichen als allein!*

Jeder von uns hat andere Stärken und Schwächen. Deshalb ist es völliger Quatsch, wenn du dich mit anderen vergleichst und denkst: »Ich bin viel besser!« Oder: »Ich bin viel, viel schlechter!« *Niemand ist besser oder schlechter – sondern einfach nur anders!* Unterschiede zu schätzen, ist eines der großen Geheimnisse, die uns ein glückliches Leben erst möglich machen. Und: Es hilft uns auch ungemein, wenn wir besser mit unseren Eltern klarkommen wollen!

7. WEG: Die Säge schärfen

Das Bild für den 7. Weg ist natürlich **eine Säge**. Holzfäller sollten nie so beschäftigt mit ihrer Arbeit sein, dass sie vergessen, ihre Säge regelmäßig zu schärfen. Und wir dürfen nie so sehr mit unserem Leben beschäftigt sein, dass wir vergessen, uns immer wieder zu erneuern. Wir bestehen aus Herz, Körper, Verstand und Seele, und jeder dieser Bereiche erfordert unsere Zeit und unsere Aufmerksamkeit.

KÖRPER	**Physische Dimension** Sport, gesunde Ernährung, genug Schlaf, Entspannung …
VERSTAND	**Mentale Dimension** Weiterbildung, Neues lernen, lesen, schreiben, kreativ sein …
HERZ	**Emotionale Dimension** Beziehungen aufbauen, Gutes tun, anderen helfen, lachen …
SEELE	**Spirituelle Dimension** Meditation, Yoga, Tagebuch führen, Musik, Kunst, Literatur …

Wenn wir uns Zeit für uns selbst nehmen, haben wir oft ein schlechtes Gewissen. Man hat uns beigebracht, immer zuerst an andere zu denken. Doch: Wenn es um das Schärfen der Säge geht, sollten wir ruhig ein bisschen egoistisch sein!

Das waren also die 7 Weg zur Effektivität für Jugendliche in Kurzfassung. Sie werden dir bei den sechs lebenswichtigen Entscheidungen eine echte Hilfe sein. Und noch ein **Tipp**: Bitte unterschätz nie die Macht der Gewohnheit. Vielleicht kennst du ja den folgenden Spruch: »Schlechte Gewohnheiten sind wie ein bequemes Bett – man kommt leicht hinein, aber nur schwer wieder raus.« Das stimmt! **Aber:** Erfreulicherweise wird man auch gute Gewohnheiten nur schwer wieder los.

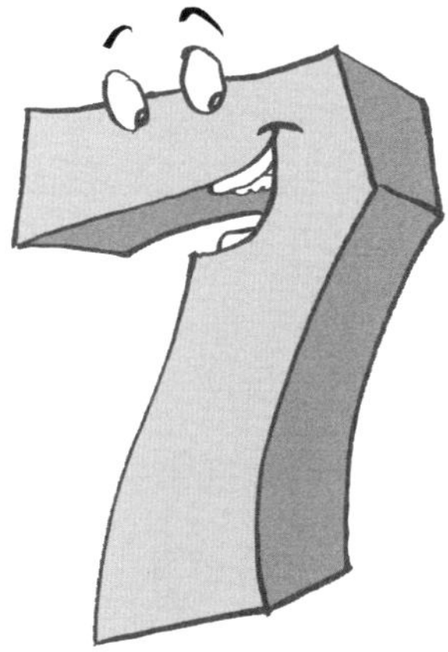

Und noch ein Buchtipp für dich

Hast du Lust, die 7 Wege für Jugendliche mit viel Spaß und voller Power auszuprobieren und umzusetzen? Dann habe ich noch einen Buchtipp für dich: »Die 7 Wege zur Effektivität für Jugendliche – Workbook«. Ob Selbstvertrauen gewinnen, Talente entdecken, Prioritäten setzen, Pläne schmieden, Ziele erreichen oder besser mit Eltern, Lehrern und Freunden klarkommen: Das Workbook ist eine Schatzkiste voller Praxistools zu den 7 Wegen zur Effektivität für Jugendliche. Mehr erfährst du unter: www.stephen-covey.de.

Der Weg durchs Zahlenlabyrinth

Hier siehst du noch einmal das Diagramm von Seite 27. Allerdings habe ich das Ganze jetzt in neun gleich große Kästchen unterteilt. Bei der Suche nach den Zahlen musst du nur das folgende Prinzip beachten: Die erste Zahl befindet sich im ersten Kästchen, die zweite Zahl im zweiten, die neunte Zahl im neunten. Wenn du die neunte Zahl gefunden hast, dann gehst du einfach zum ersten Kästchen zurück und fängst wieder von vorn an.

1 19 37 46 10 28	20 38 47 29 2 11	3 48 21 30 39 12
31 4 13 49 40 22	41 50 23 5 14 32	6 33 51 15 24 42
34 16 43 25 7 52	44 26 8 17 35 53	9 36 27 54 45 18

Und: Wie weit kommst du diesmal in 90 Sekunden? Bist du so weit? Dann schlag bitte wieder Seite 27 auf und versuch dein Glück noch mal. Auf die Plätze, fertig, los!!!

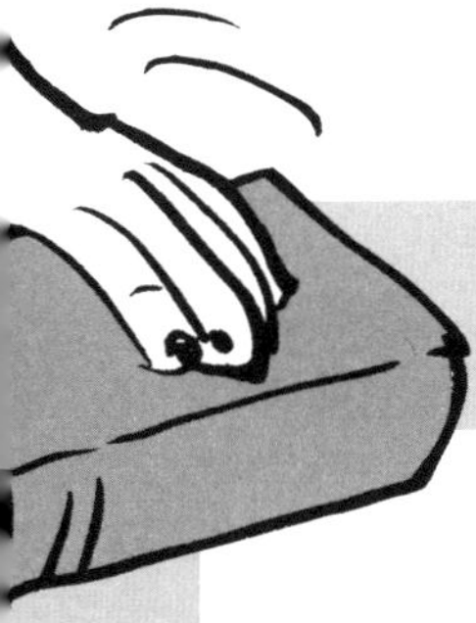

1. Entscheidung
SCHULE

Der
Stressmacher
Nr. 1

TOP 10

Die wichtigsten Dinge, die du über die Schule wissen solltest

10. Schalt dein Smartphone aus, während du lernst.
Cammy Le (17), Long Beach, Kalifornien

9. Sieh dir deine Klassenarbeiten gut an, wenn du sie zurückbekommst.
Jim Iantao (18), Taipeh, Taiwan

8. Sammel möglichst viel Wissen. Gib dein Bestes – auch wenn deine Noten nicht gut sind.
Daniel Tilahun Mezegebu (19), Addis Abeba, Äthiopien

7. Sei neugierig und offen für alle Standpunkte.
Solongo (16), Ulan Bator, Mongolei

6. Such dir schlaue Freunde.
Janet (17), Long Beach, Kalifornien

5. Falls es schlechte Nachrichten in Sachen Schule gibt, sag es deinen Eltern sofort. Sonst wirst du es nie tun.
Zeina (15), Ramallah, Palästina

4. Sport, Theater, Schülerzeitung und Co.: Mach mit bei den Aktivitäten in der Schule.
Preyma Palansiamy (17), Selangor, Malaysia

3. Schieb deine Hausaufgaben nicht auf die lange Bank! Das ist das ganze Geheimnis.
James Arnold (17), Layton, Utah

2. Mach dir klar, dass es besser ist, möglichst früh mit dem Lernen anzufangen.
Azusa Uchiada (17), Yokkaichi, Japan

1. Wissen ist nicht gleich Intelligenz.
Mario Godinez Parada (19), Mexico City, Mexiko

In meiner Schulzeit gab es drei Dinge, die mir nicht gefallen haben: die Hausaufgaben, die Hausaufgaben und die Hausaufgaben. Es gab aber auch was, das ich echt gemocht habe: Gedichte. Ich habe bei mehreren Gedichtwettbewerben mitgemacht. Leider hab ich nie einen Preis gewonnen. Aber ich habe entdeckt, dass ich eine Leidenschaft fürs Schreiben habe. Das hat mir sehr bei meiner Entscheidung geholfen, was ich später mal studieren und welchen Beruf ich haben wollte.

Und hier sind wir schon bei der ersten lebenswichtige Entscheidung in deiner Teenagerzeit: Auf welche Schule willst du gehen? Und: Welchen Abschluss willst du machen? Denk bitte genau über diese Fragen nach. Denn: Von deinen Entscheidungen zum Thema Schule hängen die nächsten 50 Jahre deines Lebens ab!

Das ist eine lebenswichtige Entscheidung!

Du kannst dich für den hohen Weg entscheiden. Du kannst in der Schule dein Bestes geben und dich auf die Uni oder eine Ausbildung und auf eine erfolgreiche Karriere vorbereiten. Du kannst aber auch den niedrigen Weg wählen. Du kannst die Schule abbrechen oder dort nur deine Zeit absitzen und dich nicht auf die Zukunft vorbereiten. Du hast die Wahl – es ist deine Entscheidung!

Da wir in diesem Kapitel über viele wichtige Dinge sprechen, habe ich es in fünf Teile untergliedert. Der erste Teil heißt: **Mach den Marshmallow-Deal**. Er ist für alle, die die Schule möglichst früh abbrechen wollen. Im zweiten Teil **So kriegst du die Schule in den Griff** dreht sich alles darum, wie du den ganzen Stress mit dem Lernen und den Lehrern überstehst. In Teil drei verrate ich dir **Sieben Geheimnisse für gute Noten.** Danach dreht sich alles um die Frage: **Wie geht's nach der Schule für dich weiter**? Hier erfährst du, wie du dich am besten aufs Studium vorbereitest und deinen Wunsch-Studienplatz bekommst. Der letzte Teil trägt die Überschrift **Was willst du wirklich**? Worum es da geht? Um zwei Fragen, über die sich viele Teenager den Kopf zerbrechen: Was will ich später mal werden? Was ist mein Traumberuf?

Schul-Check-up

Dieser Test hilft dir herauszufinden, auf welchem Weg du in Sachen Schule bist. Wenn du es wirklich wissen willst, solltest du alle Fragen ganz ehrlich beantworten!

Zieh einfach einen Kreis um die passende Ziffer.		Stimmt nicht!				Stimmt total!
1.	Ich will die Schule auf jeden Fall abschließen.	1	2	3	4	5
2.	Ich will mich nach der Schule noch weiterbilden.	1	2	3	4	5
3.	Ich bin überzeugt, dass eine gute Ausbildung für meine Zukunft enorm wichtig ist.	1	2	3	4	5
4.	Ich strenge mich in der Schule wirklich an.	1	2	3	4	5
5.	Ich habe ziemlich gute Noten.	1	2	3	4	5
6.	Ich mache auch bei schulischen Aktivitäten außerhalb des Unterrichts mit.	1	2	3	4	5
7.	Ich erledige meine Hausaufgaben rechtzeitig.	1	2	3	4	5
8.	Ich achte darauf, dass der Schulstress nicht zu groß wird.	1	2	3	4	5
9.	Ich bekomme die Schule mit den ganzen anderen Dingen, die ich sonst noch mache, gut unter einen Hut.	1	2	3	4	5
10.	Ich denke oft darüber nach, was ich später für einen Beruf haben will. Schon jetzt sammle ich Infos zu meinen Möglichkeiten.	1	2	3	4	5
	SUMME					

- Für jede Frage bekommst du maximal fünf Punkte – insgesamt gibt es also 50 Punkte.
- Zähl jetzt deine Gesamtpunktzahl zusammen, um zu sehen, wie du abschneidest.
- Denk daran, dass du hier keine Noten bekommst! Es geht um eine Selbstbeurteilung.
- Sie hilft dir herausfinden, wie gut deine derzeitigen Entscheidungen sind.

40–50:	Du bist wirklich auf dem hohen Weg. Mach weiter so!
30–39:	Du liegst zwischen dem hohen und dem niedrigen Weg. Versuch, noch weiter nach oben zu kommen!
10–29:	Du bist auf dem niedrigen Weg. Bitte lies dir dieses Kapitel besonders gut durch!

Mach den Marshmallow-Deal!

Vor einigen Jahren führte der Psychologe Walter Mischel in einer Vorschule ein Experiment durch. Er versammelte eine Gruppe von Vierjährigen um einen Tisch. Auf dem Tisch legen Marshmallows. Dann sagte Mischel, er müsse ein paar Minuten aus dem Raum gehen. Er schlug den Kindern einen Deal vor. Die Kinder sollten mit dem Essen der Marshmallows warten, bis er wieder zurück war. Dann würde jedes Kind zwei Marshmallows bekommen. Und wenn die Kinder es nicht schafften zu warten? Dann durfte jedes Kind nur ein Marshmallow essen – das aber sofort. *Ein Marshmallow sofort oder zwei später* – das war die Abmachung. Dann verließ Mischel den Raum:

- Einige Kinder konnten der Versuchung nicht widerstehen. Sie aßen sofort ein Marshmallow.
- Manche hielten ein paar Minuten durch, aßen dann aber doch ein Marshmallow.
- Andere rochen an ihren Marshmallows.
- Ein paar Kinder waren entschlossen, der Versuchung nicht nachzugeben und zu warten. Sie hielten sich die Augen zu, summten und sangen vor sich hin, spielten oder versuchten sogar, einzuschlafen.

Als Mischel zurückkam, gab er allen Kindern, die durchgehalten hatten, ihre zwei wohlverdienten Marshmallows. Er verfolgte die Lebensläufe dieser Kinder bis zum Ende ihrer Schulzeit. Das Ergebnis? Die Kinder, die ihr Marshmallow nicht gegessen hatten, schnitten in der Schule wesentlich besser ab. Sie hatten bessere Noten, mehr Selbstvertrauen und waren zuverlässiger und beliebter als die Kinder, die nicht warten konnten.

Aber was haben die Marshmallows mit deinem Schulabschluss zu tun? Sehr viel! Wenn du die Schule abbrichst, ist das genauso, wie wenn du dein Marshmallow sofort aufisst. Es ist lecker und schmeckt total gut. Mit der Schule aufzuhören, schmeckt am Anfang wahrscheinlich auch wunderbar. Du könntest dann gleich Geld verdienen und dir tolle Sachen kaufen, vielleicht sogar ein Auto ... Oder du könntest dir eine eigene Wohnung leisten. Und du wärst auf einen Schlag den ganzen Stress wegen der Hausaufgaben und der Noten los. Das klingt verlockend. Aber ist das wirklich so toll? Wenn du die Schule abbrichst, verzichtest du auf die beiden Marshmallows, die du später bekommen würdest. Das ist ein echt mieses Geschäft! Die beiden Marshmallows wären nämlich eine viel bessere Ausbildung, ein viel besser bezahlter Job, ein viel besseres Auto ...

Bestimmt hast du schon 1000 Gründe dafür gehört, dass du durchhalten und die Schule nicht abbrechen solltest. Hast du aber schon mal richtig darüber nachgedacht?

> Was passiert, wenn du die Schule nicht zu Ende machst?
> Dann musst du dich in einem schlecht bezahlten Job abplagen –
> **und das für den Rest deines Lebens!**

Warum? Ganz einfach: Wenn du die Schule abbrichst, hast du so gut wie keine Chance auf einen gut bezahlten Job. Auf den ersten Blick sieht ein Stundenlohn von zehn oder zwölf Euro vielleicht nach viel aus. Aber auf Dauer kommst du damit nicht weit. Wenn du die Schule abschließt und dann vielleicht sogar studierst, kannst du wesentlich mehr verdienen. Das zeigen auch die folgenden Zahlen von statista.com und ifo schnelldienst. Sie ändern sich zwar von Jahr zu Jahr, doch die Unterschiede beim Durchschnittseinkommen sind immer enorm groß:

Wie viel Geld wirst du verdienen?

Durchschnittsverdienst von Leuten in Deutschland, die keine Berufsausbildung haben:

1700 Euro im Monat

Leute mit Berufsausbildung:

1900 Euro im Monat

Leute mit Fachhochschulabschluss:

3000 Euro im Monat

Leute mit Universitätsabschluss:

3600 Euro im Monat

Diese Zahlen zeigen: Wer einen Universitätsabschluss vorweisen kann, ist meistens klar im Vorteil. Im Schnitt verdienen Uni-Absolventen doppelt so viel im Monat wie diejenigen, die keine Berufsausbildung haben. Wenn du diese Zahlen auf dein gesamtes Arbeitsleben hochrechnest, ist der Unterschied noch viel krasser:

LEBENSVERDIENST

Leute ohne Berufsausbildung:

1,1 Millionen Euro

Leute mit Berufsausbildung:

1,4 Millionen Euro

Leute mit Fachhochschulabschluss:

2,0 Millionen Euro

Leute mit Universitätsabschluss:

2,4 Millionen Euro

Und: Wenn du die Schule nicht zu Ende bringst, verbaust du dir die Chance auf viele tolle Berufe:

IT-Fachmann	Vermessungsingenieur	Börsenmakler
Zahnarzt	Labortechniker	Werbegrafiker
Hotelmanager	Maschinenbauer	Automechaniker
Verwaltungsfachmann	Sozialarbeiter	Lehrer
Informatiker	Bankier	Ingenieur
Journalist	Versicherungsagent	Apotheker
Grafikdesigner	Pilot	PR-Agent
Immobilienmakler	Anwalt	Arzt
Architekt	Wissenschaftler	Universitätsprofessor
Geologe	Tierarzt	Richter

Das Geld wird immer knapper ....

Falls du keinen Schulabschluss machst, läuft es vielleicht zuerst ganz gut. Es sieht so aus, als ob du mit deinem wenigen Geld irgendwie hinkommst. Aber was ist, wenn deine Ansprüche steigen? Und wie sieht es aus, wenn du später eine Familie gründen willst? Dann wird es eng für dich! Der bekannte Autor Greg Byron schreibt:

»Wenn du von zu Hause ausziehst, wirst du erst mal ziemlich sparsam leben – vielleicht in einer WG. Von deinen Wohnungsgenossen wirst du aber schnell die Nase voll haben. Du wirst dir eine größere Wohnung für dich allein wünschen, ein besseres Smartphone, ein neueres Auto, schönere Urlaube ... Irgendwann willst du vielleicht auch Kinder haben ... Du träumst von einem eigenen Haus und natürlich haben deine Kinder auch Wünsche ... Aber du kannst ihnen nichts bieten. Dazu verdienst du einfach zu wenig ... Bald wirst du merken, dass viele deiner Klassenkameraden wesentlich besser dastehen als du. Warum? Sie haben im Hinblick auf die Schule und den Beruf viel klügere Entscheidungen getroffen als du!«

Sicher, es gibt auch Leute, die die Schule abgebrochen haben und trotzdem gut verdienen. Aber mal ehrlich – das sind absolute Ausnahmen. Es ist wie beim Lotto, die Chancen sind sehr gering. Willst du dieses Risiko wirklich eingehen?

Hier sind die harten Fakten:

- Für Schulabbrecher ist es viel schwieriger, einen Job zu bekommen und ihn auch zu behalten: Über 50 Prozent von ihnen sind arbeitslos.
- Schulabbrechern haftet oft das Etikett an, dass sie Loser sind und nichts zu Ende bringen.
- Schulabbrecher hangeln sich meist nur von einem Job zum nächsten, statt sich eine Karriere aufzubauen.
- In den meisten Ländern ist mittlerweile auch das Abitur immer weniger wert. Vlad, ein Teenager aus Russland, sagt: »Bei uns ist man heute ohne abgeschlossenes Studium gar nichts. Man findet dann keine Arbeit.«

Den Teufelskreislauf durchbrechen

Einer der Hauptgründe dafür, dass Teenager die Schule abbrechen, ist, dass andere in der Familie das auch gemacht haben. Ihre Mutter oder ihr Vater, ihre Cousins oder Cousinen. Vielleicht hat überhaupt noch niemand aus ihrer Familie die Schule abgeschlossen, das Abitur gemacht oder studiert. Weshalb sollten dann ausgerechnet sie es tun?

Manchmal erben wir schlechte Gewohnheiten. Sie werden von einer Generation an die nächste weitergegeben. Falls dein Nachbar Alkoholiker ist, sind die Chancen groß, dass schon *sein* Vater Alkoholiker war. Auch bei Gewalt, Drogensucht oder Armut gibt es diese Muster – und eben auch beim Schulabbruch.

Die gute Nachricht: Du hast die Wahl hast. Du kannst in deiner Familie der Erste sein, der den Kreislauf durchbricht! Du kannst verhindern, dass die schlechte Gewohnheit auch dich in den Abgrund reißt. Du kannst neue gute Gewohnheiten entwickeln und an deine Kinder, Neffen und Nichten weitergeben. *Wäre es nicht genial, wenn du als Erster in deiner Familie studieren und dieses neue Muster an deine Kinder und Enkel weitergeben könntest?*

Die Entscheidung zu treffen, die Schule abzuschließen, könnte das Schwierigste sein, was du bisher in deinem Leben gemacht hast. Vielleicht bekommst du zu Hause so gut wie keine Unterstützung. Vielleicht hast du Angst, weil du glaubst, dass du nichts zu Ende bringen kannst. Vielleicht bekommst du Ausschlag, wenn du nur daran denkst, auch nur noch einen einzigen Tag in die Schule zu gehen. Sicher, das ist nicht leicht. Aber es wird sich garantiert lohnen! Denn: *Zwei Marshmallows morgen sind immer besser als eins heute!*

So kriegst du die Schule in den Griff

Und: Wie sieht es bei dir aus? Gehst du gern zur Schule oder findest du es einfach nur schrecklich? Das ist bei jedem anders. Doch eins haben alle Teens gemeinsam: Die Schule macht ihnen auf die eine oder andere Weise zu schaffen. Ich habe den ganzen Stress, die Multiple-Choice-Tests und auch die Kletterseile in der Turnhalle gehasst.

Die Schule bringt viele Herausforderungen mit sich. Hier eine kleine Hitliste:

1. »Den ganzen Stress halte ich nicht mehr aus!«
2. »Ich hab so viel zu tun. Mir läuft die Zeit davon.«
3. »Die Schule ist mir total egal.«
4. »Die Noten – ich bin einfach mies in der Schule.«

Die gute Nachricht: Du kannst diese Herausforderungen in den Griff kriegen. Hier sind ein paar Tipps für Dich:

HERAUSFORDERUNG NR. 1: »Den ganzen Stress halte ich nicht mehr aus!«

Ich habe Teenager gefragt, was ihnen den größten Stress in der Schule macht. Hier sind die Antworten:

»*Der Druck, gut abzuschneiden, und die negativen Folgen, wenn man es nicht schafft.*«

»*Die NOTEN.*«

›› Die hohen Erwartungen meiner Eltern. ‹‹

›› Dass uns alle Lehrer immer gleichzeitig besonders viel aufgeben. Sie könnten sich wirklich besser absprechen. ‹‹

›› MATHE bringt mich einfach um! ‹‹

›› Der Konkurrenzkampf, wer die besten Noten schreibt. ‹‹

›› Ätzende Lehrer und langweiliger Unterricht. ‹‹

›› Alles stürzt gleichzeitig auf mich ein: Fußballtraining, Hausaufgaben … Ich muss rund um die Uhr ackern. Wenn ich mir mal eine kurze Auszeit nehme, bricht danach das Chaos los. ‹‹

Das Komische ist: Wenn du mit der Schule fertig bist, verschwindet der ganze Stress nicht einfach. Dann stressen dich nur andere Dinge. Dann sind es die Rechnungen, die Kinder, die Arbeit oder die Schwiegereltern. Es bringt also nichts, wenn du versuchst, dem Stress davonzulaufen. Lern lieber, richtig mit Stress umzugehen. Wie man das am besten macht? Indem man seine Säge regelmäßig schärft.

Die Säge schärfen

»Bei einem Notfall fallen Sauerstoffmasken von der Decke. Ziehen Sie sich Ihre Maske bitte zuerst selbst über den Mund und erst danach der Person oder dem Kind neben Ihnen.« Das sagen die Stewardessen im Flugzeug. Diese Szene habe ich mir oft vorgestellt. Ich bekomme Luft, während der Zweijährige neben mir fast erstickt … Ist das nicht furchtbar egoistisch? Je mehr ich über die

Worte der Stewardessen nachdenke, desto logischer werden sie. Man kann anderen nicht helfen, wenn man selbst keine Luft bekommt! Deshalb solltest du keine Gewissensbisse haben, wenn du dir die Zeit nimmst, um dich auszuruhen und deine Batterien wieder aufzuladen. Wenn du dich dauernd überlastest und nicht an dich denkst, bist du irgendwann total fertig. Damit tust du weder dir noch anderen einen Gefallen. Deshalb solltest du dir regelmäßig Zeit nehmen, um dich um die Erneuerung der vier Bereiche zu kümmern, die dich als Mensch ausmachen: Körper, Verstand, Herz und Seele.

Zieh einfach einen Kreis um die passende Ziffer.		**Stimmt nicht!**				**Stimmt total!**
KÖRPER	• Ich ernähre mich gesund. • Ich sorge für ausreichend Schlaf. Ich mache mir nicht zu viel Stress. • Ich mache Sport und achte auf meine Fitness.	1	2	3	4	5
VERSTAND	• Ich strenge mich in der Schule wirklich an. • Ich versuche, immer etwas Neues dazuzulernen. • Ich lese viel und habe tolle Hobbys.	1	2	3	4	5
HERZ	• Ich bemühe mich, Freunde zu gewinnen und selbst ein guter Freund zu sein. • Ich nehme mir Zeit für meine wichtigsten Beziehungen. • Ich setze mich für andere ein.	1	2	3	4	5
SEELE	• Ich helfe anderen, wo ich kann. • Ich nehme mir Zeit, um intensiv über verschiedene Dinge nachzudenken. • Ich führe ein Tagebuch, gehe spazieren, mache Yoga, meditiere, lese inspirierende Texte oder spiele ein Instrument.	1	2	3	4	5

Bekommen bei dir alle vier Bereiche ausreichend Aufmerksamkeit? Hast du dir in der Rubrik »Herz« eine 2 gegeben? Dann versuch, mehr Zeit mit deinen Freunden und deiner Familie zu verbringen. Falls du die Rubrik »Körper« mit einer 3 bewertet hast, dann geh vom Gas, drossle dein Tempo und kümmere dich mehr um dich selbst. Bei uns Menschen ist es wie mit den Reifen an einem Auto: Wenn einer nicht richtig ausgewuchtet ist, nutzen sich auch die drei anderen ungleichmäßig ab. Beispielsweise ist es schwierig, in der Schule gute Noten zu bekommen (Verstand), wenn du völlig ausgelaugt bist (Körper).

Es gibt viele Möglichkeiten, Stress abzubauen und seine Säge zu schärfen. Hier kommen einige Anti-Stress-Tipps von anderen Teens:

- »Ich gehe joggen. Das hilft mir, meine Probleme mit etwas Abstand zu sehen und leichter Lösungen zu finden.«
- »Ich nehme ein Bad, lese in meinem Tagebuch oder gönne mir einen Mittagsschlaf.«
- »Ich spiele mit meinen Freunden Fußball.«
- »Ich mache Krafttraining. Das setzt Glückshormone frei!«
- »Ich helfe anderen – dabei vergesse ich meine eigenen Probleme.«

Wandelnde Zombies

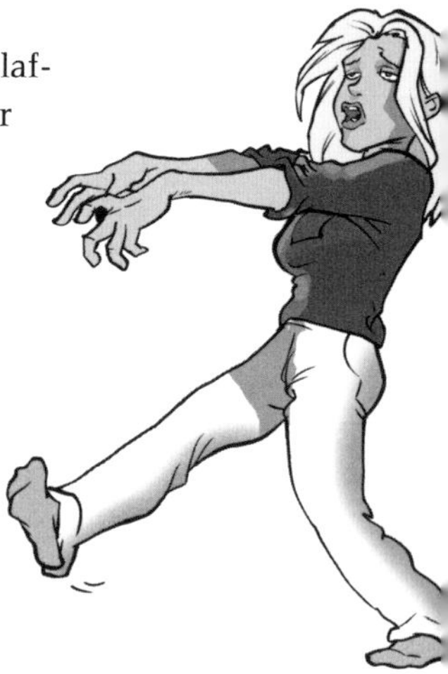

Ein echtes Problem im körperlichen Bereich ist Schlafmangel. Studien zeigen: Zu wenig Schlaf kann für Depressionen, schlechte Noten, Unfälle oder emotionale Probleme verantwortlich sein. Viele sind in einem absoluten Ausnahmezustand, wenn sie andauernd übermüdet sind. Die doofe Bemerkung, die jemand über deine Frisur macht, kommt dir dann wie eine riesengroße Gemeinheit vor. Und die anstehende Mathe-Arbeit treibt dich fast in den Wahnsinn. Schlafmangel macht dich zu einem wandelnden Zombie! Alles wird dir zu viel. Du kannst keinen klaren Gedanken mehr fassen. Deshalb habe ich hier vier gute Schlaf-Tipps für dich:

1. **HOL DIR, WAS DU BRAUCHST!** Die meisten Teenager bekommen pro Nacht nur rund sieben Stunden Schlaf, manche sogar noch weniger. Fachleute sind sich einig, dass Teenager zwischen 8,5 und 9,25 Stunden Schlaf pro Nacht brauchen. Deshalb: Teste aus, wie viel Schlaf du brauchst. Sorg dafür, dass du ihn auch bekommst.

2. **FRÜH IN DIE FEDERN, FRÜH WIEDER RAUS!** Manche Gesundheitsexperten sind der Ansicht, dass der Schlaf vor Mitternacht doppelt zählt. Für mich hat früh ins Bett zu gehen und früh aufzustehen geradezu magische Kräfte. Du weißt ja: Der frühe Vogel fängt den Wurm!

3. **SORGE FÜR KONSTANZ!** Wenn du normalerweise um 23 Uhr ins Bett gehst, solltest du am Freitag und Samstag nicht bis 3 Uhr aufbleiben und dann bis Mittag schlafen. Das bringt deinen Schlafrhythmus komplett durcheinander. Natürlich heißt das nicht, dass du Wochenende nicht länger aufbleiben darfst. Übertreib es aber nicht. Deine Schlafenszeiten sollten maximal um zwei Stunden variieren.

4. **ENTSPANN DICH VOR DEM SCHLAFENGEHEN!** Bevor du ins Bett gehst, solltest du keine Unmengen Cola oder Kaffee in dich hineinschütten. Entspann dich lieber ein bisschen: Nimm ein Bad, schreib in dein Tagebuch, lies Comics ... Wenn du ein paar stille Minuten einlegst, bevor du ins Bett gehst, wirst du viel besser schlafen.

Natürlich sind das keine Regeln, sondern nur Richtlinien. Manchmal wirst du zusammen mit deinen Freunden lange aufbleiben wollen. Hin und wieder wirst du spät ins Bett gehen, weil du deine Hausaufgaben fertig bekommen musst. Ich möchte dir nur sagen: Wenn du mal deprimiert, durcheinander oder sehr gestresst bist, kann eine ordentliche Mütze Schlaf wahre Wunder wirken!

HERAUSFORDERUNG NR. 2:
»Ich hab so viel zu tun. Mir läuft die Zeit davon.«

Der folgende Bericht ist typisch für viele Teenager: »Ich bin immer total beschäftigt! Ich mache extrem viel. Ich bin in einer Band und im Badmintonteam. Dazu kommt jetzt noch die Fahrschule. Außerdem hab ich einen Nebenjob und gebe Nachhilfe. Und in der Schule bin ich in einigen AGs.« So viel zu tun. Und so wenig Zeit. Wie soll das gehen? Der Schlüssel dazu ist, dass du besser mit deiner Zeit umgehst. Wäre es nicht genial, wenn jeder Tag 25 Stunden hätte? Überleg mal, was mit sieben Extra-Stunden pro Woche alles machen könntest! Weißt du was? Ich wette, dass du jede Woche mindestens sieben, vielleicht sogar zehn oder mehr Stunden vergeudest und es gar nicht merkst! Wollen wir es gemeinsam herausfinden? Denk mal darüber nach, wie viel Zeit du bei den vier Punkten unten in der Tabelle verschwendest. Trag die Zahlen bitte erst ein, nachdem du die Erklärtexte zu den einzelnen Themen gelesen hast.

ZEITFINDER

AKTIVITÄT	Stunden, die ich letzte Woche damit verbracht habe	Stunden, die ich jede Woche einsparen könnte
Weniger Online-Aktivitäten		
Persönliche Zeitverschwender (PZV) reduzieren (Mein PZV ______________)		
Mit einem Lächeln Nein sagen (Unwichtige Aktivität: ______________________)		
Aufhören, Dinge auf die lange Bank zu schieben		
STUNDEN GESAMT		

Weniger Online-Aktivitäten

Chatten, Gamen, Surfen, Social Media, WhatsApp, Netflix und Co.: Online-Aktivitäten sind der mit Abstand größte Zeitverschwender. Gerade Trödler sind pausenlos online. Doch meist ist das pure Zeitverschwendung. Hast du gewusst, dass der durchschnittliche Teenager täglich mehrere Stunden mit Online-Aktivitäten verbringt? Da geht richtig viel wertvolle Zeit verloren …

> **ZEITFINDER:** Denk bitte mal an die letzte Woche zurück. Zähl zusammen, wie viele Stunden du online warst. Sei ehrlich! Trag die Zahl dann in der Rubrik »STUNDEN, DIE ICH LETZTE WOCHE DAMIT VERBRACHT HABE« in den Zeitfinder ein. Überleg dir anschließend, wie viele Stunden du hier ganz leicht einsparen könntest. Schreib diese Zahl dann in die Spalte mit dem Titel »STUNDEN, DIE ICH JEDE WOCHE EINSPAREN KÖNNTE«.

Persönliche Zeitverschwender (PZV) in die Schranken weisen

Wir verschwenden alle regelmäßig Zeit mit Trödler-Aktivitäten aus Quadrant 4. Diese Aktivitäten sind *persönliche Zeitverschwender* (PZV). Jeder von uns hat ganz unterschiedliche PZV. Manche verbringen zu viel Zeit mit Chatten, Gamen, Instagram, Netflix oder beim Lesen von irgendwelchen Zeitschriften. Natürlich brauchen wir alle Zeit, um abzuschalten und unsere Batterien wieder aufzuladen. Deshalb sollst du auch nicht alle deine PZV in die Wüste schicken. Allerdings würde es dir sehr viel bringen, wenn du deinen größten PVZ eindämmen könntest. Am besten siehst du dir gleich mal den Zeitfinder an und schaust, was hier für dich möglich ist.

> **ZEITFINDER:** Trag deinen größten persönlichen Zeitverschwender in den Zeitfinder ein. Denk an die letzten sieben Tage zurück. Zähl zusammen, wie viele Stunden du in der letzten Woche damit verbracht hast. Schreib dann daneben, wie viele Stunden du hier einsparen könntest, ohne Entzugserscheinungen zu bekommen.

Mit einem Lächeln Nein sagen

Im Quadrant 3 ist der Ja-Sager zu Hause. Im Bemühen, jedem zu gefallen und nichts zu verpassen, sagst du zu allem Ja und lädst dir viel zu viel auf. Es ist toll, wenn Teenager Sport machen, in Vereine gehen und bei AGs in der Schule dabei sind. Aber du solltest es nicht übertreiben. Überleg mal, ob du dazu neigst, zu viel zu machen. Ja?! Dann konzentrier dich in Zukunft auf deine wichtigsten Aktivitäten. Lass den Rest einfach links liegen. Wie das geht? Fang an, Nein zu sagen, und zwar mit einem Lächeln! Erleichtere dir das Leben! Mach weniger Sachen wirklich gut statt viele Dinge nur mittelmäßig.

ZEITFINDER: Trag eine unwichtige Sache, die du regelmäßig machst, in den Zeitfinder ein. Rechne aus, wie viel Zeit dich das in den letzten sieben Tagen gekostet hat. Notier die Stundenzahl. Schreib anschließend auf, wie viel Zeit du sparen kannst, wenn du diese Aktivität aufgibst oder das Ganze wenigstens einschränkst.

Aufhören, Dinge aufzuschieben

In meinem letzten Schuljahr habe ich mir mit meinem Bruder einen ziemlich ramponierten Honda Accord geteilt. Irgendwann merkte ich, dass etwas mit den Bremsen nicht stimmte. Natürlich hätte ich das Auto in die Werkstatt bringen müssen. Ich schob es aber so lange vor mir her, bis die Bremsen anfingen, unheimliche Geräusche von sich zu geben. Als ich endlich in die Werkstatt fuhr, waren die Bremsen total kaputt. Die Reparatur kostete eine ziemliche Stange Geld – ungefähr fünfmal so viel, wie nötig gewesen wäre. Und das bloß, weil ich mich nicht rechtzeitig darum gekümmert hatte. Ob Referat oder Bewerbung für einen Ferienjob: Aufschieben kostet immer mehr Zeit, Geld und Energie als nötig. Deshalb halte ich mich jetzt an ein sehr gutes Motto: »Wenn nicht jetzt, wann dann? Wenn nicht ich, wer sonst?«

Bist du auch ein Last-Minute-Büffler? Tust du wochenlang nichts und stopfst dann in der Nacht vor der Klassenarbeit noch ganz schnell möglichst viel Wissen in deinen Kopf? Funktioniert das? Na ja, kurzfristig vielleicht. Warst du schon mal auf einem Bauernhof? Stell dir vor, man würde dort im Frühjahr die Aussaat vergessen, den ganzen Sommer auf der faulen Haut liegen und dann im Herbst auf den Feldern auftauchen, um die Ernte einzufahren. Natürlich klappt das nicht! Auf lange Sicht ist das Leben eher mit einem Bauernhof vergleichbar als mit der Schule. Man kann nur das ernten, was man gesät hat.

Zum Glück gibt's ein wirksames Mittel gegen die ewige Aufschieberei: »Just do it – mach es einfach!« Also, fang jetzt damit an, deine Zeit und deine Aktivitäten in den Griff zu bekommen. Das ist gar nicht schwer: Geh in Quadrant 2, werde zum Prioritäten-Setzer und kümmer dich um deine Zeitplanung.

Kauf dir einen Planer. Nimm einen auf Monatsbasis, in dem auch Platz für wöchentliche und tägliche Eintragungen ist. Wenn du ein Technik-Freak bist, kannst du dir natürlich auch eine App oder ein elektronisches Planungs-Tool besorgen. Trag alles in deinen Planer ein: die Termine für Klassenarbeiten und Referate, schulfreie Tage und Ferien, Sport und Freizeitaktivitäten, Geburtstage und wichtige Ereignisse in der Familie ... Das ist eine echte Erleichterung. Denn so musst du nicht mehr alles im Kopf haben und vergisst garantiert nichts mehr. Sieh dir zu Beginn jeder Woche an, was alles ansteht. Warte nicht bis zum letzten Moment, wenn du dich auf eine Klassenarbeit vorbereiten oder ein Referat schreiben musst. Fang möglichst früh an!

> **ZEITFINDER:** Geh die letzte Woche noch mal durch: Wie viel zusätzliche Zeit haben dich die Dinge gekostet, die du schon länger vor dir hergeschoben hast? Trag die Zahl in den Zeitfinder ein. Was ist, wenn du aufhörst, alles erst auf den letzten Drücker zu erledigen? Wie viel Zeit kannst du dann jede Woche sparen? Notier dir diese Zahl gleich im Zeitfinder.

Zähl jetzt bitte die Zahlen in der Spalte **»Stunden, die ich jede Woche sparen könnte«** zusammen. Auf welche Summe kommst du? 7 Stunden? 15 Stunden? Noch mehr?! Wahnsinn! Und du hast gedacht, du hättest nicht genügend Zeit ... Jeder von uns hat in der Woche 168 Stunden, mit denen er machen kann, was er will. Oder wie der Motivationstrainer Michael Altshuler schreibt: »Die schlechte Nachricht ist, dass die Zeit dahinfliegt. Die gute Nachricht ist, dass du der Pilot bist.«

HERAUSFORDERUNG NR. 3:
»Die Schule ist mir total egal!«

Hat schon mal jemand zu dir gesagt: »Wenn du nur ein bisschen was für die Schule tun würdest, könntest du echt gut sein«? Da bist du kein Einzelfall. Viele haben keine Lust auf Schule, weil sie das Ganze als fürchterlichen Zwang empfinden. Geht's dir auch so? Die gute Nachricht: Du bist nicht so machtlos, wie du denkst. Es gibt einiges, was du selbst beeinflussen kannst. Schau dir gleich mal die Grafik auf der nächsten Seite an. Hier siehst du, welche Bereiche du im Hinblick auf die Schule kontrollieren kannst und welche nicht.

Mach dich nicht einfach zum Opfer. Konzentrier dich lieber auf die Dinge, die du selbst steuern kannst.

Lernen, Wissen, Bildung: Dafür sind nicht die Schule und auch nicht deine Eltern verantwortlich, sondern nur du selbst. Hier kannst du einiges tun, das sogar noch Spaß macht:

- Leg dir ein Hobby zu, das dir wirklich am Herzen liegt – Fotografieren, Kunst, Tanzen …
- Such dir ein Wahlfach, das dich schon immer interessiert hat.
- Bewirb dich für einen Ferienjob oder ein Praktikum auf einem Gebiet, über das du gerne mehr erfahren möchtest.
- Gründe deine eigene kleine Firma.
- Sorg dafür, dass du im In- und Ausland herumkommst.
- Und: Falls du schon weißt, was du mal werden willst, dann richte die Wahl deiner Fächer und AGs konsequent darauf aus.

Reisen bildet und macht Spaß

Reisen bildet! Sicher kennst du diesen Spruch. Das stimmt. Und: Reisen macht auch noch Spaß! Dabei spielt es keine Rolle, ob du einen anderen Kontinent besuchst oder eine Sehenswürdigkeit in der Nähe. Carol Carter beschreibt in ihrem Buch *Majoring in the Rest of Your Life*, welche Vorteile das Reisen hat:

1. *Beim Reisen kannst du Berufe kennenlernen, von denen du gar nicht wusstest, dass es sie überhaupt gibt. Vielleicht findest du so ja deinen Traumjob!*
2. *Reisen ist der beste Weg, um Fremdsprachen zu erlernen. In vielen Berufen verschafft dir das einen klaren Vorteil.*
3. *Durch Reisen kannst du Selbstvertrauen gewinnen.*

Wenn du im Ausland mit einer anderen Sprache und Kultur zurechtgekommen bist, wird dir das Leben zu Hause viel einfacher vorkommen.

4. *Beim Reisen lernst du andere Menschen und Kulturen kennen und schätzen.*
5. *Du wirst unglaubliche Dinge sehen, die du bisher nur aus Büchern kennst – den Louvre in Paris, die Chinesische Mauer oder den Times Square in New York. So macht Bildung richtig Spaß!*

Hast du jetzt Lust aufs Reisen bekommen? Wunderbar! Aber: Wer gibt dir das nötige Geld? Wie schaffst du es, deine Eltern zu überzeugen, dich wegfahren zu lassen? Es gibt unzählige Programme und Leute, die dich unterstützen können. Hier ein paar Tipps:

Nutz die Austauschprogramme an deiner Schule. An fast allen Schulen gibt es Austauschprogramme. Sprich einfach deinen Englisch- oder Französischlehrer darauf an. Aufenthalte im Ausland werden oft sogar auf die Schulzeit angerechnet.

Wende dich an eine Organisation, die Freiwillige sucht. Viele Organisationen brauchen dringend Freiwillige. Du könntest zum Beispiel in ein Gebiet reisen, wo große Armut herrscht, den Menschen dort helfen und gleichzeitig dein eigenes Leben bereichern.

Geh über ein nicht-schulisches Austauschprogramm ins Ausland. Dann kannst du dort bei einer Familie leben und die fremde Kultur wirklich hautnah kennenlernen.

Bitte deine Eltern, dich auf Geschäftsreisen mitzunehmen. Tagsüber, wenn deine Mutter oder dein Vater arbeitet, kannst du auf eigene Faust die Stadt erkunden. Abends könnt ihr dann gemeinsam auf Entdeckungsreise gehen.

Willst du mehr über Reisemöglichkeiten wissen? Dann schau im Internet nach, frag einen deiner Lehrer, hol dir Zeitschriften und Bücher aus der Schulbibliothek oder sprich mit jemandem, der schon im Ausland war. Die 17-jährige Bridgett erzählt, wie sie es geschafft hat, nach Japan zu kommen:

Eines Tages habe ich zu meiner Mutter gesagt: »Weißt du was? Ich möchte gern verreisen. Das würde mir bestimmt Spaß machen!« Meine Mutter meinte: »Na, vielleicht kannst du das ja irgendwann, mit einem dieser Austauschprogramme.« Also habe ich mich im Internet umgeschaut und dort einige Möglichkeiten gefunden. Dann habe ich mit dem Beratungslehrer an unserer Schule gesprochen, um sicherzugehen, dass auch alles seriös ist. Wir fanden ein Programm, das Youth For Understanding hieß. Ich sah es mir genauer an und beschloss, dass ich nach Japan wollte. Das kostete aber 5000 Dollar! Daher bewarb ich mich für eines der Okinawa Peace Scholarships. Drei Monate später erhielt ich die Mitteilung, dass ich tatsächlich ein Stipendium bekommen hatte. Damit waren fast alle Kosten gedeckt!

Ich war dann sechs Wochen in Okinawa, das auch als japanisches Hawaii bezeichnet wird. Es war einfach mega! Ich wollte gar nicht mehr zurück. Natürlich konnte ich nicht für immer bleiben. Aber: Dieses Jahr fliege ich im Rahmen eines Schulprogramms nach Irland.

HERAUSFORDERUNG NR. 4:
»Die Noten – Ich bin einfach mies in der Schule!«

Bist du mies in der Schule? Glaubst du, dass du einfach nicht das Zeug dazu hast, um gute Noten zu bekommen? Da bist du nicht allein! Genau das dachten auch einige der größten Denker, Künstler und Musiker aller Zeiten. Hast du das gewusst?

- **Albert Einstein**, der als einflussreichste Person des 20. Jahrhunderts gilt. Einstein konnte erst mit vier sprechen und erst mit sieben lesen. Alle hielten ihn für zurückgeblieben. Bis er neun war, sprach er nur stockend. Einer seiner Lehrer riet ihm, die Schule abzubrechen, und meinte: »Du wirst es nie zu etwas bringen!«
- **Isaac Newton**, der Begründer unserer modernen Physik. Er war in Mathe eine echte Null.

- **Henry Ford**, der berühmte Gründer der Ford Motor Company. Der legendäre Unternehmer schaffte die Schule nur mit Müh und Not.
- **Pablo Picasso**, einer der größten Künstler aller Zeiten. Er wurde mit zehn von der Schule geworfen, weil seine Noten miserabel waren. Und der Privatlehrer, den sein Vater daraufhin engagierte, hielt den kleinen Pablo für einen absolut hoffnungslosen Fall.
- **Ludwig van Beethoven** war einer der größten Komponisten der Welt. Doch sein Musiklehrer sagte ihm, dass er es als Komponist nie zu etwas bringen würde.
- **Agatha Christie**, die bekannteste Kriminalschriftstellerin aller Zeiten, litt an Dyslexie. Sie hatte riesengroße Schwierigkeiten, das Lesen zu lernen.

Alle diese Menschen haben trotz ihrer Probleme in der Schule etwas aus ihrem Leben gemacht. Das kannst du auch! Falls dir die Schule schwerfällt, heißt das nicht, dass du dumm bist. Es gibt viele Arten von Intelligenz. Die Schule beruht vor allem auf der *mentalen Intelligenz* – das ist unsere Fähigkeit, zu analysieren, zu argumentieren, abstrakt zu denken und die Sprache zu benutzen.

Doch im Leben geht es nicht nur um unseren IQ – unseren Intelligenzquotienten. Es gibt viele andere Formen von Intelligenz, die mindestens genauso wichtig sind. Zum Beispiel die *emotionale Intelligenz* (EQ). Menschen mit hoher EQ haben viel Einfühlungsvermögen. Sie können sich leicht in andere hineinversetzen und kommen gut mit ihnen klar. In der Schule wird die emotionale Intelligenz allerdings nicht benotet. Die *spirituelle Intelligenz* (SQ) umfasst unser Streben nach Visionen, Werten und Sinn. Sie ermöglicht es uns, Zukunftspläne zu schmieden und den wahren Sinn unseres Lebens zu finden. Doch in der Schule spielt sie keine Rolle. Schließlich gibt es noch die *physische Intelligenz* (PQ). Unser Körper ist von Natur aus klug. Unser Herz schlägt und unsere Lungen atmen, ohne dass wir sie daran erinnern müssten. Zur physischen Intelligenz gehört auch die Fähigkeit, durch Sinneseindrücke oder körperliche Aktivitäten zu lernen. Auch das wird in der Schule meist vernachlässigt.

Vielleicht ist dein Freund in Sachen IQ ja stärker als du. Aber dafür hast du mehr EQ. Keine Intelligenzform ist besser als die andere. Sie sind einfach nur verschieden. Deshalb: Freu dich über deine ganz speziellen Talente. Lass dir nicht von anderen einreden, dass du keine ganz besondere Begabung hast!

Was tun bei Lernproblemen?

Vielleicht hat dir ein Lehrer gesagt, dass du ein Lernproblem hast – etwa ADHS oder Dyslexie. Dann solltest du als Erstes zu einem Fachmann gehen, um herauszufinden, ob das wirklich stimmt. Falls es tatsächlich zutrifft, gibt es viele Möglichkeiten, das Ganze in den Griff zu bekommen. Manche Jugendliche nehmen Medikamente und kommen damit gut zurecht. Andere schwören auf alternative Methoden wie eine besondere Ernährung, Globuli, mentales Training oder bestimmte Konzentrationsübungen.

Bitte denk nicht, dass du behindert bist! Egal, wie die Diagnose lautet: Du kannst in der Schule und auch im Leben bestehen. Es gibt unzählige erfolgreiche Unternehmer, Anwälte, Ärzte oder Musiker und Schauspieler, bei denen Dyslexie, ADHS oder irgendein anderes Lernproblem festgestellt wurde.

Falls dir das Lernen schwerfällt, solltest du das als Schwäche betrachten, an der du arbeiten musst. Ja, vielleicht wirst du dich ein bisschen mehr anstrengen müssen als andere! Aber: Du kannst es schaffen und aus deiner Schwäche eine Stärke machen. Genau wie Greg Fox:

Eine Lehrerin, die ich noch nie gesehen hatte, forderte mich in der Pause auf, mit ihr in ein kleines Zimmer zu gehen. Sie stellte mir Fragen über mein Leben und machte sich eifrig Notizen. Am nächsten Tag trafen wir uns wieder in dem kleinen Zimmer. Nun begannen die Tests, die bald zur wöchentlichen Routine werden sollten. Im Laufe der Zeit kamen noch ein paar andere Kinder dazu. Damals wussten wir es nicht, aber das Schulsystem hatte uns einfach als lernbehindert abgestempelt.

Da ich nun als lernbehindert galt, behandelten mich die Lehrer auch entsprechend – wie einen Behinderten. Sie gaben mir die Lösungen für die Matheaufgaben, halfen mir bei den Hausaufgaben und erlaubten mir, Klassenarbeiten ohne Zeitlimit zu schreiben. Sie erwarteten nichts von mir – und genau das bekamen sie auch. Als ich dann auf die High School ging, hatte ich mich an die Sonderbehandlung gewöhnt und begann, mein Handicap auszunutzen, um mich vor den Hausaufgaben zu drücken.

Im vorletzten Jahr wurde ich mit mehreren anderen Lernbehinderten in eine Klasse gesteckt. Wir bekamen einen neuen Lehrer, Mr. Weisberg. Er hatte seinen Beruf als Anwalt aufgegeben, um Jugendlichen wie mir zu helfen, ihr wirkliches Potenzial zu erkennen. Am Anfang hasste ich ihn, weil er nicht zuließ, dass ich faul war. Doch nach und nach weckte er den Glauben in mir, dass ich ein Mensch mit grenzenlosem Potenzial war. Gemeinsam rissen wir die unsichtbaren Schranken, die mit dem Etikett »Behinderung« verbunden waren, nieder.

Ich schaffte meinen Abschluss und da meine Noten sehr gut waren, habe ich auch einen tollen Ausbildungsplatz bekommen. Ich habe gelernt, an mich zu glauben und die Verantwortung für meine Zukunft selbst zu übernehmen.

Die Wahrheit ist: Wir erfüllen die Erwartungen, die andere und wir selbst an uns haben, ziemlich genau. Deshalb ist es wichtig, dass wir gegen die Etiketten, die andere uns aufdrücken wollen, ankämpfen! Zudem sollte man sich nie selbst irgendein Etikett anheften. Etiketten sind kurzsichtig und berücksichtigen nicht alle Talente, die jedem von uns in die Wiege gelegt wurden!

Vor einigen Jahren lernte ich eine tolle junge Frau namens Amelia kennen. Sie hatte gerade ihr Diplom als Kraftfahrzeugingenieur gemacht – als einziges Mädchen in diesem Fach. Amelia hatte so gute Noten, dass mehrere große Unternehmen – darunter sogar Harley-Davidson – ihr eine Stelle anboten. Dabei war Amelia unter wirklich schlechten Bedingungen in Utah aufgewachsen. Ihre Mutter zog Amelia und ihre vier Geschwistern alleine groß. Sie schaffte es nur mit Mühe, sich und die Kids über Wasser zu halten.

»Meine Mutter hat mir klargemacht, dass sie es sich nicht leisten konnte, mir ein Studium zu bezahlen. Aber sie hat mir auch eingebläut, dass ein Stipendium für die Uni meine Fahrkarte in ein besseres Leben war.« In den unteren Klassen war Amelia allerdings nicht besonders gut. Vor allem das Lesen fiel ihr unglaublich schwer. Doch dann fand ihre Mutter heraus, wo das Problem lag.

»Einmal habe ich laut gelesen und verwechselte dabei immer wieder Buchstaben. Meine Mutter fragte, weshalb ich das machte. Und ich sagte: ›Das will ich gar nicht. Ich muss es immer zwei- oder dreimal lesen, um es richtig hinzubekommen.‹ Da merkte meine Mutter, was los war. Ich hatte mich jahrelang gefragt, warum ich solche Schwierigkeiten mit dem Lesen und in der Schule so zu kämpfen hatte. Jetzt wusste ich es endlich – die Diagnose lautete Legasthenie!« Das bedeutet, dass beim Lesen die Buchstaben durcheinandergeraten. Manche Leute denken, Legasthenker seien dumm. Doch diese angeborene Lese- und Rechtschreibschwäche hat nichts mit der Intelligenz zu tun.

Zum Glück hatte Amelia später an der Uni einige wirklich gute Freunde, die ihr halfen, mit ihrer Legasthenie fertig zu werden. Amelias Mutter hätte es gern gesehen, dass Amelia Anwältin geworden wäre. Doch sie war natürlich auch auf ihre »technische« Tochter unglaublich stolz. Amelia liefert den Beweis, dass man mit harter Arbeit und mit der Hilfe von Menschen, denen man am Herzen liegt, auch schwierige Herausforderungen meistern kann!

Sieben Geheimnisse für gute Noten

Ich bin überzeugt, dass jeder gute Noten bekommen kann, wenn er das wirklich will. Wie das funktioniert? Hier kommen sieben Geheimnisse für gute Noten:

1. **Geheimnis:** Ganz fest an sich glauben!
2. **Geheimnis:** Hingehen!
3. **Geheimnis:** Sich Extra-Punkte holen!
4. **Geheimnis:** Einen guten Eindruck auf die Lehrer machen!
5. **Geheimnis:** Stark in der roten Zone sein!
6. **Geheimnis:** Seine ganzen Ressourcen mobilisieren!
7. **Geheimnis:** Kluge Lerngewohnheiten entwickeln!

GEHEIMNIS NR. 1: Ganz fest an sich glauben!

Du musst fest daran glauben, dass du es schaffen kannst. Sonst ergeht es dir wie Josh:

> Ich schaffte es zwar aufs Gymnasium, aber meine Noten waren echt mies. Mein Traum war es, Zahnarzt zu werden. Allerdings war ich sicher, dass ich den Durchschnitt, den ich dafür brauchte, nie schaffen würde. Ich war felsenfest davon überzeugt, dass ich einfach keine richtig guten Noten bekommen konnte. Doch dann stieß ich im Internet zufällig auf einen IQ-Test. Aus Neugier machte ich den Test. Das Ergebnis war eine echte Überraschung für mich: über 130! Ich konnte es kaum fassen. Der Computer lieferte mir dann eine Liste mit Berufen, für die ich aufgrund der Testergebnisse besonders gut geeignet war. Zahnarzt war auch dabei! Von diesem Augenblick an veränderte sich alles. Ich glaubte nun ganz fest an mich – und meine Noten wurden schlagartig besser!

Jeder kann gute Noten bekommen – auch diejenigen, die Lernprobleme haben oder von ihrer Familie keine Unterstützung bekommen.

Mach es wie Josh. Glaub an dich. Das ist der Schlüssel, um positive Veränderungen anzustoßen.

GEHEIMNIS NR. 2: Einfach hingehen!

Der große Regisseur Woody Allen hat gesagt: »Erfolg beruht zu 80 Prozent darauf, dass man da ist!« Unzählige Teens schwänzen die Schule und wundern sich dann, dass sie schlechte Noten haben. Wenn du zum Unterricht gehst, wirst du da sein, wenn der unangekündigte Test geschrieben wird. Du wirst auch da sein, wenn du dir mit einer freiwilligen Hausaufgabe zusätzliche Punkte ergattern kannst. Und du wirst auch mitbekommen, welchen Stoff du für die nächste Klassenarbeit kennen solltest.

GEHEIMNIS NR. 3: Sich Extra-Punkte holen!

Wenn ein Lehrer dir die Möglichkeit gibt, durch eine freiwillige Hausaufgabe zusätzliche Punkte zu holen, solltest du das unbedingt machen. Meistens sind die freiwilligen Hausaufgaben ziemlich leicht. Zudem sind sie eine gute Vorbereitung für Klassenarbeiten. Dennoch lassen sich die meisten Schüler diese Chance einfach entgehen. In meinem Abschlussjahr habe ich mich enorm in Geometrie angestrengt. In den Arbeiten habe ich allerdings immer höchstens eine 2 geschrieben. Zum Glück habe ich alle Hausaufgaben gemacht und jede Chance auf Zusatzpunkte genutzt. So hatte ich im Zeugnis dann tatsächlich eine 1. Genau das kannst du auch!

GEHEIMNIS NR. 4: Einen guten Eindruck auf die Lehrer machen!

Grüß deine Lehrer, sei freundlich und respektvoll zu ihnen. Denk nicht immer gleich, dass deine Lehrer dir eins auswischen wollen. Das stimmt fast nie. Und: Falls du mal eine Hausaufgabe nicht rechtzeitig fertig bekommen hast, frag ruhig, ob du sie nachträglich abgeben darfst. Fragen kostet ja nichts ... Lehrer sind auch nicht anders als du und ich! Wenn du nett zu ihnen bist, werden sie auch nett zu dir sein. Ja, natürlich kann man das auch »sich einschleimen« nennen. Aber ich würde sagen, es ist ziemlich clever.

GEHEIMNIS NR. 5: Stark in der roten Zone sein!

Die rote Zone, das sind die letzten 20 Yards des Footballfelds vor der Endzone. Sie sind am schwersten zu überwinden. Auch wenn man den Ball genial übers ganze Feld gespielt hat, bekommt man keine Punkte, wenn man in der roten Zone scheitert. Weshalb ich dir das erzähle? Viele arbeiten in der Schule das ganze Halbjahr über hart, vermiesen sich ihre Noten aber in den letzten Wochen, weil ihnen die Luft ausgeht. In der Schule ist die rote Zone die Zeit, in der der Endspurt ansteht: die letzten Klassenarbeiten und mündlichen Prüfungen, von denen alles abhängt. Dann musst du stark sein. Nur wer in der roten Zone stark ist, bekommt am Ende auch gute Noten!

GEHEIMNIS NR. 6: Alle Ressourcen mobilisieren!

In meiner Kindheit fuhr mein Vater jeden Sommer mit uns zum Wasserskilaufen. Wenn einer von uns Schwierigkeiten hatte, auf die Ski zu kommen, brüllte er vom Boot aus: »Versuchs weiter! Du schaffst es! Setz deine Willenskraft ein. Mobilisier alle deine Ressourcen!« Keiner von uns hatte eine Ahnung, was genau er meinte. Heute weiß ich, was er uns sagen wollte. Für die Schule bedeutet es: Hol dir bei anderen Hilfe. Ob Lehrer, Freunde, Eltern, Cousins oder Großeltern: Such dir jemanden, der an dich glaubt und dem du wichtig bist. Frag ihn, ob er dich unterstützen kann. An den meisten Schulen gibt es Beratungslehrer oder Mentorenprogramme. Auch das solltest du nutzen, damit du gute Noten bekommst.

GEHEIMNIS NR. 7: Kluge Lerngewohnheiten entwickeln!

Du hast viel zu tun: die Schule, deine Freunde, dein Nebenjob, der Sport und vieles andere. Das alles soll nicht zu kurz kommen. Deshalb musst du kluge Gewohnheiten für das Lernen entwickeln. Hier kommen einige Tipps dazu:

Kluge Lerngewohnheiten

- AUCH DER KOPF BRAUCHT NAHRUNG! Dein Kopf ist eng mit deinem Körper verbunden. Wenn der Kopf gut funktionieren soll, braucht er Nahrung. Falls du mit deinen Hausaufgaben anfangen willst, obwohl du halb verhungert bist, solltest du vorher noch etwas essen.
- DER RICHTIGE PLATZ. Such dir einen Ort zum Lernen, an dem du ungestört bist und deine ganzen Sachen ausbreiten kannst. Plätze, an denen du ständig abgelenkt wirst, eignen sich nicht. Papier, Schreibzeug, Schere, Hefter, Snacks, Getränke: Achte darauf, dass du alles griffbereit hast, was du brauchst, damit du nicht ständig aufstehen musst.
- DIE RICHTIGE ZEIT. Leg für jeden Tag eine Zeit für deine Hausaufgaben fest. Sorg dafür, dass du dann möglichst wenig gestört wirst. Falls es dir schwerfällt, dich zu konzentrieren, dann versuch es einfach mal »häppchenweise«: Erledige deine

Hausaufgaben in kleinen Portionen. Du könntest dich zum Beispiel 15 Minuten lang an deine Hausaufgaben setzen, dann eine Pause machen und wieder 15 Minuten arbeiten – so lange, bis du alles fertig hast.

- JETZT UND SPÄTER. Organisation ist alles! Konzentrier dich zuerst auf das Jetzt und erledige das, was du für den nächsten Tag brauchst. Konzentrier dich dann auf das Später und befass dich mit deinen Referaten und anstehenden Arbeiten.
- ÜBERFLIEGEN, LESEN, EINPRÄGEN. Nehmen wir an, dass du eine Stunde Zeit hast, um dich auf einen Geschichtstest vorzubereiten. Beim Test geht es um Kapitel 9 aus deinem Geschichtsbuch. Dann solltest du nicht einfach das Buch und deine Mitschriften lesen. Versuch es lieber mit folgendem Trick:
  1. Überfliegen (10 Minuten): Überflieg das Kapitel und notier dir die Hauptüberschriften und die wichtigsten Punkte, Personen, Fachausdrücke, Daten und Fragen für die Wiederholung.
  2. Lesen (30 Minuten): Lies nun das Kapitel im Buch und die Aufzeichnungen, die du dir dazu im Unterricht gemacht hast.
  3. Einprägen (20 Minuten): Sorg jetzt dafür, dass dein Wissen »sitzt«, und überprüf das auch. Beantworte die Fragen am Ende des Kapitels oder erfinde selbst welche. Überleg dir, was der Lehrer wohl wissen will. Und: Verschwende keine Zeit mit Dingen, die du nicht zu wissen brauchst.

Wie geht's nach der Schule für dich weiter?

Ich weiß noch genau, was ich dachte, als das Abi kurz bevorstand: »Jetzt ist die Party vorbei! Meine Freunde zerstreuen sich in alle Himmelsrichtungen. Von nun an muss ich dafür sorgen, dass ich eines Tages einen guten Job bekomme. Vielleicht muss ich sogar erwachsen werden. Wie deprimierend!«

Wenn ich dir nur einen einzigen Rat geben dürfte, würde er lauten: »Sorg für eine möglichst gute Ausbildung! Mach deinen Schulabschluss. Geh dann auf die Uni.« Natürlich kannst du auch eine Lehre oder eine Ausbildung an einem Fachinstitut machen oder ein Fernstudium absolvieren. Ein Studium wird sich aber besonders auszahlen. Es bringt vor allem drei große Vorteile:

1. Ein Studium wird dein Leben bereichern!

Viele denken, dass der Hauptzweck eines Studiums ist, eine gut bezahlte Stelle zu bekommen. Aber das stimmt nicht wirklich. Viel wichtiger ist es, seinen Verstand immer weiter zu entwickeln. Es geht darum, mehr Wissen, eine bessere Selbstwahrnehmung und ganz neue Fähigkeiten zu erwerben. Und all das dürfte dir dann als erfreuliches »Nebenprodukt« auch noch einen richtig tollen Job bescheren.

2. Ein Studium wird dir Türen öffnen!

Nehmen wir an, dass du auf einer Website ein wirklich tolles Stellenangebot findest. Du bist überzeugt, dass du diese Arbeit gern und auch gut machen würdest. Du bist so aufgeregt, dass du dich am liebsten sofort bewerben würdest. Doch dann liest du, dass ein abgeschlossenes Studium verlangt wird. Wie schade! Selbst wenn du für diese Stelle besser qualifiziert bist als alle anderen Bewerber, wird dir das nichts nützen. Man wird dich nämlich gar nicht erst in Betracht ziehen. Heute werden immer mehr Stellen mit Akademikern besetzt. Es gibt zwar auch Ausnahmen, aber dieses Risiko solltest du erst gar nicht eingehen!

3. Ein Studium bringt mehr Lohn!

Ja, natürlich gibt es Wichtigeres, als gut zu verdienen. Es ist auch keine Schande, arm zu sein. Im Allgemeinen bedeutet mehr Geld aber: Du hast mehr Möglichkeiten und Chancen – auch, um anderen zu helfen! Ein paar Euro mehr kann man immer gebrauchen! Hältst du einen kleinen Schock aus? Dann lies mal, was für einen enormen Unterschied der Bildungsgrad ausmachen kann: *Fachleute im Computersupport*, die kein abgeschlossenes Studium haben, verdienen in der Regel knapp 40.000 Euro im Jahr. Kollegen mit Studium dagegen mindestens das Doppelte, meist sogar noch mehr!

So wirst du es schaffen!

Vielen Teenagern erscheint es nahezu unmöglich, zu studieren. Wenn du es aber wirklich willst, wirst du einen Weg finden, dir deinen Traum zu erfüllen. Auch Andres Marroquin Gramajo hat es geschafft.

Andres wurde in Guatemala geboren, in einer Stadt in der Nähe von San Marcos. Er war bettelarm. In Guatemala kann nicht einmal ein Prozent der jungen Leute studieren. Andres hatte sich das aber schon immer sehnlichst gewünscht.

Er sagt: »Als ich acht war, wusste ich, dass es nur eine Möglichkeit gab, meine Zukunftschancen zu verbessern und meiner Familie zu helfen: gute Noten in der Schule! Schon in der Grundschule war ich Klassenbester. Das war ich allerdings nicht, weil ich besonders intelligent war, sondern weil ich härter arbeitete als alle anderen.«

Andres arbeitete weiter hart, um sich durch gute Leistungen auszeichnen zu können: »Wenn meine Freunde Basketball spielen gingen, sagte ich oft Nein, damit ich lernen konnte.« In seinem letzten Jahr am Gymnasium setzte Andres es sich zum Ziel, auf eine der besten Universitäten in Guatemala City zu gehen. Alle, auch seine Lehrer, sagten zu ihm: »Andres, das ist ein Traum, der sich nicht verwirklichen lässt. Diesen Traum hatte jeder von uns, aber keiner hat es je geschafft.«

Doch Andres wusste, was er wollte! Es gab nur ein Problem: Er hatte kein Geld. Also wurde er aktiv: »Ich habe unzählige Einrichtungen angerufen und angeschrieben und gefragt, ob sie Universitäts-Stipendien vergeben. Leider hatte ich keinen Erfolg.« Obwohl er wusste, dass er die Studiengebühren nicht zahlen konnte, machte Andres die Aufnahmeprüfung bei den drei besten Universitäten in Guatemala City. Eine der drei war die Francisco Marroquin University (UFM). Das ist die renommierteste und teuerste Universität in ganz Mittelamerika.

Mónica, die dort für die Vergabe der Studienplätze zuständig ist, erzählt:

»Als wir uns die Ergebnisse der Aufnahmeprüfungen anschauten, sahen wir, dass Andres in Mathematik die Höchstpunktzahl erreicht und auch in allen anderen Fächern sehr gut abgeschnitten hatte. Es stellte sich allerdings bald heraus, dass er sein Studium nicht bezahlen konnte. Als wir dann mit ihm sprachen, waren mein Team und ich unglaublich von ihm beeindruckt. Am Ende sagten wir ihm, dass er an der UFM studieren konnte.

Er antwortete: ›Oh, vielen Dank! Ich kann das Studium leider nicht bezahlen. Sie können meinen Platz also einem anderen geben. Trotzdem freue ich mich wahnsinnig, dass ich mein Ziel erreicht habe, auch wenn ich nicht studieren kann!‹

Ich versicherte ihm, dass er sich keine Sorgen machen müsse. Er wurde nämlich als Erster in unser neues Stipendienprogramm aufgenommen, das für alles aufkommen würde: Studiengebühren, Unterkunft und Bücher ... Dann gratulierte ich ihm. Andres war völlig überwältigt. Er sagte erst einmal einige Minuten lang gar nichts.«

Ein paar Jahre später machte Andres an der UFM sein Diplom in Volkswirtschaft. Gerade ist er in den USA, um dort seine Doktorarbeit zu schreiben. Angesichts all der Hindernisse, die ihm im Weg standen, hätte Andres in Selbstmitleid versinken können. Doch er konzentrierte sich auf die Dinge, die er selbst beeinflussen konnte: seine Einstellung, sein Engagement und sein großes Ziel.

So findest du die richtige Uni!

Welche Universität die richtige für dich ist, kannst nur du entscheiden. Du solltest dabei allerdings nicht danach gehen, dass einige deiner Freunde auch dort studieren wollen oder dass man dort besonders tolle Partys feiert. Es gibt Auswahlkriterien, die weitaus wichtiger sind –

zum Beispiel: Welchen Platz die Uni beim Ranking belegt, in welcher Stadt sie ist, wie hoch die Studiengebühren sind oder wofür diese Uni besonders bekannt und angesehen ist. Da die Auswahl der richtigen Uni eine enorm wichtige Entscheidung ist, solltest du dir alles genau überlegen:

- Unterhalte dich mit Leuten, die dort studieren oder studiert haben. Frag sie, was ihnen gefallen hat und was nicht.
- Durchforste das Internet und schau, was Studenten auf Facebook, Twitter und Co. über die Uni berichten.
- Vergleich die Websites und die Infobroschüren mit denen anderer Unis.
- Mach dir selbst ein Bild vom Universitätsgelände. Das ist die beste Methode, sich einen Eindruck zu verschaffen. Lauf durch die Seminarräume, besuch ein oder zwei Vorlesungen, sieh dir die Bibliothek an und fahr zu einem der Studentenwohnheime.
- Versuch, schon vor dem Abitur erste Kurse an einer Uni zu belegen. So kannst du schon mal ins Studium reinschnuppern.

Wer soll das bezahlen?

Ein Studium ist teuer. Zum Glück gibt es aber jede Menge Stipendien und Beihilfen. Ben Kaplan schildert in seinem Buch *How to Go to College Almost for Free,* wie er das Problem mit den Finanzen gelöst hat:

> Die Realität hatte mich gerade eingeholt. Das war heftig. Es passierte in meinem vorletzten Jahr auf der High School. Ich blätterte gerade Hochglanzprospekte durch und träumte vom Studium. Dann spürte ich plötzlich, wie die Realität ihre scharfen Zähne in mein Fleisch bohrte: Ich hoffte, an einer Spitzenuniversität angenommen zu werden. Aber wie sollte ich denn bloß die Studiengebühren zahlen?
>
> Dann stieß ich im Zentrum für Berufsberatung an meiner Schule auf einen Stapel Bewerbungsformulare für ein landesweites Stipendienprogramm. Meine Gedanken überschlugen sich. Gab es noch andere Stipendienprogramme? Hatte ein Junge von einer kleinen High School in Oregon wirklich eine Chance? Trotz meiner Zweifel beschloss ich, mich um ein Stipendium

zu bewerben. Ich schrieb einige kurze Aufsätze, füllte die Formulare sorgfältig aus und fügte noch ein paar Empfehlungsschreiben bei.

Zwei Monate später fand ich im Briefkasten eine Benachrichtigung, die mein ganzes Leben veränderte. »Herzlichen Glückwunsch! Sie haben gerade ein Stipendium im Wert von 2000 US-Dollar gewonnen!« Das war aber noch nicht alles. Nach ein paar Wochen bekam ich einen Anruf – neben den 2000 US-Dollar auf Staatsebene würde ich noch 10 000 US-Dollar über den landesweiten Teil des Stipendienprogramms erhalten. Ihr hättet mal meine Eltern durchs Haus tanzen sehen sollen!

Und dann machte ich noch eine wichtige Entdeckung: Viele Firmen, Verbände, Organisationen und Institutionen unterstützen Studenten. Also füllte ich noch mehr Formulare aus, schrieb noch mehr Aufsätze und besorgte mir neue Empfehlungsschreiben. Die ganzen Bewerbungen machten viel Arbeit. Natürlich hatte ich auch nicht immer Erfolg. Doch ich ließ mich nicht entmutigen. Schließlich konnte ich eine reiche Ernte einfahren: Als ich mit meinem Studium begann, hatte ich fast 60 000 US-Dollar an Stipendien, Begabtenförderung und Beihilfen zusammen – Geld, das ich für eine Uni meiner Wahl ausgeben durfte. Diese Summe deckte praktisch meine gesamten Studienkosten!

Zahlreiche Organisationen vergeben Stipendien und Beihilfen. Es gibt Stipendien für Teenager aus Familien mit niedrigem Einkommen. Und natürlich gibt es auch Stipendien für Begabte, bei denen die verschiedensten Talente und natürlich auch gute Noten zählen. Am besten, du sprichst einfach mal die Lehrer an deiner Schule auf das Thema an. Lass dich durch die Kostenfrage nicht davon abhalten, zu studieren! Falls du BAföG beantragen oder während deines Studiums nebenher jobben musst, mach es! Es wird sich ganz bestimmt auszahlen!

Was willst du wirklich?

»Was willst du später einmal werden?« Wenn man mir in meiner Teenagerzeit diese Frage gestellt hätte, hätte ich gesagt: »Keine Ahnung!« Ich war damals voll und ganz damit beschäftigt, mir zu überlegen, mit welchem Mädchen ich auf den Abschlussball der Mittelstufe gehen sollte. Wenn dein Schulabschluss immer näherrückt, wird es allerdings Zeit, dass du darüber nachdenkst, was du werden willst. Das heißt nicht, dass du das sofort herausfinden musst. Aber du solltest anfangen, dir darüber Gedanken zu machen. Dein großes Ziel sollte sein, konsequent an deiner Berufslaufbahn zu basteln, anstatt dich mit irgendwelchen Jobs zufriedenzugeben, die dich nicht weiterbringen.

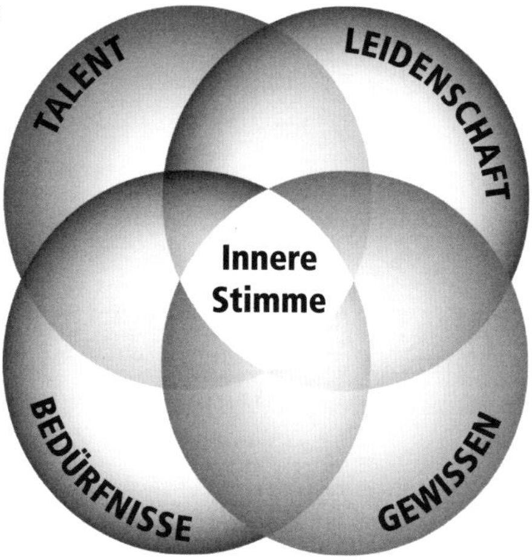

Der entscheidende Punkt ist, dass du deiner inneren Stimme folgst. Also: Finde heraus, was wirklich »dein Ding« ist. Stell dir vier Kreise vor.

Was kann ich wirklich gut?
Das ist dein TALENT.

Was mache ich echt gern?
Das ist deine LEIDENSCHAFT.

Was braucht die Welt so sehr, dass sie mich dafür bezahlen wird?
Das sind BEDÜRFNISSE.

Was sollte ich meinem Gefühl nach tun?
Das ist dein GEWISSEN.

Der Schnittpunkt der vier Kreise, das ist **deine innere Stimme**. Daran solltest du denken, wenn du dir überlegst, auf welche Uni du gehen, welches Fach du studieren oder welche Jobs du machen willst. Alle vier Kreise sind wichtig. Es könnte ja zum Beispiel sein, dass du die Musik liebst (**Leidenschaft**) und auch sehr musikalisch bist (**Talent**). Aber du musst dir natürlich auch überlegen, wie du mit der Musik deinen Lebensunterhalt verdienen kannst (**Bedürfnis**). Die Chancen, ein Rockstar zu werden, stehen bei ungefähr 1 zu 10 000. Darauf solltest du also nicht unbedingt setzen. Du könntest dein Geld aber als Musiklehrer oder Komponist verdienen.

Sicher möchtest du auch nicht in einem Beruf landen, der zwar sehr gut bezahlt wird (**Bedürfnis**), dich aber nicht glücklich macht (**Leidenschaft**) und bei dem du deine Begabungen (**Talente**) nicht einbringen kannst.

Vielleicht spürst du tief in deinem Herzen, dass du aus deinem Leben etwas ganz Besonderes machen solltest (**Gewissen**)? Auch Brinlee aus Kalifornien hat ihre innere Stimme entdeckt und konnte ihrem Leben dadurch eine positive Wende geben:

In der neunten Klasse war ich noch eine echte Überfliegerin. Doch plötzlich brach alles über mir zusammen. Es gab Probleme in der Familie, und dann hinterging mich auch noch meine beste Freundin. Ich dachte, die ganze Welt würde mich hassen.

Ich fing an, Alkohol zu trinken und Drogen zu nehmen, und verbrachte meine Zeit mit den falschen Leuten. Ich zog nur noch von einer Party zur anderen. Und dabei hatte ich doch immer Spitzennoten gehabt. Nach ein paar Monaten wachte ich eines Morgens auf – noch ganz benommen von den Drogen, die ich am Abend vorher eingeworfen hatte – und dachte: »Das kann ich doch nicht mein ganzes Leben lang machen!« Am gleichen Tag redete meine Cousine mir ins Gewissen: »Du bist so ein intelligentes Mädchen. Was ist denn bloß mit dir passiert? Ich habe das ja auch durchgemacht, Brinlee. Du darfst dein Leben nicht einfach so wegwerfen! Du könntest so viel daraus machen …«

Ich hörte mit den Drogen auf und schaffte es nach und nach auch, vom Alkohol loszukommen. Denn ich wollte mich und mein Leben ändern! Früher hatte ich unheimlich gern Kurzgeschichten geschrieben. Ich hatte sie meinen Freundinnen vorgelesen, die immer ganz begeistert waren. Also beschloss ich, bei der Schülerzeitung mitzumachen. Ich schrieb ungefähr drei Geschichten pro Ausgabe. Der Lehrer, der das Team beriet, sagte: »Toll, das finde ich sehr beeindruckend!« In den nächsten Jahren strengte ich mich in der Schule wirklich an. Jetzt mache ich bald meinen Abschluss. Inzwischen bin ich Chefredakteurin der Schülerzeitung und arbeite auch für eine Lokalzeitung. Ich möchte später unbedingt Journalistin werden.

Ich habe etwas gefunden, worin ich echt gut bin, und das ist ein absolut tolles Gefühl. Jetzt denke ich nicht mehr so viel an die schlechten Dinge in meinem Leben. Ich habe ein Ziel, und es zu erreichen macht mir auch noch Spaß. Ich bin total glücklich!«

Brinlee hat ihre innere Stimme gefunden. Manchmal kann es eine ganze Weile dauern, bis man weiß, wohin man will. Deshalb musst du Geduld haben! Ich selbst habe erst sehr spät entdeckt, was ich wirklich machen wollte. Damit es bei dir nicht so lange dauert, habe ich hier ein paar Tipps für dich. Sie helfen dir, deinen Weg zu finden:

Probier möglichst viel aus

Ob dir etwas gefällt, weißt du erst, wenn du es ausprobiert hast. Deshalb solltest du in der Schule möglichst viele Wahlfächer und AGs belegen. Zieh einfach Kreise um die Themen, die dich interessieren:

Web-Design	Astronomie
Modellbau	Töpfern
Kreatives Schreiben	Theater-AG
Filmen und Videos	Schülerzeitung
Koch-AG	Informatik und Computer

Grafikdesign	Sport-AG
Fotografieren	Tanzkurs
Musik-AG	Regionalgeschichte
Jugend forscht	Architektur
Kunstgeschichte	Börsen-AG

Natürlich gibt es auch viele Vereine und Clubs, denen du dich anschließen könntest. Zieh auch hier einfach wieder Kreise um diejenigen, die dich interessieren.

Fußballverein	Musikverein
Tierschutzverein	Schachclub
Bogenschießen	Karnevalsclub
Sprachclubs	Tennisclub
Theatergruppe	Pfadfinder
Umweltschutz	Reitverein
Jazzband	Jugendzentrum
Turnverein	Segelclub

Schau dich um! Manchmal bringt schon ein einziges Erlebnis den Stein ins Rollen. Das zeigt die Geschichte von Justin:

> Eines Tages brachte mein Vater mir ein dreidimensionales Architekturprogramm mit. Er sagte, ich solle es auf meinem PC installieren, einfach nur so zum Spaß. Das war aber erst der Anfang. In der siebten Klasse sagte unser Mathe-Lehrer, als Abschlussprojekt sollten wir ein Haus entwerfen. Ich war natürlich Feuer und Flamme, fing gleich damit an und war schon eine Woche vor dem Abgabetermin fertig. Ich bekam 99 von 100 möglichen Punkten! Das weckte in mir den Wunsch, noch mehr Häuser zu entwerfen. Eines Tages werde ich den höchsten Wolkenkratzer der Welt bauen!

Probier unterschiedliche Jobs aus. Bewirb dich nicht jedes Jahr um den gleichen Ferienjob. Mach lieber öfter mal was anderes. Wenn du mutig bist, könntest du sogar eine eigene Firma gründen und schon als Teenager Unternehmer werden. Hier habe ich eine tolle Erfolgsgeschichte für dich:

Die Schokoladenfarm
Elise und Evan Macmillan
Denver, Colorado

Elise lernte schon früh von ihrer Großmutter, wie man Schokoladenfiguren macht. Ein paar Jahre später verkaufte sie einige Schoko-Tiere auf einem Markt für Jugendliche in Denver.

»Eigentlich wollten wir die Figuren ja nur einen Tag lang verkaufen. Aber alle waren total begeistert!«, erzählt Elise. »Wir waren ganz schnell ausverkauft und die Leute fragten uns, wo sie unsere Schokoladenfiguren bestellen konnten. Also beschlossen wir, uns damit ein bisschen Geld zu verdienen.«

Elise tat sich mit ihrem älteren Bruder Evan zusammen, der ein echtes Computer-Genie ist. Elise entwarf Rezepte für Schoko-Tiere vom Bauernhof: Kühe, Schafe, Katzenpfoten und Schweine ... Und Evan stellte eine Website ins Netz, auf der die Kunden nicht nur bestellen, sondern auch eigene Rezeptvorschläge präsentieren und Feedback geben konnten.

Bald konnten sich die beiden vor Bestellungen kaum noch retten. Das Unternehmen von Elise und Evan wurde so erfolgreich, dass sie es inzwischen an einen großen Konzern verkauft haben.

Denk genau nach

Unglaublich viele Menschen landen beruflich irgendwann in einer Sackgasse, weil sie nie richtig darüber nachgedacht haben, was sie wirklich machen wollten. Überleg also genau, was du wirklich gern tust und was du gar nicht magst. Falls du gern dein eigener Herr bist, solltest du Unternehmer werden. Falls du nicht scharf darauf bist, immer nur am Schreibtisch zu sitzen, solltest du auch das unbedingt bei der Berufswahl berücksichtigen.

Mein Schwager Matt hat es richtig gemacht. Er wollte Arzt werden, wusste aber nicht genau, was für einer. Deshalb informierte er sich über die verschiedensten Spezialgebiete. Matt sprach mit vielen Ärzten. Er fragte sie, was ihnen an ihrer Arbeit gefiel und was nicht. Eigentlich interessierte Matt sich für orthopädische Chirurgie. Doch die Chirurgen, die er kannte, hatten kaum Zeit für ihr Privatleben. Deshalb entschied er sich schließlich, Augenarzt zu werden. So konnte er Arzt werden, hatte aber auch noch genügend Zeit für sein Privatleben.

Das Wichtigste aber ist: Such dir einen Beruf, der dir wirklich gefällt. Maya Angelou hat das perfekt in Worte gefasst:

**»Wirklich gut können wir nur das tun,
was wir lieben. Setz dir nicht das Geld als oberstes Ziel.
Stell die Dinge, die du richtig gern machst, in den Mittelpunkt.
Und: Mach sie so gut, wie du nur kannst.«**

Der »Stimmenfinder«

Wie der Name schon sagt, soll der Stimmenfinder dir helfen, deine innere Stimme zu finden.

TALENTLAND

Der Stimmen-finder

1 Worin bin ich wirklich gut?

2 Was kann ich besser als die meisten anderen?

3 Was würden andere als meine größten Stärken bezeichnen?

4 Welche drei Berufe würden am besten zu mir passen?

Rechnungsprüfer	Psychiater
Feuerwehrmann	Unternehmer
Programmierer	Verkäufer
Krankenschwester	Therapeut
Mechaniker	Arzt
Chirurg	Immobilienmakler
Landwirt	Bauunternehmer
Anwalt	Autor
Architekt	Musiker
Sportprofi	Schauspieler
Stewardess	Sänger
Statistiker	Tierarzt
Manager	Zoologe
Lehrer	Geschäftsinhaber
Polizist	Politiker
Ingenieur	Börsenmakler
Wissenschaftler	Pilot
Zahnarzt	Berater
Archäologe	Etwas anderes

LEIDENSCHAFTS-LAND

5 Was mache ich schon seit meiner Kindheit wirklich gern?

6 Was gefällt mir an der Schule am besten? (Übrigens: »Nichts« gilt nicht als Antwort!)

7 Womit würde ich meine Zeit verbringen, wenn Geld keine Rolle spielen würde?

8 Wofür könnte ich eines Tages berühmt sein?

BEDÜRFNISLAND

9 Wo sehe ich ein Bedürfnis, das ich erfüllen könnte?

10 Was ist zurzeit das große Problem in meiner Familie und wie kann ich helfen?

11 Wer von meinen Freunden braucht derzeit Hilfe?

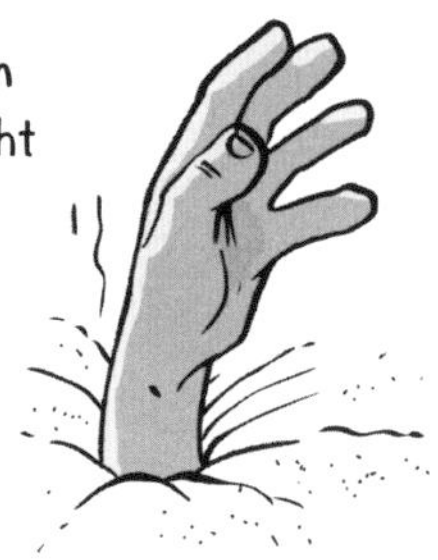

12 Welche Fähigkeiten, für die mich die Leute bezahlen würden, hätte ich gerne?

GEWISSENS-LAND

13 Wie kann ich anderen am besten helfen?

14 Was verlangt das Leben von mir?

15 Habe ich schon immer das Gefühl gehabt, dass ich etwas Bestimmtes aus meinem Leben machen sollte? Falls ja: Was ist es?

16 Was könnte mein Untergang sein, wenn ich nicht vorsichtig bin?

Nur Geduld!

Hast du keine Ahnung, was du später werden willst? Keine Panik! Du musst dich nicht sofort für einen Beruf oder ein Studienfach entscheiden. Halt einfach die Augen offen! Versuch zu erkennen, was du wirklich gut kannst und was dir wirklich Spaß macht. Ich habe mal mit Teenagern in Südkorea darüber gesprochen, wie man seine innere Stimme finden kann. Ein Mädchen fragte: »Was soll man denn tun, wenn das, was man wirklich gern tut, nicht mit dem übereinstimmt, was man seinem Gefühl nach machen sollte?« Das war eine gute Frage. Die Antwort: »Das Gewissen kommt immer zuerst. Es kommt vor dem Talent, vor der Leidenschaft und vor den Bedürfnissen. Achte genau auf deine innere Stimme, auf deine Intuition und dein Bauchgefühl.«

Deine Lebensaufgabe

Wozu bist du auf der Welt? Was ist der Sinn deines Lebens? Was ist deine Lebensaufgabe? Ich bin überzeugt, dass jeder von uns auf der Erde ist, um eine bestimmte Aufgabe zu erfüllen. Jeder hat etwas ganz Besonderes, das er tun muss, um die Welt ein bisschen besser zu machen. Die Talkmasterin Oprah Winfrey hat das so formuliert:

> Sei mutig, folge deiner Leidenschaft! Falls du sie noch nicht gefunden hast, denk dran: Du bist auf dieser Erde, um deine Leidenschaft zu entdecken. Deine Lebensaufgabe besteht genau darin, deine Lebensaufgabe zu finden. Wenn du deine Lebensaufgabe gefunden hast, dann brauchst du die nötige Disziplin, Hartnäckigkeit und Tatkraft, um sie zu verwirklichen. Woher weißt du, ob du auf dem richtigen Weg bist? Du spürst es! Jeder von uns ist zu Großem berufen. Deine Berufung ist so einzigartig wie deine Fingerabdrücke. Deshalb kann dir niemand sagen, worin sie besteht. Das musst du selbst herausfinden.

Achte darauf, was dir das Gefühl gibt, unendlich viel Energie zu haben, eins mit der Welt zu sein, inspiriert zu werden. Achte darauf, was dir Lebenskraft verleiht. Dann wirst du nicht nur Erfolg haben, sondern regelrecht triumphieren!

Oprah Winfrey gilt als eine der einflussreichsten Frauen der Welt. Doch diese Position musste sie sich erst hart erkämpfen. Oprah wuchs bei ihrer Großmutter auf und erlebte bittere Armut und schlimme Rassendiskriminierung. Sie hatte aber immer das Gefühl, dass sie etwas Besonderes für die Welt leisten würde. Im Laufe der Jahre fand sie dann langsam, aber sicher ihre innere Stimme: Sie wollte Frauen helfen, ein glückliches, erfülltes Leben zu führen!

Jetzt denkst du wahrscheinlich: »Schön und gut, aber ich bin nicht Oprah Winfrey.« Natürlich nicht! Aber du hast – genau wie sie – einzigartige Talente und Fähigkeiten. Du kannst mit Sicherheit etwas Besonderes aus deinem Leben machen. Es gibt so viele Möglichkeiten, anderen zu helfen – in der Schule, im Beruf oder in deiner Familie.

Ein persönliches Leitbild kann ein wunderbares Mittel sein, um deiner inneren Stimme Ausdruck zu verleihen. Ich drucke hier ein Leitbild für dich ab, das von einer Schülerin aus Kuala Lumpur, der Hauptstadt von Malaysia, stammt. Sie hat darin festgehalten, was sie einmal machen und wie sie ihr Ziel erreichen will:

MEIN LEITBILD

Anwältin, Ärztin, Wissenschaftlerin

London, Oxford, Cambridge, Großbritannien

Schloss

Malaysische Halle

London Bridge, Big Ben, Trafalgar Square, Tower

Harte Arbeit

ERFOLG

Dein Verstand ist ein Wunderwerk. Verschwende ihn nicht! Arbeite an ihm. Was du mit der grauen Masse zwischen deinen Ohren machst, gehört zu den sechs wichtigsten Entscheidungen in deinem Leben. Ich hoffe, dass du den hohen Weg einschlägst. Mach deinen Schulabschluss. Such dir einen Beruf, der deine Berufung und deine Lebensaufgabe ist. Bist du bisher den niedrigen Weg entlanggetrottet? Dann schlag noch heute den hohen Weg ein. Natürlich wirst du einiges aufholen müssen. Doch auch hier gilt: Besser spät als nie!

SCHULE

HOHER WEG	NIEDRIGER WEG
+ Die Schule fertig machen	− Die Schule abbrechen
+ Dich dort wirklich anstrengen	− Faulenzen
+ Dich auf deine berufliche Zukunft vorbereiten	− Dich nicht auf deine berufliche Zukunft vorbereiten

Ein Wort zu den »kleinen Schritten«

Am Ende jedes Kapitels findest du eine Liste mit einigen kleinen Schritten. Das sind leichte Sachen. Die kannst du sofort machen, um das auszuprobieren, was du gerade gelesen hast. Du kannst alle kleinen Schritte umsetzen. Oder du suchst dir die Schritte aus, die dich besonders interessieren. Falls du gern wissen willst, woher die Idee mit den kleinen Schritten stammt, habe ich einen Tipp: Sieh dir den Film *Was ist mit Bob?* mit Bill Murray an. Du wirst dich vor Lachen kugeln!

Kleine Schritte

1. Welche Vorteile hat es, wenn du das Abitur hast und studierst oder wenn du eine Ausbildung machst? Schreib gleich hier drei Punkte auf:

2. Hol dir in dieser Woche in einer Nacht volle acht oder neun Stunden Schlaf. Achte darauf, wie gut du dich am nächsten Tag fühlst.

3. Versuch, ein Wochenende lang ganz ohne Online-Aktivitäten auszukommen. Achte darauf, wie viel Zeit du sparst, wenn du zwei Tage komplett auf Chatten, Surfen, Social Media, Netflix und Co. verzichtest. Übrigens: Für deine Hausaufgaben kannst du natürlich online sein – aber wirklich nur dafür.

4. Wohin würdest du fahren, wenn du dir irgendeinen Platz auf der Welt aussuchen könntest? Notier schnell ein paar Ideen, wie du das eines Tages schaffen könntest. Ideen:

5. Wenn einer eurer Lehrer euch freiwillige Aufgaben für Extra-Punkte anbietet, dann nutz die Chance. Erledige die Aufgaben und hol dir die Extra-Punkte!

6. Versuch, eine gute Beziehung zu einem deiner Lehrer aufzubauen.

- Grüß ihn
- Stell ihm Fragen
- Sei freundlich
- Sag etwas Nettes zu ihm

7. Bestimmt kennst du jemanden, der einen Beruf hat, den du später auch gern machen würdest. Frag ihn, ob du ihn mal einen Tag lang bei der Arbeit begleiten darfst.

8. Über welches Fach oder welchen Beruf würdest du gern mehr wissen? Wie könntest du mehr darüber erfahren?

Bücher und **Zeitschriften**, die ich lesen könnte:

____

Websites, die ich mir ansehen könnte:

____

Leute, mit denen ich sprechen könnte:

____

Fächer und **Kurse**, die ich wählen könnte:

____

Orte, die ich mir ansehen könnte:

____

2. Entscheidung

FREUNDE

So toll – und doch
so schwierig

TOP 10

Die wichtigsten Dinge, die du über Freunde wissen solltest

10. Über eine Textnachricht, einen Anruf oder eine Karte freut sich jeder. Das habe ich gelernt, als ich im Krankenhaus lag.
John Greene (19), Dublin, Irland

9. Man sollte sich von Beauty-Queens und Super-Sportlern nicht einschüchtern lassen.
Kristin Peters (17), Layton, Utah

8. Man darf vor seinen Freunden Geheimnisse haben. Aber man darf sie auf keinen Fall belügen.
Jenny Fann (16), Taipeh, Taiwan

7. Man muss den Mut haben, seinen Freunden zu sagen, wenn ihr Verhalten falsch ist: Mobbing ist einfach nicht cool!
Tsukasa Tsunoda (15), Machida, Japan

6. Denk auch bei Freundschaften immer an deine Werte und Prinzipien.
Juana (17), Long Beach, Kalifornien

5. Unterstütz deine Freunde. Mach ihnen Mut, wenn es mal nicht so gut bei ihnen läuft.
Preyma Palansiamy (17), Selangor, Malaysia

4. Jeder Mensch ist einzigartig. Du bist du. Das sollte niemand ändern – auch deine Freunde nicht.
Jane MacCallum (15), Gullane, Schottland

3. Wirklich gute Freundschaften entstehen nicht von heute auf morgen.
Karla Mancilla Hinojosa (18), Mexico City, Mexiko

2. Es ist total normal, sich auch mal mit seinen Freunden zu streiten.
Belen Llerena Muñiz (15), Buenos Aires, Argentinien

1. Freunde werden sich mit der Zeit immer ähnlicher. Findest du deine Freunde unfair, peinlich und dumm? Dann solltest du dir neue suchen – es sei denn, du willst selbst auch unfair, peinlich und dumm sein!
Patrice Dean (18), Vancouver, Washington

Geh nicht vor mir, denn ich werde dir vielleicht nicht folgen.
Geh nicht hinter mir, denn ich kann dich vielleicht nicht führen.
Geh einfach neben mir und sei mein Freund!
Albert Camus

Es gibt nichts Schöneres als einen besten Freund – jemand, bei dem man sich nie zu verstellen braucht. Leider kommt es auch vor, dass unsere Freunde sich gegen uns stellen, über uns herziehen oder uns so aufregen, dass wir sie am liebsten erwürgen würden.

Lass uns jetzt also über Freunde sprechen. Denn das ist deine nächste lebenswichtige Entscheidung.

Wie sollen deine Freunde sein? Und: Was für ein Freund willst du selbst sein? Du kannst dich für den hohen Weg entscheiden. Du kannst dir Freunde suchen, die dich unterstützen und immer für dich da sind. Du selbst kannst ein echter Freund sein, auf den man sich fest verlassen kann. Aber du kannst auch den niedrigen Weg einschlagen. Du kannst dir Freunde suchen, die dich runterziehen. Du selbst kannst ein schlechter, unzuverlässiger Freund sein.

Bevor du weiterliest, mach den **Freundschafts-Check**.

Zieh einfach einen Kreis um die passende Ziffer.		Stimmt nicht!				Stimmt total!
1.	Ich habe einen oder mehrere wirklich gute Freunde.	1	2	3	4	5
2.	Ich bemühe mich, neue Leute kennenzulernen und neue Freunde zu gewinnen.	1	2	3	4	5
3.	Ich habe Freunde, die einen guten Einfluss auf mich haben.	1	2	3	4	5
4.	Ich gehöre nicht zu einer Clique, die andere gnadenlos ausschließt.	1	2	3	4	5
5.	Ich beurteile andere erst, wenn ich sie richtig kenne.	1	2	3	4	5
6.	Ich rede nicht hinter ihrem Rücken schlecht über meine Freunde.	1	2	3	4	5
7.	Ich nehme es meinen Freunden nicht übel, wenn sie mal einen Fehler machen.	1	2	3	4	5
8.	Ich höre meinen Freunden zu und texte sie nicht andauernd voll.	1	2	3	4	5
9.	Ich bin zu allen freundlich, nicht nur zu den Leuten, die ich mag.	1	2	3	4	5
10.	Ich bin ich. Vom Gruppendruck lasse ich mich nicht unterkriegen.	1	2	3	4	5
	SUMME					

- Zähl deine Punkte zusammen. Dann siehst du ganz schnell, wie du in Sachen Freundschaft abschneidest.

40–50:	Du bist auf dem hohen Weg. Mach weiter so!
30–39:	Du liegst zwischen dem hohen und dem niedrigen Weg. Versuch, noch weiter nach oben zu kommen!
10–29:	Du bist auf dem niedrigen Weg. Pass bei diesem Kapitel bitte besonders gut auf!

Los geht's mit deinen lebenswichtigen Entscheidungen in Sachen Freundschaft. Beginnen wir mit einem kurzen Überblick, was dich hier alles erwartet: Zunächst erfährst du, **wie du Höhen und Tiefen in Freundschaften überlebst**. Dann sprechen wir darüber, wie du **Freunde gewinnen und selbst ein guter Freund** sein kannst. Zum Abschluss geht es darum, wie du dich nicht vom **Gruppendruck unterkriegen** lässt und dir ein starkes Netzwerk mit tollen Freunden aufbauen kannst.

Überlebenstipps für Freundschaften

Früher oder später zeigen Freunde ihr wahres Gesicht. Madison hat mir erzählt, wie sich ihre beste Freundin wegen eines älteren Jungen gegen sie stellte:

> In der achten Klasse interessierte sich ein älterer Footballspieler namens Mitch für meine beste Freundin Shari. An unserer Schule hatte Football einen sehr hohen Stellenwert. Deshalb glaubte Shari, dass es lässig wäre, mit Mitch befreundet zu sein. Sie wurde immer mehr wie Mitch und behandelte mich total herablassend.
>
> Shari und ich waren seit Jahren beste Freundinnen. Deshalb schrieb ich ihr einen sehr persönlichen Brief. Darin vertraute ich ihr an, dass Mitch sie meiner Ansicht nach nur benutzte und sie nach unten ziehen würde. Shari wollte mir das nicht glauben. Sie zeigte den Brief sogar Mitch. Der ist total ausgeflippt. Am nächsten Tag standen Mitch und einige seiner Freunde aus dem Footballteam beim Essen plötzlich vor meinem Tisch. Mitch beschimpfte mich aufs Übelste. Er brüllte wie ein Irrer und warf mir Wörter an den Kopf, die ich hier lieber nicht wiederhole.

Für mich war das ein echter Albtraum. Das Allerschlimmste war, dass Shari hinter Mitch stand und lachte. Dabei kannte sie Mitch noch nicht mal einen Monat! Das war einfach schrecklich für mich. Wir waren doch seit Jahren beste Freundinnen! Am liebsten hätte ich laut losgeheult. Aber ich riss mich zusammen, stand wortlos auf und rannte aus dem Speisesaal.

Ich war völlig aufgelöst. Meine Eltern versuchten, mich zu beruhigen. Mein Vater rief den Konrektor an und beschwerte sich über Mitch. Der Konrektor knüpfte sich Mitch vor und machte ihm klar, dass er mich in Ruhe lassen sollte. Doch damit goss er nur noch mehr Öl ins Feuer. Als ich am nächsten Tag in die Schule kam, hatte Mitch ein krasses Wort auf meinen Spind geschrieben. Ich war total geschockt. Aber mir war auch klar, dass ich eine Entscheidung treffen musste: Wollte ich mir meine ganze restliche Schulzeit von Mitch und Shari zur Hölle machen lassen? Oder wollte ich die Sache in den Griff bekommen? Ich beschloss, nicht zuzulassen, dass Mitch und Shari bestimmten, wie ich mich fühlte. Deshalb ignorierte ich Mitch. Ich ließ mich nicht von ihm provozieren, sodass er sehr schnell das Interesse an mir verlor.

Schließlich passierte das, was ich von Anfang an befürchtet hatte: Mitch fand bald ein anderes hübsches Mädchen. Shari war bei ihm abgemeldet und er ließ sie eiskalt fallen. Plötzlich stand sie ganz allein da. Sie hatte keine einzige Freundin mehr. Kein Wunder! Shari hatte alle von oben herab behandelt, als sie noch mit Mitch zusammen war. Sie entschuldigte sich bei mir. Ich verzieh ihr, und wir gingen wieder freundlich miteinander um. Doch ich hatte kein Vertrauen mehr zu ihr. Unsere Freundschaft war für immer zerbrochen.

Kommt dir diese Geschichte irgendwie bekannt vor? Sei nicht traurig. Fast jeder hat schon mal erlebt, dass ein scheinbar guter Freund sein wahres Gesicht gezeigt hat. Irgendein anderer ist cooler und beliebter – und schon sind wir abgemeldet. Aber mal ganz ehrlich: Auf solche »Freunde« kann man sehr gut verzichten. Zum Glück gibt's auch wahre Freunde. Das zeigt die Geschichte von Curtis Walker:

Ich musste lange darum kämpfen, Freunde zu gewinnen. Bestenfalls wurde ich ignoriert, schlimmstenfalls schikaniert. Ich habe mir immer gewünscht, beliebt zu sein. Doch diejenigen, die mit mir redeten, waren selbst Außenseiter. Die meisten gingen uns aus dem Weg, weil sie uns irgendwie »komisch« fanden.

Als ich dann aufs Gymnasium kam, wurde ich ziemlich gut beim Sport. Endlich hatte ich die ersehnte Anerkennung. Ich spielte zum ersten Mal in meinem Leben im Footballteam. Mein Traum, akzeptiert zu werden, schien wahr zu werden.

An den Spieltagen trugen alle aus dem Team lässige Trainingsanzüge in den Mannschaftsfarben und warteten gemeinsam darauf, dass es losging. Vor unserem ersten Spiel musste ich eine wichtige Entscheidung treffen. Ich hatte mir gerade mein Mittagessen aufs Tablett gepackt und sah die anderen aus dem Team zusammensitzen. Einige von ihnen winkten, um mir zu zeigen, dass ich zu ihnen kommen sollte.

Als ich auf sie zuging, sah ich meine alten Freunde an ihrem Tisch sitzen. Das war einer dieser Augenblicke, die eine Ewigkeit zu dauern scheinen. Dann wusste ich plötzlich, wer mir wirklich wichtig war. Ich ging zu dem Tisch mit den Außenseitern – zu den Jungs, die immer für mich da gewesen waren!

Ich denke, so einen treuen Freund wie Curtis wünschen wir uns alle. Er hat erkannt, dass seine alten Freunde immer für ihn da sein würden – auch wenn es mit dem Sport vielleicht mal nicht so klappt.

Natürlich gibt es viele Höhen und Tiefen in einer Freundschaft. Manchmal sind deine Freunde mies gelaunt, unzuverlässig oder echt fies zu dir. Zudem musst du das Beliebtheitsspiel überstehen, die kleinen Marotten deiner Freunde ertragen, Klatsch und Tratsch aushalten und gelassen mit Vergleichen oder Konkurrenzkämpfen umgehen.

Wie du mit all dem fertig wirst? Hier kommen ein paar Überlebenstipps für dich. Starten wir gleich mit dem ersten:

1. Such dir zuverlässige Freunde, die dich so mögen, wie du bist. Vergiss Leute, die dich nur wegen dem mögen, was du hast

Was steht bei dir im Mittelpunkt?

Wie kann man unzuverlässige Freunde überleben? Ganz einfach: Mach deine Freunde nicht zum einzigen Mittelpunkt deines Lebens. Lass nicht zu, dass sie dein Lebenszentrum sind. Aber was genau ist dein Lebenszentrum? **Dein Lebenszentrum ist das, was für dich am allerwichtigsten ist.**

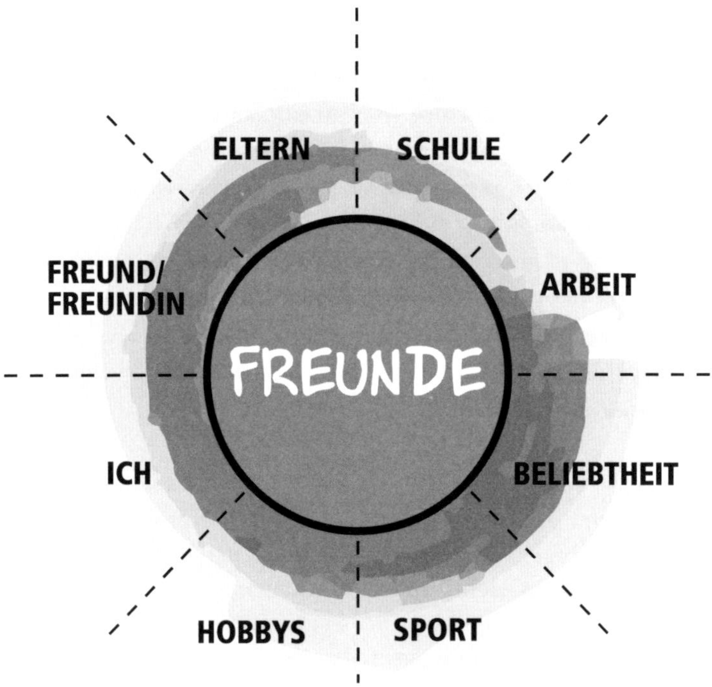

Teenager haben viele Lebenszentren. Bei vielen stehen der Freund oder die Freundin, der Sport, die Beliebtheit oder die Clique im Mittelpunkt. Auf den ersten Blick spricht nichts dagegen, seine Freunde zu seinem Lebenszentrum zu machen. Doch in Wahrheit ist das keine gute Idee. Freunde sind nicht perfekt. Im Laufe der Zeit verändern sie sich. Plötzlich sind sie nicht mehr deine Freunde. Vielleicht bekommt ihr sogar richtig Krach miteinander. Und dann? Wenn sich dein ganzes Leben nur um deine Freunde dreht, kann dich das komplett aus der Bahn werfen. Deine gute Laune hängt dann nur davon ab, wie viele Freunde du hast und wie gut du mit ihnen klarkommst.

Freunde sind also kein guter Lebensmittelpunkt. Aber was denn dann? Ganz einfach: Prinzipien – bewährte Naturgesetze wie Ehrlichkeit, Respekt und Verantwortung. Im Gegensatz zu Freunden versagen Prinzipien nie! Sie lästern nicht über dich und stellen sich auch nicht gegen dich. Sie stehen nicht auf und lassen dich einfach im Stich. Und das Beste: Wenn du Prinzipien zum Mittelpunkt machst, wird alles andere wie von selbst den richtigen Platz in deinem Leben finden – auch deine Freunde. Wer Prinzipien an die erste Stelle setzt, wird mehr Freunde gewinnen und auch selbst ein besserer Freund sein. Wieso? Weil deine Selbstsicherheit dann nicht von äußeren Faktoren abhängt, sondern von innen kommt. Du wirst dann zuverlässig und prinzipientreu sein, und mit solchen Leuten ist jeder gern zusammen. Genau deshalb lautet Überlebenstipp Nummer 2:

**2. Such dir so viele Freunde, wie du kannst.
Mach sie aber niemals zum alleinigen Mittelpunkt deines Lebens**

Alles dreht sich nur ums Beliebtsein!

Woran denkst du, wenn du das Wort »beliebt« hörst? **Wie fast alles hat auch das Beliebtsein zwei Seiten.** Auf der negativen Seite verbinden wir das Wort »beliebt« mit selbstverliebten Leuten, die sich für was Besseres halten. Du weißt schon, diese komischen Typen, die glauben, dass sie der Nabel der Welt sind. Sie sind felsenfest davon überzeugt, dass alle sie für megatoll halten. Doch viele finden sie einfach nur bescheuert. In Wahrheit sind sie also gar nicht so beliebt. Aber sie sind geradezu süchtig nach Anerkennung. Das Beliebtsein ist ihr einziges Lebenszentrum.

Beliebtsein hat allerdings auch eine positive Seite. Wir alle kennen Leute, die von vielen gemocht werden, weil sie wirklich was Besonderes sind. Sie sind zu allen freundlich und kein bisschen eingebildet. Und sie haben oft hart gearbeitet, um etwas Äußergewöhnliches zu erreichen. Bei meinem Freund Dan war das so. Die Mädchen an unserer Schule wählten ihn zum beliebtesten Jungen. Er war ein großartiger Sportler. Aber er war auch zu allen nett. Beliebtsein ist nichts Schlechtes. Problematisch wird es erst, wenn die Leute denken, sie wären besser als alle anderen.

Bist du ein toller, ehrlicher Mensch? Bist du trotzdem nicht besonders beliebt? Mach dir nichts draus! Sei einfach du selbst. Beliebtheit ist nur zweitrangig. Viel wichtiger ist wahre Größe. Beliebtheit beruht nur auf Äußerlichkeiten. Doch wahre Größe liegt nur im Inneren! Deshalb: Halte dich an Überlebenstipp Nummer 3:

3. Hör auf, beliebt sein zu wollen.
Sei einfach du selbst!

Bienenköniginnen, Möchtegerns und Gamma-Girls

In ihrem Buch *Queen Bees & Wannabes* unterscheidet Rosalind Wiseman in Anlehnung an die drei ersten Buchstaben des griechischen Alphabets drei Gruppen von Mädchen: *Alphas, Betas* und *Gammas*.

Die Alphas sind die Queen Bees, die Bienenköniginnen. Für diese Mädchen ist Beliebtsein alles. Sie machen jeden fertig, der ihre Herrschaft innerhalb ihrer Clique bedroht. Die Betas dagegen sind Wannabes – Möchtegerns. Sie tun alles, um vor den Queen Bees gut dazustehen.

Bienenköniginnen und Möchtegerns sind so mit dem Kampf ums Beliebtsein beschäftigt, dass sie gar nicht merken, dass es noch eine andere Gruppe gibt, die ihnen einiges voraushat: die Gamma-Girls. Diese Mädchen sind nicht unbedingt besonders beliebt. Aber sie sind definitiv keine Verliererinnen. Sie fühlen sich wohl in ihrer Haut und glauben, dass Beliebtheit gnadenlos überschätzt wird.

Reyna Cooke, selbst ein Gamma-Mädchen, bringt das so auf den Punkt: »Um dazuzugehören, müsste ich Markenklamotten tragen, eine bestimmte Einstellung haben, ständig auf Partys gehen, Joints rauchen und Bier trinken. Das ist doch erbärmlich!«

Da Gamma-Mädchen oft mit abfälligen Bemerkungen und Spott bedacht werden, haben sie Unabhängigkeit und Selbstvertrauen entwickelt. Alphas und Betas sollten sich in Acht nehmen: Denn die wahren Gewinner sind die Gammas! Also, halte dich an Überlebenstipp Nummer 4:

4. Hast du es satt, das dumme Spiel der Bienenköniginnen und Möchtegerns mitzuspielen? Dann werde ein Gamma-Girl!

Macken, Fehler und kleine Schwächen

Deine Freunde haben ähnliche Probleme wie du. Auch sie versuchen herauszufinden, wer sie wirklich sind und was der Sinn des Lebens ist. Sie ändern immer wieder ihre Ansichten, durchleben Höhen und Tiefen und machen Fehler. Manchmal lästern sie sogar hinter deinem Rücken über dich oder sind ein bisschen eifersüchtig. Diese kleinen Schwächen solltest du nicht überbewerten. Reg dich nicht allzu sehr auf, wenn deine Freunde mal einen Fehler machen. Manchmal geht das Ganze aber zu weit. Dann solltest du einen klaren Schlussstrich ziehen. Diese Erfahrung hat auch Christina gemacht:

Meine Freundin Sandy hat mir einige üble Streiche gespielt. Einmal hat sie meinen Badeanzug und meine Hose versteckt. Ich musste nur mit einem langen T-Shirt bekleidet nach Hause laufen – und das war immerhin ein Fußmarsch von anderthalb Kilometern! Sandy nahm mich auch öfter zu Partys mit, bei denen das Bier in Strömen floss. Dabei wusste sie genau, dass ich keinen Alkohol trinke. Sie war auch nicht bereit, mich nach Hause zu bringen. Dann saß ich dort fest. Wir hatten immer wieder Streit wegen solcher Geschichten. Irgendwann entschuldigte sie sich und versprach mir, dass so etwas nie mehr vorkommen würde. Doch dann fing alles wieder von vorn an …

Es sieht so aus, als müsste Christina sich neue Freunde suchen. Das solltest du auch tun, falls du Freunde hast, die dich immer wieder ausnutzen oder dich runterziehen. Ansonsten gilt Überlebenstipp Nummer 5:

5. Verzeih deinen Freunden kleine Fehler und Schwächen. Du willst ja auch, dass sie dir deine Fehler und Schwächen verzeihen

Fiese Mädchen, Lästermäuler und Schlägertypen

Jungs schikanieren andere, indem sie sie einschüchtern, bedrohen oder schubsen. Mädchen sind da subtiler, sie lästern über andere, schließen sie aus, beschimpfen sie, setzen fiese Gerüchte über sie in die Welt und kündigen ihnen die Freundschaft. All das ist genau geplant. Es soll den Opfern richtig wehtun.

Gerüchte und Lästereien sind besonders übel. Laceys Mutter nahm ihre Tochter aus der staatlichen Mittelschule, weil sie sie zu Hause unterrichten wollte. Bald darauf setzte eine Klassenkameradin von Lacey üble Gerüchte in die Welt. Sie behauptete, Lacey habe etwas Schlimmes gemacht und sei deshalb von der Schule geflogen. Dieses Gerücht verbreitete sich wie ein Lauffeuer. Als Lacey davon hörte, war sie mit den Nerven am Ende. Fiese Unterstellungen sind extrem verletzend! Deshalb sollten wir den guten Ruf von anderen nicht mit Füßen treten.

Bist du auch manchmal die Zielscheibe von Klatsch und Tratsch? Dann hast du verschiedene Möglichkeiten, um dich zu wehren. Pack den Stier bei den Hörnern. Sprich die Leute, die schlecht über dich reden, direkt an: »Ich habe gehört, dass du hinter meinem Rücken über mich lästerst. Bitte hör auf damit! Wenn du mich kennen würdest, wüsstest du, dass ich nicht so bin, wie du behauptest.« Dazu braucht man Mut. Doch die anderen werden danach ziemlich sicher ihren Mund halten – vor allem, wenn du bei dem Gespräch cool und sachlich bleibst. Allerdings solltest du vorsichtig sein. Denn es gibt auch Leute, die so fies sind, dass eine offene Konfrontation das Problem verschärfen könnte. Manchmal ist es am besten, einfach drüberzustehen und das Ganze zu ignorieren.

Aber was ist, wenn du selbst schlecht über andere redest? Bitte hör damit auf. Es gibt so viele Teens, die unter dem miesen Verhalten anderer leiden. Denk dran:

Alles kommt irgendwann wieder zu einem zurück. Wenn du Gift versprühst, wird es dich früher oder später selbst vergiften!

Zu meinen Lieblingsfilmen gehört der Klassiker *Fröhliche Weihnachten*. In dieser genialen Komödie bekommt es der unsichere Ralphie mit dem fiesen Scott Farkus zu tun. Farkus schikaniert Ralphie so lange, bis der eines Tages komplett die Beherrschung verliert. Er wirft Farkus zu Boden und schlägt mit den Fäusten auf ihn ein. Natürlich würde ich dir nie dazu raten, Probleme mit **Gewalt** zu lösen. Doch manchmal ist **Selbstverteidigung** durchaus angesagt. Das zeigt auch die Geschichte von Brandon:

Als ich in der Unterstufe war, wurde ich eingeschüchtert und schikaniert. Unsere Klasse wartete vor der Turnhalle auf unseren Sportlehrer. Plötzlich fing ein Junge an, mich lauthals zu beschimpfen. Ich sagte einfach nichts und schaute weg. Doch dann rannte er auf mich zu. Er bedrohte mich und forderte mich auf, mit ihm zu kämpfen. Ich versuchte wegzulaufen. Doch er rannte mir nach. Der Junge schubste mich herum und schrie mich an. Er wollte, dass ich mich umdrehte, damit er mich verprügeln konnte. Ich hatte keine Wahl. Jetzt war Selbstverteidigung angesagt. Ich wartete, bis er nahe genug war. Dann fuhr ich blitzschnell meinen Ellbogen aus und knallte ihm mit voller Wucht eins auf die Nase. Es war ein überraschender, harter Treffer. Der Junge fiel wie ein nasser Sack zu Boden. Das Blut lief ihm aus der Nase und er starrte mich ungläubig an. Dieses Erlebnis hat mich verändert. Nun weiß ich, dass ich mich im Notfall verteidigen kann. Ich habe viel mehr Selbstvertrauen und die anderen haben jetzt endlich Respekt vor mir.

Wie bei Brandon sollte Selbstverteidigung das letzte Mittel sein. Zuvor solltest du es erst mit Überlebenstipp Nummer 6 versuchen:

6. **Wenn andere hinter deinem Rücken über dich herziehen oder dich schikanieren, hast du zwei Möglichkeiten: Stell sie zur Rede oder versuch, damit zu leben.**

Ein Teufelskreis: Konkurrenz und Vergleiche

Taschenkrebse sind echt seltsam. Wenn man einige in einen Eimer steckt, kommt keiner wieder raus: Sobald einer es schafft, ein Stückchen voranzukommen, ziehen die anderen ihn wieder nach unten. Kennst du dieses Gefühl? Weißt du, wie es ist, wenn alle anderen eifersüchtig sind, weil jemand einen kleinen Vorsprung hat? Hast du auch schon erlebt, dass sie versuchen, ihn wieder nach unten ziehen?

Es ist ganz normal gewinnen zu wollen und eifersüchtig zu sein, wenn andere mehr Erfolg haben als man selbst. Aber: Das heißt noch lange nicht, dass das alles auch gut ist! Wenn du dir mit deinen Freunden einen Konkurrenzkampf lieferst, ist das sogar richtig gefährlich. Versteh mich bitte nicht falsch: Im Sport oder im Wirtschaftsleben kann Konkurrenz durchaus etwas Gutes sein – doch in Freundschaften hat sie nichts verloren! Die gute Nachricht? Der *4. Weg* hilft dir, dem Teufelskreis aus Konkurrenz und Vergleich zu entkommen. Leg dir eine Win-Win-Einstellung zu und mach dir klar: »Das Leben ist kein Wettbewerb. Ich will zwar gewinnen, aber ich will aber auch, dass die anderen gewinnen. Alle sollen erfolgreich sein – keiner soll verlieren!«

Ganz wichtig: Win-Win-Denken bedeutet nicht, immer den Kürzeren zu ziehen und seine Freunde einfach auf sich herumtrampeln zu lassen. Das nennt man Verlust-Gewinn, und es ist wirklich keine gesunde Einstellung! Sonya, eine 16-jährige Schülerin, sagt:

> Ob Freunde oder Familie: Ich gebe immer nach, weil ich keinen Streit möchte. Zudem will ich die anderen nicht verletzen. Inzwischen bin ich für alle nur ein Fußabtreter! Alle nutzen mich aus. Die anderen finden das vielleicht praktisch. Doch wenn ich das nicht bald ändere, dann platze ich!

Wie schaffst du es, kein Fußabtreter für die anderen zu sein und gleichzeitig dem Konkurrenzkampf zu entkommen? Überlebenstipp Nummer 7 hilft dir dabei:

7. Hör auf, mit deinen Freunden zu konkurrieren und dich mit ihnen zu vergleichen. Versuch es lieber mit dem 4. Weg und dem Win-Win-Denken.

Wieso sehen wir uns denn gar nicht mehr?

Mein bester Freund in der Grundschule hieß Paul. Wir waren unzertrennlich und machten alles zusammen. Doch auf dem Gymnasium gingen wir dann getrennte Wege. Keiner von uns ließ den anderen fallen – wir entwickelten einfach unterschiedliche Interessen. Paul entschied sich für Basketball; ich spielte Football. Wir fanden neue Freunde, mit denen wir unsere Zeit verbrachten. Zwischen uns bestand immer noch eine starke Bindung. Doch wir machten nicht mehr viel zusammen. Du musst akzeptieren, dass sich die Dinge ändern. Dein bester Freund wird im nächsten Jahr vielleicht nicht mehr dein bester Freund sein. Es ist aber ein großer Unterschied, ob man seine Freunde fallen lässt oder ob man neue Freundschaften aufbaut, weil die Interessen sich im Lauf der Zeit geändert haben.

Nimm es nicht so schwer und denk an Überlebenstipp Nummer 8:

8. **Sei nicht traurig, wenn du und deine Freunde sich ändern und ihr dann unterschiedliche Wege einschlagt. Das ist der Lauf der Zeit!**

So findest du richtig gute Freunde

Ich habe einige Teens gefragt, was ein echter Freund für sie ist. Hier kommen die Antworten:

Ein wahrer Freund …

» *nimmt andere, wie sie sind.* «

» *hat einen guten Einfluss auf mich.* «

» *weiß, wann er zuhören und wann er reden muss.* «

» *versucht nicht, mich unterzubuttern.* «

» *setzt sich für andere ein.* «

» *macht mich nicht klein.* «

» *weiß, dass man nicht nur einen Freund hat.* «

Manchen fällt es leicht, Freundschaften zu schließen. Für viele ist es allerdings wie ein Besuch beim Zahnarzt. Jose hat mir erzählt, dass er in der Schule ein Einzelgänger ist: »Dabei würde ich so gern jemanden haben, mit dem ich reden kann. Jemanden, dem ich einfach alles erzählen kann. Mein Problem ist, dass ich kein Selbstvertrauen habe. Ich fühle mich immer ›schlechter‹ als die anderen. Dagegen komme ich einfach nicht an.« Jeder versucht, seinen Platz zu finden und akzeptiert zu werden. Wenn auch du gute Freunde gewinnen und auch selbst ein guter Freund sein möchtest, solltest du unbedingt weiterlesen. Denn hier kommen die 7 Grundregeln für echte Freundschaften:

1. Keine vorschnellen Urteile!

Wir verbauen uns viele Freundschaften, weil wir uns zu schnell ein Urteil über andere bilden. Deshalb führte eine Lehrerin an einer Schule in Ohio einen *Mix-Tag* ein. Sie wollte den Schülern helfen, toleranter zu werden und neue Leute kennenzulernen. Alle sollten sich an diesem Tag nur mit Mitschülern unterhalten, mit denen sie noch nie gesprochen hatten.

Eine der Schülerinnen kam aus Somalia. Sie nahm allen Mut zusammen und fragte einen der beliebtesten Jungen in der Klasse: »Weshalb nennt ihr uns eigentlich die ›stinkenden Somalier‹?«

Er antwortete unwirsch: »Warum seid ihr überhaupt hier? Wieso geht ihr nicht in euer eigenes Land zurück?«

Sie schwieg einige Sekunden. Dann erzählte sie leise, dass fast ihre ganze Familie vor ihren Augen umgebracht worden war. Sie sagte, dass das Militär in Somalia die Macht an sich gerissen hatte und dass sie und die anderen Überlebenden aus ihrer Familie unendlich dankbar waren, in einem freien Land leben zu dürfen.

Du kannst dir sicher denken, wie dumm der Junge sich vorkam. Was für ein Paradigmenwechsel! Jetzt, wo er die ganze Geschichte kannte, sah er plötzlich alles mit völlig anderen Augen.

Umfragen haben ergeben: Knapp 90 Prozent der Teenager glauben, dass sie nur nach ihrem Aussehen beurteilt werden.

Die Schule hat sich offenbar nicht wirklich verändert, seit ich dort war: Immer noch überall Etiketten! Die 16-jährige Stephanie hat es so ausgedrückt: »Wir beurteilen andere viel zu oft vorschnell. Jeder – auch ich selbst – bildet sich automatisch ein Urteil über die Leute, die ihm beim Einkaufen, in der Schule oder sonst wo über den Weg laufen. Dabei bemerken wir gar nicht, was wir da gerade tun.«

Auch Anna wurde vorschnell ein Etikett aufgedrückt, als sie auf eine neue Schule kam: »Am Anfang kannte ich dort ja niemanden. Nachdem ich dann endlich Freundinnen gefunden hatte, erzählten sie mir, dass ich zuerst ziemlich eingebildet gewirkt hätte. Das konnte ich gar nicht glauben! In Wirklichkeit hatte ich mich nur abgekapselt, weil ich so schüchtern war.« Komm aus deinem Schneckenhaus raus und lern neue Leute kennen! Fremde sind Freunde, die wir »nur« noch für uns gewinnen müssen.

2. Freunde fallen nicht vom Himmel

Ich kenne einen Jungen, der sich ständig beschwert, dass seine Freunde ihn links liegen lassen. Dabei bemüht auch er sich kein bisschen, die anderen einzubeziehen. Wer Freundschaften schließen will, muss proaktiv werden und etwas dafür tun. Warte nicht darauf, dass Freunde einfach so vom Himmel fallen. **Du** musst den ersten Schritt machen und hartnäckig sein, auch wenn du anfangs keinen Erfolg hast. Vielleicht kommt dir Angelas Geschichte ja bekannt vor?

> Ich weiß nur zu gut, wie man sich fühlt, wenn man keine Freunde hat. In meinem ersten Jahr auf der High School war ich sehr einsam. Ich hatte nicht viel Selbstvertrauen, war ziemlich verschlossen und sehnte mich danach, Freundinnen zu finden.
>
> Im Ort gab es einen großen Jugendtreff. Als ich zum ersten Mal dort war, hat mich keiner beachtet. Danach sagte ich zu meiner Mutter, dass ich dort nicht mehr hingehen wollte. Doch sie meinte: »Wie willst du Freundinnen finden, wenn du immer bloß zu Hause hockst?«
>
> Ich wünschte mir so sehr, Freundinnen zu finden, dass ich Woche für Woche wieder allein hinging – leider ohne Erfolg.

Eines Abends sangen wir ein Lied von Michael Smith – »Friends«. Ich achtete genau auf den Text, und mir schossen Tränen in die Augen. Ich fühlte mich so allein, so wertlos. Wieso wollte denn keines dieser Mädchen meine Freundin werden?

Manchmal kann dein Leben darauf beschränkt sein, am Freitagabend auf die Kinder deiner Schwester aufzupassen und dir mit ihnen Kindersendungen anzuschauen. Aber: Das wird nicht immer so bleiben! Versuch es weiter. Schotte dich nicht ab! Versinke nicht in Selbstmitleid! Auch bei Angela hatte die schlimme Zeit bald ein Ende. Später schrieb sie: »Nach ein paar Wochen ging ich zu einem anderen Teenstreff. Dort fand ich einige wirklich gute Freundinnen. Meine weitere Zeit an der High School war superschön. Ich hatte einfach nur einen schlechten Start.«

3. Zahl genug auf die emotionalen Beziehungskonten ein

Hier ist der Auszug für dein emotionales Beziehungskonto – du hast es stark überzogen!

Der Vertrauensgrad in einer Beziehung ist mit einem Bankkonto vergleichbar. Ich nenne dieses Konto das **emotionale Beziehungskonto (EBK)**. Wenn du bei einem Freund viele kleine Einzahlungen machst, baust du großes Vertrauen auf. Dadurch bekommst du ein hohes Guthaben auf deinem emotionalen Beziehungskonto bei deinem Freund. Wie Einzahlungen aussehen? Beispielsweise kannst du Rücksicht auf deinen Freund nehmen oder ihm gegenüber loyal sein. Und wenn du das nicht machst? Wenn du egoistisch oder unfair bist? Dann sind das Abhebungen von deinem emotionalen Beziehungskonto. Dadurch rutscht dein Konto schnell ins Minus.

Nehmen wir mal an, dass dein EBK bei deiner Freundin Lara mit 500 Euro im Plus steht. Als du am Montag ihre neue Frisur siehst, rutscht dir raus: »Mein Gott, Lara, was ist bloß

mit deinen Haaren passiert! Wie siehst du denn aus!« Autsch! Jetzt hast du mit einem Schlag 200 Euro von deinem Beziehungskonto bei Lara abgehoben. Dein Guthaben beträgt jetzt nur noch 300 Euro.

Am Mittwoch willst du witzig sein und fragst Lara vor ihrem Freund, ob er immer noch so schlecht küsst. Er findet das überhaupt nicht lustig, und Lara läuft knallrot an. Autsch! Das war wieder eine Abhebung von 200 Euro. Auf deinem Konto bei Lara sind jetzt also nur noch schlappe 100 Euro übrig. Wenn du so weitermachst, wird es ganz schnell ins Minus rutschen. Du merkst, dass eure Beziehung jetzt ziemlich angespannt ist. Deshalb suchst du nach Möglichkeiten, Einzahlungen zu machen. Am Samstag hast du die Chance dazu. Gleich morgens ruft Lara an. Total wütend erzählt sie dir, dass ihr Freund am Freitagabend heftig mit einem anderen Mädchen geflirtet hat. Obwohl du noch ziemlich verschlafen bist, hörst du ihr aufmerksam und geduldig zu. Schließlich seid ihr euch einig: Lara sollte sich nach einem anderen Freund umsehen. Als sie auflegt, ist Lara froh, dass sie eine Freundin hat, mit der sie über alles reden kann. Volltreffer! Das war eine riesige Einzahlung – 500 Euro. Nun hat dein Konto wieder ein Guthaben von 600 Euro. Jetzt kann eure Beziehung die kleinen Abhebungen, die wir – teils bewusst, teils unabsichtlich – von Zeit zu Zeit alle machen, gut verkraften.

Hier kommt eine Liste mit Einzahlungen und Abhebungen. Fünf besonders große Einzahlungen siehst du in der linken Spalte. Und in der rechten Spalte? Hier sind die Abhebungen, die diesen Einzahlungen entgegenstehen:

EINZAHLUNGEN	ABHEBUNGEN
+ Kleine Freundlichkeiten und Gefälligkeiten	- Kleine Gemeinheiten
+ Sich entschuldigen	- Sich nicht entschuldigen
+ Loyal sein	- Tratschen und lästern
+ Versprechen halten	- Versprechen brechen
+ Gut zuhören	- Zu viel reden

Die größte Einzahlung, die du bei deinen Freunden machen kannst, ist das Zuhören. Das ist der *5. Weg*: Erst verstehen, dann verstanden werden. Jeder von uns wünscht sich, verstanden zu werden. Das ist eines unserer größten Bedürfnisse und die Grundlage jeder guten Kommunikation. Denk immer dran: Du hast zwei Ohren, aber nur einen Mund. Also, benutz deine Ohren entsprechend!

4. »Blinde Flecken« aufdecken

Du kannst andere nicht zwingen, dich zu mögen. Aber: Du kannst versuchen, liebenswerter zu werden. Wie das geht? Sei ehrlich zu dir selbst. Denk mal darüber nach, ob du deine Zeit gerne mit jemandem wie dir verbringen würdest. Die folgenden Fragen helfen dir dabei:

- Hat man dir schon mal gesagt, dass du aufdringlich oder zu laut bist, dich unpassend benimmst oder einfach nicht den Mund halten kannst?
- Geht es dir immer nur um dich? Interessierst du dich nicht wirklich für andere und lässt sie kaum zu Wort kommen?
- Achtest du auf gute Körperpflege oder solltest du öfter mal duschen, ein Deo benutzen oder deine Haare und deine Kleidung häufiger waschen?
- Glaubst du, dass du besser bist als alle anderen? Oder machst du dich ständig klein und sprichst nur davon, was für eine Niete du bist?
- Nimmst du dich selbst viel zu wichtig? Oder willst du immer witzig sein und ziehst alles ins Lächerliche?

Willst du liebenswerter werden? Dann konzentrier dich auf die Dinge, die du selbst beeinflussen kannst. An deiner Körpergröße kannst du nichts ändern – bei der Art, wie du mit anderen umgehst, dagegen schon.

5. Grenz andere nicht aus

Erinnerst dich noch daran, dass Angela hart darum kämpfen musste, Freundinnen zu finden? Als sie dann auf die Uni ging, wendete sich das Blatt. Jetzt versuchte jemand, in ihre neue Clique reinzukommen:

An der Uni lernte ich Leslie kennen. Sie wurde meine Freundin fürs Leben. Endlich hatte ich eine beste Freundin, der ich alle meine Geheimnisse anvertrauen konnte. Wir freundeten uns mit zwei sehr netten Studenten an, und schon bald waren wir vier unzertrennlich.

Ein Mädchen namens Alyssa wollte unbedingt auch zu unserer Clique gehören. Ich weiß gar nicht genau, warum ich so dagegen war. Ich glaube, ich hatte Angst, dass sie meinen Platz einnehmen könnte.

Eines Tages saßen wir vier in der Mensa. Alyssa fragte uns, ob sie sich zu uns setzen durfte. Das konnte ich kaum ablehnen. Doch eigentlich wollte ich das nicht. Alyssa zog sich einen Stuhl ans Kopfende. Schon durch ihren Platz fühlte sie sich ausgegrenzt und unbehaglich. Wir ignorierten sie die ganze Zeit über und redeten und lachten über Dinge, die nur wir vier verstanden.

Später kam Alyssa zu mir und sagte, es sei ein Fehler gewesen, an unserem Tisch sitzen zu wollen. Wir hätten ihr sehr deutlich gezeigt, dass wir sie nicht dabeihaben wollten. Danach hätte ich am liebsten geweint. Ich konnte gar nicht glauben, dass sich jemand wegen mir so schlecht fühlte. Das Schlimmste war, dass ich genau wusste, wie es ihr dabei ging. Trotzdem hatte ich es gemacht! Alyssa war so einsam und allein. Aber ich war zu unsicher, um meine Freunde mit ihr zu teilen. Ich hatte einfach Angst, meinen Platz in unserem Kleeblatt an sie zu verlieren.

Damals habe ich mir geschworen, nie wieder jemandem das Gefühl zu geben, ein Außenseiter zu sein. Seitdem spreche ich jeden an, der sich in seiner Umgebung nicht wohlzufühlen scheint. Ich tue alles, was ich kann, damit es ihm besser geht.

Vielleicht hast du ja das Glück, Teil einer tollen Gruppe zu sein? Dann schließ niemanden aus! Gib keinem das Gefühl, ein Außenseiter zu sein.

6. Unfreundlichkeit mit Freundlichkeit begegnen

Es ist leicht, nett zu den Leuten zu sein, die nett zu uns sind. Das kann jeder. Die Herausforderung besteht darin, auch zu den anderen nett zu sein. Versuch, Unfreundlichkeit mit Freundlichkeit zu begegnen. Du wirst sehen: Das wirkt Wunder!

Julia aus Rumänien war neu an ihrer Schule. Deshalb bekam sie sehr viel Aufmerksamkeit. Das machte einige andere Mädchen eifersüchtig. Sie fingen an, über Julia zu lästern und fiese Gerüchte über sie zu verbreiten. Sie taten alles, damit sie merkte, dass sie in ihrer Clique nicht willkommen war.

Das war so schlimm für Julia, dass sie sogar noch mal die Schule wechseln wollte. Doch es gab ein Mädchen, das zu Julia hielt. Dieses Mädchen hieß Catalina. Catalina riet Julia, die Mädchen, die über sie herzogen, zu ihrer Geburtstagparty einzuladen. Zuerst wollte Julia das nicht. Doch dann beschloss sie, besonders freundlich zu diesen Mädchen zu sein. Die Mädchen waren sprachlos, als Julia ihnen die Einladung gab. Sie kamen zur Party. Und: Sie entschuldigten sich für ihr unfaires Verhalten. So wurden die Mädchen, die Julia ausschließen wollten, am Ende sogar ihre Freundinnen.

Abraham Lincoln wurde oft dafür kritisiert, dass er seine Feinde zu Freunden machte. Man riet ihm, die Feinde besser loszuwerden. Doch er antwortete: »Genau das tue ich, wenn ich aus einem Feind einen Freund mache!«

7. Bau andere auf

Luke hatte lange zu einer tollen Clique von Jungs aus der Nachbarschaft gehört. Im letzten Schuljahr ließ er sich jedoch mit einigen ziemlich üblen Typen ein. Er hatte keine Lust mehr, sich mit seinen alten Kumpels abgeben. Eines Tages verabreichten ihm seine neuen Freunde eine extrem gefährliche Drogenmixtur und setzten ihn dann einfach zu Hause ab. Luke erlebte einen furchtbaren Trip, der ihn fast umgebracht hätte.

Nach dem Entzug wandten sich Lukes besorgte Eltern an seine alten Freunde. Sie fragten die Nachbarsjungs, ob sie Luke wieder in ihre Clique aufnehmen würden. Die Jungs schlossen Luke nicht aus, sondern nahmen ihn sehr herzlich auf. Am Anfang war das allerdings nicht gerade leicht. Luke prahlte ständig damit, was er alles gemacht hatte. Dennoch schlossen sie ihn nicht aus.

Und tatsächlich: Luke änderte sich allmählich. Ein Jahr später hatte Luke seinem Leben eine völlig neue Richtung gegeben. Dabei waren ihm seine alten Freunde eine große Hilfe!

Luke hatte zwei total unterschiedliche Freundesgruppen. Die eine zog ihn nach unten. Die andere baute ihn auf und holte das Beste aus ihm heraus. **Was für Freunde hast du? Die entscheidende Frage ist: Bauen deine Freunde dich auf? Holen sie das Beste aus dir heraus?**

Im Sport gibt es immer wieder herausragende Spieler, die ihr Team in neue Höhen führen können. Michael Jordan, der als größter Basketballspieler aller Zeiten gilt, ist ein gutes Beispiel. Wenn er auf dem Feld stand, spielten alle anderen besser. Genau solche Freunde brauchst du, und genau so ein Freund solltest du auch selbst sein – jemand, der allen anderen in seinem Umfeld Auftrieb gibt.

Gruppendruck: Mach nicht alles mit

»Wie hoch sind wir?«, schrie ich nach unten in Richtung Boot.

»Ungefähr 25 Meter!«, brüllten sie zurück. »Nun spring schon!«

»Ich weiß nicht …«, rief ich. »Von hier aus sieht es ziemlich gefährlich aus!«

Ich war mit meinen Freunden an den Lake Powell gefahren, um dort von den Felsen zu springen. Wir hatten bei etwa zehn Metern angefangen. Doch dann haben wir uns gegenseitig dazu angestachelt, uns aus immer größeren Höhen in die Tiefe zu stürzen. Der Gruppendruck war extrem. Keiner von uns wollte ein Weichei sein.

»Nun mach schon – spring!!!«

Ich nahm meinen ganzen Mut zusammen und sprang. Auf dem Weg nach unten dachte ich nur: »Was bin ich doch für ein Idiot!«

Das Wasser fühlte sich an wie Beton. Der Aufprall war ungemein hart. Ich kämpfte mich an die Oberfläche und schnappte nach Luft. Zu meiner Erleichterung stellte ich fest, dass ich alles heil überstanden hatte. Puh. Gerade noch mal Glück gehabt!

Der Gruppendruck zwingt uns, Dinge zu tun, die wir sicher nicht machen würden, wenn wir allein wären. Es ist dann beinahe so, als hätten wir unseren Verstand an der Garderobe abgegeben.

Gruppendruck führt dazu, dass man von anderen dazu gedrängt wird, irgendetwas zu tun. Wenn deine Freunde gute Dinge von dir erwarten, ist das positiver Gruppendruck. Ob Klauen, Einbrechen, die Schule schwänzen oder Drogen nehmen: Wenn deine Freunde dich dazu überreden, etwas zu tun, was du eigentlich nicht machen willst, ist das negativer Gruppendruck. Die meisten geben nach, weil sie keine Außenseiter sein und nicht als Feiglinge gelten wollen. Das zeigt auch die Geschichte von Mette aus Dänemark:

> Als ich in der Oberstufe war, war ich mit ein paar Jungs aus meiner Klasse auf einer Party. Da war auch ein Junge, der sehr dick ist. Er leidet an einer schlimmen Krankheit, die seinen Körper aufschwemmt. Die Jungs wollten sich einen Spaß mit ihm machen. Sie losten aus, wer von uns zu ihm hingehen, seinen Hintern tätscheln und ihn fragen sollte, warum er Brüste hatte. Ich zog das kürzeste Streichholz. Und dann machte ich etwas, was ich seitdem tausendmal bereut habe. Ich war enorm unter Druck, weil die anderen mich für eine Spielverderberin gehalten hätten, wenn ich nicht mitgemacht hätte. Also ging ich tatsächlich zu dem Jungen, sagte es und lief dann schnell zur Toilette. Die anderen fanden mich wirklich cool. Doch ich fühlte mich einfach nur schrecklich. Ich habe mich nie bei dem Jungen entschuldigt und kann ihm seitdem nicht mehr in die Augen sehen. Die Jungs lachen immer noch darüber und klopfen mir auf die Schulter. Aber ich hab dann jedes Mal ein schlechtes Gewissen. Ich bin selbst schon gemobbt worden. Deshalb kann ich es bis heute nicht verstehen, dass ich jemand anderem so etwas antun konnte.

Normalerweise würden wir sicher nicht daran denken, so etwas unglaublich Fieses zu tun. Doch unter dem Druck der Gruppe machen wir oft fürchterlich dummes Zeug. Dumbledore sagt in *Harry Potter und der Stein der Weisen*:

»Es verlangt einiges an Mut,
sich seinen **Feinden** entgegenzustellen.
Doch es braucht mindestens genauso viel Mut,
den eigenen **Freunden** in den Weg zu treten.«

Wenn du nicht jeden Quatsch mitmachen willst, brauchst du eine Art »Schutzschild gegen Gruppendruck«. Es besteht aus drei Dingen:

1. Gute Vorbereitung
2. Starke Helfer
3. Viel Mut

1. Gute Vorbereitung

Kennst du das doofe Gefühl, wenn man eine Klassenarbeit schreiben muss und man sich nicht richtig darauf vorbereitet hat? Genauso ist es mit dem Gruppendruck: Wir haben ein ungutes Gefühl. Trotzdem geben wir nach. Wir sind einfach nicht vorbereitet. Wir haben uns nicht überlegt, was wir in brenzligen Situationen tun wollen. Bitte denk gleich über die folgenden Situationen nach. Dann bist du im Fall der Fälle gut vorbereitet:

SCHWIERIGE SITUATION	WAS ICH DANN MACHE
Meine Clique macht sich über jemanden lustig.	
Man drängt mich, zu lügen, zu betrügen oder zu klauen.	
Ich bekomme Drogen angeboten.	
Andere schwierige Situationen:	

Es gibt noch zwei andere gute Methoden, sich vorzubereiten:

- Setz dir klare Ziele.
- Tu jeden Tag was für deinen persönlichen Erfolg.

Sich klare Ziele setzen: Es ist viel leichter, dem Gruppendruck nicht nachzugeben, wenn man seine Ziele genau kennt. Als ich bei einem Vortrag einige Schüler gefragt habe, wer über seine Ziele sprechen wollte, meldete sich ein Junge namens Kameron. Er holte sein Portemonnaie aus der Tasche, zog eine kleine Karte heraus und las seine Ziele vor:

- Einen Notendurchschnitt von 1,9 erreichen.
- Schneller und kräftiger werden: Am Anfang des nächsten Schuljahrs die 50 Meter in acht Sekunden laufen und achtmal hintereinander 90 Kilo stemmen.
- Einen Stammplatz im Footballteam unserer Schule haben und mithelfen, dass wir Landesmeister werden.
- Meinen kleinen Brüdern ein wahrer Freund und ein gutes Vorbild sein.

Alle waren beeindruckt und dachten: »Sehr cool! Vielleicht sollte ich mir auch Ziele setzen.« Das ist eine gute Idee. Je besser du deine Ziele kennst, desto leichter ist es, negativem Gruppendruck zu widerstehen und nicht jeden Blödsinn mitzumachen.

Halt auch du dich an den 2. Weg »Schon am Anfang das Ende im Sinn haben«. Mach dir klar, was du wirklich willst. Schreib deine Ziele auf oder erstell dein ganz persönliches Leitbild. Brauchst du eine kleine Anregung? Hier kommt das Leitbild von Laney Oswald. Es hilft ihr, ihren Weg zu gehen und sich nicht von anderen unter Druck setzen zu lassen:

MEIN LEITBILD

Ehrlich sein.

Das Richtige tun.

Zu allen freundlich sein.

Immer mein Bestes geben.

Spaß haben.

Nie vergessen, wer ich bin und wofür ich stehe.

Jeden Tag etwas für deinen persönlichen Erfolg tun: Jeder Tag bringt neue Herausforderungen. Die gute Nachricht: Du kannst sie schon lange im Voraus meistern. Dafür gibt es einen einfachen Trick. Er besteht aus drei Schritten und dauert nicht mal 20 Minuten. Probier ihn einfach mal eine Weile jeden Morgen oder jeden Abend aus:

- Versuch **dich selbst** ein bisschen besser **kennenzulernen**. Führ ein Tagebuch, lies inspirierende Texte, meditiere oder mach etwas anderes, das dir hilft, deine Selbstwahrnehmung zu verbessern.
- Geh deine **Ziele** oder dein **Leitbild** durch.
- Frag dich, welchen **Herausforderungen** schon bald auf dich warten. Überleg dir schon jetzt, wie du mit ihnen umgehen willst.

Ich selbst mache das jeden Morgen. Danach weiß ich, was mir wirklich wichtig ist. So kann ich mich dem Gruppendruck viel besser entziehen. Denn: Gruppendruck gibt es auch bei Erwachsenen. Wenn dann irgendwelche Herausforderungen auf mich zukommen, habe ich fast schon gewonnen!

2. Starke Helfer

Hol dir starke Unterstützung. Das ist nächste Schritt, um immun gegen den Gruppendruck zu werden. Ob Freunde, Familienmitglieder oder Erwachsene: Setzt euch gemeinsame Ziele und helft euch dabei, sie zu erreichen. Eine weitere starke Unterstützung sind Sport und Hobbys. Wer viel Sport macht oder in einer Theater-AG ist, der hat gar keine Zeit, um in Schwierigkeiten zu kommen.

Fünf Jungs aus Tennessee haben sich ein echt starkes Unterstützungssystem aufgebaut: Alles begann, als Ahmaad, Derron, Victor, Tyrone und Tyjuan in der achten Klasse waren. Damals fiel ihnen auf, dass einige Teens aus ihrem Viertel gewaltigen Stress mit der Polizei hatten. Viele nahmen Drogen, tranken und arbeiteten in schlecht bezahlten Jobs. Da die meisten die Schule abgebrochen hatten, hatten sie keine Chance auf eine bessere Zukunft. Auch die fünf Freunde bemerkten, dass sie langsam, aber sicher auf dem Weg nach unten waren. Oft sprachen sie darüber, dass sie mehr vom Leben wollten. Sie wollten nicht in der Gosse oder in irgendeiner Fabrik am Fließband landen. Deshalb schlossen die fünf einen Pakt: Sie versprachen sich gegenseitig, so gute Noten zu bekommen, dass sie später studieren konnten. Zudem schworen sie sich, keine Drogen zu nehmen und die Finger auch vom Alkohol zu lassen.

Dieser Pakt hatte eine unglaublich positive Wirkung auf das Leben der Jungs. Ob Football oder Basketball: Jeder von ihnen wurde ein echter Super-Sportler. Alle bekamen ein Stipendium an erstklassigen Universitäten. Heute arbeiten sie erfolgreich als Rechtsanwälte und Lehrer. Obwohl ihre Chancen schlecht standen, haben die fünf Jungs wirklich was aus ihrem Leben gemacht. Ahmaad sagt rückblickend:

»Freunde sind extrem wichtig. Bei uns fühlt sich jeder für die anderen mitverantwortlich. Wir sprechen immer ganz offen miteinander. Natürlich haben wir manchmal unterschiedliche Ansichten. Doch wir helfen uns gegenseitig, gute Entscheidungen zu treffen und Erfolg zu haben. Das ist unser Unterstützungssystem. Jeder kann sich auf die anderen verlassen.«

Gangs

Teens, die keine starken Unterstützer haben, landen oft in Gangs. Im Grunde sind Gangs ja auch ein Unterstützungssystem – allerdings kein gutes. In Gangs ist der Gruppendruck enorm. Haloti hat mir erzählt, wie das Leben in einer Gang aussieht.

Haloti kommt ursprünglich aus Tonga. Er hat noch acht Geschwister. Seine Eltern wussten, dass ihre Kinder in ihrem Heimatland keine Zukunft hatten. Deshalb arbeiteten sie hart und sparten eisern, um in die USA auswandern zu können. Hier lebte Halotis Familie dann in Lennox, dem Getto von Englewood. Auf den Straßen und in der Schule herrschten raue Sitten und Haloti schloss sich bald einer Gang an:

Im Rückblick ist mir klar, dass mein ganzes Leben von der Gang bestimmt wurde: meine Kleidung, meine Freunde, meine Werte – einfach alles! Wir verbrachten unsere ganze Zeit damit, zu klauen, uns zu prügeln und Stress zu machen. Meine Eltern hatten von all dem keine Ahnung. Sie arbeiteten Tag und Nacht, um uns ein besseres Leben zu ermöglichen. Doch das war mir damals nicht klar. Im Gegenteil: Ich dachte, ich wäre ihnen völlig egal.

Haloti nahm selbst keine Drogen. Doch in der achten Klasse fing er an, zu dealen, um an Geld zu kommen und den anderen in der Gang zu imponieren. Doch dann passiert etwas Schreckliches:

Als ich gerade einem Freund Drogen verkaufte, kamen ein paar Typen angefahren und brüllten, dass ich ihnen schlechten Stoff angedreht hätte. Einer von ihnen schoss ohne Vorwarnung und traf meinen Freund. Dann hauten sie ab. Ich musste hilflos zusehen, wie mein bester Freund auf der Straße verblutete.

Ich konnte es einfach nicht fassen. Der Mensch, der mir von allen auf der Welt am nächsten stand, war tot! Fast hätte die Kugel mich getroffen. Da wurde mir schlagartig bewusst, dass auch ich bald sterben würde, wenn ich so weitermachte.

Die Drogen, die Gangs – das alles hatte meinen besten Freund umgebracht. Von einem Tag auf den anderen änderte ich radikal mein Leben. Ich hatte erkannt, dass wir genau wie die Menschen werden, mit denen wir unsere Zeit verbringen. Und ich wollte dieses Leben voller Lügen, Kriminalität und Gewalt für immer hinter mir lassen!

Kurz darauf zog Haloti zu seiner Schwester und seinem Schwager. Die beiden wurden starke Unterstützer für ihn. Sie waren es auch, die sein Interesse für die Schule und den Sport weckten. Doch das war kein leichter Weg. Haloti meint:

»Ich hörte auf, mich mit den anderen aus der Gang zu treffen. Trotzdem dauerte es noch lange, bis ich endgültig mit meiner Gang-Vergangenheit abgeschlossen hatte. Ich hatte immer wieder Stress mit der Polizei und wurde in Schlägereien verwickelt.«

Doch Haloti hat es geschafft. Er machte seinen Schulabschluss und ging dann auf die Uni. Heute sagt er:

»Ich hatte Glück! An dem Tag, als mein Freund starb, wachte ich auf und ließ ein Leben hinter mir, das mich komplett zerstört hätte.«

Überleg dir also bitte gut, ob du dich wirklich einer Gang anschließen willst. Und wenn du schon zu einer gehörst? Dann versuch, das Ganze schnellstmöglich hinter dir zu lassen. Hör auf dein Bauchgefühl. Wenn du das Gefühl hast, dass deine Freunde nicht gut für dich sind, solltest du dich nicht mehr mit ihnen treffen. Denn: Ohne Unterstützer bist du immer noch besser dran als mit dem falschen.

Achte auf die 4 roten Flaggen!

Die vier folgenden roten Flaggen sind ein eindeutiges Zeichen, dass du dir neue Freunde suchen solltest:

- Um deinen Freunden zu gefallen, musst du deine Kleidung, Sprache oder Ansichten ändern.
- Klauen, Schlägern, Drogen oder Dealen: Du machst Dinge, die du nicht wirklich tun willst.
- Du hast das Gefühl, dass du ausgenutzt wirst.
- Du hast keine Kontrolle mehr über dein Leben.

3. Viel Mut

Auch wenn du starke Unterstützer hast, wird es hin und wieder Gruppendruck geben. Dann musst du deinen ganzen Mut zusammennehmen, genau wie Kourtney:

Eines Tages sah Kourtney auf dem Heimweg mitten auf der Straße eine Gruppe mit ziemlich vielen Jugendlichen stehen. Beim Näherkommen erkannte sie einen Jungen aus der Nachbarschaft – John. Er war völlig verängstigt: Ein paar ältere Jungs schubsten ihn zwischen sich hin und her. In diesem Augenblick vergaß Kourtney, dass sie jünger und zudem ein Mädchen war. Sie drängte sich nach vorn und fuhr die Typen an: »He, was macht ihr denn da mit John? Ihr seid doch echt feige! Zehn gegen einen, oder wie sieht's aus? Lasst ihn gefälligst in Ruhe und haut ab! Los, ich meine es ernst!«

Erstaunlicherweise traten die Jungs – nach kurzem Schweigen und ein paar gemurmelten Beschimpfungen – tatsächlich den Rückzug an. John, der sichtlich erleichtert war, bedankte sich leise bei Kourtney und rannte nach Hause. Abends rief er Kourtney an und sagte, er wüsste nicht, was er gemacht hätte, wenn sie nicht eingegriffen hätte. Seine Stimme zitterte, als er hinzufügte: »Ich hab gar nicht gewusst, dass du meinen Namen kennst.« Rückblickend gibt Kourtney zu: »Ich weiß nicht, was ich getan hätte, wenn sie nicht gegangen wären. Das Ganze war aber einfach nicht richtig. Das wussten sie auch, und ich habe ihnen das klipp und klar gesagt.«

Sei trotzdem ein Freund!

Wir haben jetzt viel über Freunde gesagt: wie man sie auswählt, wie man sie gewinnt und wie man selbst ein guter Freund ist. Ich hoffe, du entscheidest dich bei Freundschaften für den hohen Weg. Mach deine Freunde nicht zu deinem alleinigen Lebensmittelpunkt. Such dir Freunde, die dich aufbauen, sei selbst ein echter Freund und lass dich vom Gruppendruck nicht unterkriegen. Und: Falls du noch nicht genügend Freunde hast, dann gib nicht auf! Nutz die Tipps aus diesem Kapitel. Lies sie ruhig noch mal durch. Bleib dran. Dann wirst du sicher bald viele gute Freunde haben!

FREUNDE

HOHER WEG	NIEDRIGER WEG
+ Freunde haben, die uns aufbauen	– Freunde haben, die uns runterziehen
+ Ein echter Freund sein	– Ein unzuverlässiger Freund sein
+ Dem Gruppendruck widerstehen	– Sich dem Gruppendruck beugen

Hast du bisher schlechte Entscheidungen im Hinblick auf deine Freunde getroffen? Mach dir deswegen keine Vorwürfe. Lern lieber was daraus und triff in Zukunft bessere Entscheidungen!

Hast Du schon mal was von Mutter Teresa gehört? Die Nonne widmete ihr Leben den Armen und Kranken in den Slums von Kalkutta in Indien. Sie hatte weder Geld noch Macht. Ihr ging es auch nicht darum, bekannt zu werden und im Rampenlicht zu stehen. Dennoch wurde sie ein Vorbild für Millionen von Menschen auf der ganzen Welt. In ihrem Zimmer in Kalkutta hing ein wundervolles Gedicht. Es ist eine Abwandlung der »Paradoxen Gebote« von Kent Keith. Ich finde, das sind sehr gute Lebensregeln, wenn es um Freundschaften geht:

Die Menschen sind oft unvernünftig, unlogisch und egoistisch.

LIEBE SIE TROTZDEM.

Wenn du Gutes tust, werden manche dir selbstsüchtige Hintergedanken unterstellen.

TU TROTZDEM GUTES.

Wenn du Erfolg hast, wirst du falsche Freunde und wahre Feinde gewinnen.

SEI TROTZDEM ERFOLGREICH.

Das Gute, das du heute tust, wird morgen vergessen sein.

TU TROTZDEM GUTES.

Ehrlichkeit und Offenheit machen dich verwundbar.

SEI TROTZDEM EHRLICH UND OFFEN.

Was du in Jahren aufgebaut hast, kann über Nacht zerstört werden.

BAUE TROTZDEM ETWAS AUF.

Viele Menschen brauchen Hilfe, doch es kann sein, dass sie dich angreifen, wenn du ihnen hilfst,

HILF IHNEN TROTZDEM.

Wenn du der Welt dein Bestes gibst, wirst du zum Dank dafür einen Tritt bekommen.

GIB DER WELT TROTZDEM DEIN BESTES.

Kleine Schritte

1. Sei einen ganzen Tag lang zu allen nett. Kein Schikanieren, Tratschen, Ignorieren, Ausschließen, Schlagen, Verspotten, Kritisieren, Auslachen, Übelnehmen und keine Verleumdungen! Achtung: Du darfst erst unterschreiben und das Datum eintragen, wenn du das perfekt gemacht hast.

   Unterschrift

   ____

   Datum

   ____

2. Schreib eine Einzahlung auf, die du auf dein emotionales Beziehungskonto bei einem deiner Freunde machen kannst.

   Freund:

   ____

   Einzahlung, die ich machen kann:

   ____

3. Welche drei Dinge könntest du tun, damit andere dich gerne zum Freund haben?

   ____

   ____

   ____

4. War einer deiner Freunde richtig fies zu dir? Dann überrasche ihn in dieser Woche, indem du seiner Unfreundlichkeit ganz bewusst mit Freundlichkeit begegnest.

5. Gibt es jemanden, mit dem du ständig im Konkurrenzkampf bist? Dann sag dir dreimal laut vor:

»Ich werde aufhören, mit ____________________ zu konkurrieren und mich mit ihm oder ihr zu vergleichen.«

6. Mach dir eine Liste mit fünf Dingen, für die du gegen allen Gruppendruck eintreten und kämpfen würdest:

____

____

____

____

____

3. Entscheidung
ELTERN

Einfach nur peinlich!

TOP 10

Die wichtigsten Dinge, die du über deine Eltern wissen solltest

10. Es ist wirklich schwierig, Kinder zu erziehen!
Yuichiro Watanabe (18), Tokio, Japan

9. Bei Problemen sollten wir unsere Eltern um Rat fragen.
Preyma Palansiamy (17), Selangor, Malaysia

8. Blut ist dicker als Wasser: Deine Familie wird immer für dich da sein.
Aimee Peyton (17), Tacoma, Washington

7. Wenn du deine Eltern nicht unter Druck setzt, wirst du eher bekommen, was du willst.
Naomi Davidson (18), Layton, Utah

6. Deine Eltern werden dich nur respektieren, wenn du sie auch respektierst.
Aríunbold (17), Khentíí, Mongolei

5. Wenn du dich gegen deine Eltern stellst, bringt dir das gar nichts.
Ai Babba (19), Tokio, Japan

4. Hilf zu Hause mit!
Ellen Jaynes (15), Rexburg, Idaho

3. Unterschätz die Ideen und Ratschläge deiner Eltern nicht.
Daniel Tilahun Mezegebu (19), Addis Abeba, Äthiopien

2. Mach deine Hausaufgaben und bring deinen Eltern mal Blumen oder eine andere nette Kleinigkeit mit.
Joy Wu (15), Singapur

1. Deine Eltern haben nicht immer für alles einen Grund.
Mario Goninez Parada (19), Mexico City

Als ich 14 war, verstand mein Vater überhaupt nichts.
Seine Anwesenheit konnte ich kaum ertragen.
Doch als ich 21 wurde, staunte ich,
wie viel er in den letzten sieben Jahren gelernt hatte.
Mark Twain, Schriftsteller

In meinem ersten Jahr an der Uni spielte ich in der Football-Mannschaft meines Jahrgangs als Quarterback. Nach einem richtig tollen Spiel, bei dem ich ziemlich gut war, waren alle wahnsinnig nett zu mir. In der folgenden Woche hatten wir ein Heimspiel gegen eines der besten Teams im ganzen Land. Natürlich wollte ich zu Hause unbedingt mein Bestes geben. Außerdem hatte mein Vater einen extrem langen Flug auf sich genommen, um mich spielen zu sehen. Doch: Es wurde das furchtbarste Spiel meines Lebens. Der Verteidiger der Gegenseite war ein absoluter Spitzenspieler. Er ließ mich gleich mehrmals zu Boden gehen. Ich dachte nur: »Schlimmer kann es echt nicht mehr werden!« Doch ich hatte mich geirrt. Ich machte viele unnötige Fehler, meine Pässe wurden immer wieder abgefangen und außerdem bezog ich ordentlich Prügel. Schließlich verloren wir mit rund 30 Punkten Rückstand. Was für eine Blamage!!!

Nach dem Spiel wäre ich am liebsten im Erdboden versunken. Wenn man schlecht gespielt und hoch verloren hat, gehen einem in der Kabine alle aus dem Weg. Es ist, als hätte man eine ansteckende Krankheit. Ohne ein Wort zu sagen duschte ich und zog mich an. Draußen wartete mein Vater auf mich. Er umarmte mich, sah mir fest in die Augen und sagte: »Das war das beste Spiel, das ich je von dir gesehen habe. Ihr habt zwar nicht gewonnen, und du hast auch keine wirklich tollen Pässe geworfen. Aber du hast dich durchgebissen. Sie haben dich da draußen fast umgebracht. Doch du hast dich immer wieder aufgerappelt. Ich bin wahnsinnig stolz auf dich!«

Ich war sprachlos. Er war stolz auf mich, obwohl ich gerade das schlechteste Spiel meines Lebens abgeliefert hatte! Mein Vater hatte es geschafft, mich wieder aufzubauen. Er hatte mich nicht an meine Fehler erinnert. Im Gegenteil: Er hatte das in den Mittelpunkt gestellt, was ich gut gemacht hatte. Seine Anerkennung rückte wieder alles ins richtige Licht. Wegen einer Niederlage würde die Welt nicht untergehen!

Ich hatte Glück, denn ich hatte einen wunderbaren Vater und eine großartige Mutter. Sie machten zwar oft Sachen, die mir peinlich waren. Aber sie liebten mich bedingungslos. Manchmal glaubte ich zwar, dass sie von einem anderen Planeten kamen. Meistens waren sie allerdings ziemlich lässig. Meine Freunde fanden das auch.

Ich hoffe, du hast auch so viel Glück und eine tolle Mutter oder einen coolen Vater oder sogar beides! Das Schöne an Eltern ist: Fast alle lieben ihre Kinder wirklich und würden alles für sie tun.

Jetzt kommen wir zur dritten lebenswichtigen Entscheidung: den Eltern.

Was willst du im Hinblick auf deine Beziehung zu deinen Eltern machen? Das ist eine der größten Entscheidungen in deinem Leben. Ob es dir gefällt oder nicht: Deine Eltern werden sehr lange zu deinem Leben gehören. In zehn Jahren werden viele deiner Freunde nicht mehr da sein, deine Eltern aber schon. Wahrscheinlich wirst du mit ihnen zusammenleben, bis du mindestens 18 oder 19 bist. Auch wenn du längst ausgezogen bist, werden sie noch jahrzehntelang eine wichtige Stütze oder die totalen Nervensägen für dich sein. Abschlussfeiern und Hochzeiten, Geburten und Todesfälle, Höhen und Tiefen – deine Eltern werden immer dabei sein.

Ich benutze das Wort »Eltern« in diesem Kapitel als Oberbegriff. Natürlich gibt es viele verschiedene Familien. Vielleicht wohnst du mit deinem Vater und deiner Mutter zusammen. Vielleicht nur mit deiner Mutter, nur mit deinem Vater, mit deiner Oma. Vielleicht lebst du aber auch in einer Patchwork-Familie? Wenn du das Wort »Eltern« liest, dann setz bitte das Wort ein, das auf deine Situation zutrifft. Die Grundlage von Familien ist nicht Blutsverwandtschaft, sondern schlicht und einfach Liebe.

Welchen Weg willst du im Hinblick auf deine Familie gehen? Du kannst den hohen Weg wählen. Du kannst gute Beziehungen aufbauen, Probleme gemeinsam lösen und deinen Eltern mit Liebe begegnen. Du kannst aber auch den niedrigen Weg einschlagen. Du kannst dich rein gar nicht um die Beziehung zu deinen Eltern kümmern. Du kannst bei jeder noch so kleinen Meinungsverschiedenheit kämpfen oder schmollen und dich komplett danebenbenehmen.

Kleiner Eltern-Check

Wie gut ist deine Beziehung zu deinen Eltern? Mach den Test und finde es heraus:

	Zieh einfach einen Kreis um die passende Ziffer.	**Stimmt nicht!**				**Stimmt total!**
1.	Ich habe eine gute Beziehung zu meinen Eltern.	1	2	3	4	5
2.	Ich gehe respektvoll mit meinen Eltern um.	1	2	3	4	5
3.	Meine Eltern vertrauen mir.	1	2	3	4	5
4.	Ich helfe meinen Eltern oft – auch unaufgefordert.	1	2	3	4	5
5.	Ich weiß eine Menge über meine Eltern. Ich kenne ihre Vorlieben und Abneigungen, ihre Träume und Werte.	1	2	3	4	5
6.	Meine Eltern wissen viel über mich. Sie kennen meine Vorlieben und Abneigungen, meine Träume und Werte.	1	2	3	4	5
7.	Meine Eltern und ich können gut miteinander reden.	1	2	3	4	5
8.	Gemeinsam können wir Probleme oder Konflikte sehr gut lösen.	1	2	3	4	5
9.	Wenn wir uns mal streiten, versöhnen wir uns ziemlich schnell wieder.	1	2	3	4	5
10.	Ich kann sagen, dass ich meine Eltern wirklich liebe.	1	2	3	4	5
	SUMME					

- Zähl bitte deine Punkte zusammen – dann siehst du gleich, wie gut deine Beziehung zu deinen Eltern ist.

40–50:	Du bist auf dem hohen Weg. Mach weiter so!
30–39:	Du liegst zwischen dem hohen und dem niedrigen Weg. Versuch, noch weiter nach oben zu kommen!
10–29:	Du bist auf dem niedrigen Weg. Bitte lies dieses Kapitel besonders aufmerksam durch!

Dieses Kapitel hat vier Teile. Zuerst dreht sich alles um **Das emotionale Beziehungskonto**, das du bei deinen Eltern hast. Der nächste Abschnitt hat den Titel: **Meine Eltern machen mich wahnsinnig.** Hier geht's darum, wie du mit den Dingen umgehen kannst, die dich an deinen Eltern nerven. Danach erfährst du, wie du **Die Kommunikationslücke überwinden** und besser mit deinen Eltern reden kannst. Im letzten Teil heißt es dann: **Dreh den Spieß um und erzieh deine Eltern.** Denn manche Eltern haben selbst große Probleme, mit ihrem Leben fertigzuwerden. Ich zeige dir, was du in dieser schwierigen Situation tun kannst.

Das emotionale Beziehungskonto

Weißt du, was meine Mutter früher wirklich wütend gemacht hat? Dass ich immer wieder vergessen habe, den Müll rauszubringen. Am Freitagmorgen hörte ich sie oft brüllen: »Sean, beweg deinen Hintern aus dem Bett! Ich kann die Müllabfuhr schon hören, und du hast schon wieder vergessen, den Müll rauszubringen!« Schließlich klebte sie mir überall kleine Erinnerungszettel hin: An meiner Zimmertür, am Kühlschrank, am Spiegel im Bad und sogar auf meinem Kissen stand: **»SEAN, WENN DIR DEIN LEBEN LIEB IST, BRING DEN MÜLL RAUS!«**

Natürlich habe ich auch gelernt, wie ich meiner Mutter eine Freude machen konnte. Sie war immer überglücklich, wenn ich gute Noten nach Hause brachte. Sie hängte mein Zeugnis dann im Wohnzimmer auf, damit alle ihre Freundinnen es sehen konnten. Außerdem liebte sie es, wenn ich ihr beim Abwaschen half oder die Einkäufe reinbrachte. Dadurch glich ich meine Unterlassungssünden in Sachen Müll aus und sorgte dafür, dass mein Beziehungskonto bei ihr im Plus blieb.

Und: Wie sieht es auf deinem emotionalen Beziehungskonto bei deinen Eltern aus? Nehmen wir mal an, dass 1000 Euro für eine starke Beziehung stehen. Wie viel hast du eingezahlt? Sind tatsächlich 1000 Euro auf dem Konto? Oder sind es vielleicht nur 500? Ist das Konto auf null oder ist es sogar im Minus? In Beziehungen gilt immer die gleiche Formel: Man muss sie Schritt für Schritt aufbauen.

Es gibt fünf Einzahlungen, die bei Eltern besonders gut funktionieren. Natürlich steht jeder Einzahlung auch eine Abhebung gegenüber:

EINZAHLUNGEN	ABHEBUNGEN
+ Verstehen, was deinen Eltern wirklich wichtig ist	- Glauben, dass du genau weißt, was deinen Eltern wichtig ist
+ Die Wahrheit sagen	- Lügen erzählen
+ Wünsche erkennen und sie freiwillig erfüllen	- Die Wünsche deiner Eltern missachten
+ Auch an Kleinigkeiten denken	- Kleinigkeiten vergessen oder ignorieren
+ Offen mit deinen Eltern über alles reden	- Dich abschotten und deinen Eltern kein Wort sagen

Verstehen, was deinen Eltern wirklich wichtig ist

Die Sache mit dem Beziehungskonto hat einen kleinen Haken: Das, was du als Einzahlung betrachtest, ist für deine Eltern vielleicht eine Abhebung. Wenn dich Freunde besuchen, ist es für dich vielleicht eine

Einzahlung, dass deine Eltern euch in Ruhe lassen. Wenn deine Eltern Freunde einladen, könnten sie es jedoch als Einzahlung betrachten, dass du dich dazusetzt und dich mit ihnen unterhältst. Deine Eltern haben einfach eine andere Währung als du! Ich habe einige Eltern gefragt, was eine richtig große Einzahlung wäre. Hier kommen die Antworten:

- »Ein Buch lesen.«
- »Das Zimmer so aufräumen, dass ich wenigstens die Tür aufbekomme.«
- »Die größte Einzahlung, die meine Tochter machen könnte? Nett zu ihren Geschwistern sein!«
- »Letztens habe ich mich ein bisschen zu meiner Tochter und ihren Freunden gesetzt. Als ich gehen wollte, sagten sie, ich solle noch ein bisschen bleiben. Das war eine riesige Einzahlung!«
- »Wenn mein Sohn seine Aufgaben im Haushalt jeden Tag erledigen würde – und zwar ohne, dass ich ihn ständig daran erinnern muss.«

Probier doch mal einige dieser Einzahlungen aus. Ich bin sicher, dass du damit jede Menge Pluspunkte bei deinen Eltern sammeln kannst!

Die Wahrheit sagen

Nichts zerstört das Vertrauen deiner Eltern mehr als Lügen. Lügen sind eine riesengroße Abhebung. Es kann Monate oder Jahre dauern, bis du dir das verlorene Vertrauen zurückerobern kannst. Ein Teenager hat das genau auf den Punkt gebracht: »Manchmal ist es schwer, die Wahrheit zu sagen. Aber es ist noch viel schlimmer, wenn deine Eltern herausfinden, dass du gelogen hast!« Und sie werden es herausfinden. Eltern haben einen siebten Sinn für Lügen. Sie können sie förmlich riechen. Deshalb solltest du deinen Eltern gegenüber ehrlich sein. Das zeigt auch die Geschichte von Janna:

Mit 13 lernte ich Alfonso kennen, der damals 17 war. Meine Eltern wollten aber nicht, dass ich schon so früh einen Freund hatte. Von da an gab es viel Streit bei uns.

Als ich an einem Freitagabend unbedingt mit Alfonso zusammen sein wollte, belog ich meine Eltern. Ich sagte, ich würde zu einer Freundin gehen, traf mich aber mit Alfonso. Meine Eltern brauchten nicht einmal eine Stunde, um das herauszufinden. Sie verboten mir, Alfonso zu sehen. Ich bekam zwei Wochen Hausarrest und durfte nicht mal telefonieren. Ich war vielleicht wütend!

Das ging dann jahrelang so weiter: Ich belog meine Eltern und sie erwischten mich. Sie hatten einfach kein Vertrauen zu mir, und ich konnte ihnen wegen der ganzen Lügen kaum in die Augen sehen. Als ich 16 wurde, erlaubten Sie mir endlich, mich mit Alfonso zu treffen. Ich war überglücklich! Doch nach einigen Monaten wurde mir klar, wie viel ich durch die Beziehung mit Alfonso versäumte. Alfonso war wesentlich älter als ich, und irgendwie passte das nicht zusammen. Ich beschloss, mich von ihm zu trennen und mich bei meinen Eltern zu entschuldigen. Es war nicht leicht, alles wieder ins Lot zu bringen. Ich hatte meine Eltern so oft angelogen, dass sie überhaupt kein Vertrauen mehr zu mir hatten. Doch ich tat, was ich konnte. Ich putzte das Haus und kümmerte mich um meine Schwestern. Vor allem aber sagte ich meinen Eltern immer die Wahrheit. Nach einiger Zeit erkannten sie, dass ich es wirklich ehrlich meinte. Langsam näherten wir uns wieder an.

Wünsche erkennen und sie dann freiwillig erfüllen

Stapelt sich das Geschirr in der Spüle? Muss deine kleine Schwester abgeholt werden? Braucht deine Mutter eine kurze Pause? Warte nicht, bis man dich auffordert, zu helfen.

Der 13-jährige Ryan sagt:

»Meine Eltern haben eigentlich nie viel von mir erwartet. Ich mache meine Hausaufgaben und ein paar Sachen im Haushalt – das ist auch schon alles. Als meine Mutter nach dem Abendessen mal total müde war, habe ich ihr angeboten, abzuspülen und die Küche für sie aufzuräumen. Sie hat sich unglaublich gefreut. Und das war dann auch für mich ein gutes Gefühl!«

Hast du jüngere Geschwister? Dann wünschen sich deine Eltern, dass du nett zu ihnen bist und dich um sie kümmerst. Als mein jüngerer Bruder Joshua aufs Gymnasium kam, machte mein Vater sich große Sorgen. Joshua war vorher auf einer anderen Schule und hatte dort kaum Freunde. Zudem war er ziemlich schmächtig und unbeholfen. Ich spürte die Sorge meines Vaters und versuchte, für Joshua da zu sein. Ich half sogar dabei, sein Footballteam zu trainieren. Nie werde ich vergessen, wie dankbar mein Vater mir dafür war. Das war eine riesige Einzahlung!

Auch an Kleinigkeiten denken

In den Beziehungen sind die kleinen Dinge in Wahrheit die großen: ein freundliches Wort, ein herzliches Lächeln, ein Dankesbrief ... Gabby hat mir folgende Geschichte erzählt:

Meine Beziehung zu meiner Mutter war nicht die beste. Deshalb habe ich beschlossen, ihr einen Brief zu schreiben und ihr zu sagen, wie viel sie mir bedeutet. Ich legte ihr den Brief ins Auto und dachte dann nicht mehr groß daran. Doch als ich nach Hause kam, wartete meine Mutter schon an der Tür und umarmte mich. Sie sagte, so etwas Schönes hätte sie noch nie von mir bekommen!

Offen mit deinen Eltern über alles reden

Kommt dir das irgendwie bekannt vor? Das ist total normal. Du hast einfach keine Lust zum Reden – vor allem nicht, wenn es sich wie ein Verhör anfühlt. Dennoch solltest du manchmal ein bisschen offener sein. Erzähl deinen Eltern ruhig öfter mal, was gerade in deinem Kopf so vor sich geht.

Vielen Teenagern fällt es auch schwer, ihre Eltern um Rat zu fragen. Sicher, du weißt mehr über Mode und Trends, doch sie wissen mehr über Liebe, Glück und das Leben. Sie können dir helfen, Probleme mit deinem Freund oder deiner Freundin zu lösen. Und sie können dich aufbauen, wenn du einen echt miesen Tag hattest.

**Ein guter Freund hat mal zu mir gesagt:
»Sean, wenn du alle wichtigen Entscheidungen mit deinen Eltern besprichst, wirst du nie einen schlimmen Fehler machen.«**

Dieser Rat war so wertvoll, dass ich ihn nie vergessen und immer versucht habe, ihn zu beherzigen.

Natürlich kommt es auch vor, dass du gern offen mit deinen Eltern sprechen würdest, aber Angst davor hast. Es könnte ja sein, dass sie wütend werden oder enttäuscht sind. Ich kenne da einen Trick, der so gut wie immer funktioniert. Sag als Erstes: »Mama, ich würde wirklich gern mit dir über etwas reden. Aber ich habe Angst, dass du dann wütend wirst.«

Deine Mutter wird dann ziemlich sicher antworten: »Aber nein, ich werde bestimmt nicht wütend!«

»Doch, das wirst du. Du regst dich immer auf. Und dann bereue ich, dass ich überhaupt was gesagt habe!«

»Ich verspreche dir, dass ich nicht schimpfen werde. Erzähl mir bitte, was los ist.«

»Na gut. Aber du musst mir versprechen, mir zuzuhören und dich nicht aufzuregen.«

So kannst du sie auf das vorbereiten, was du sagen willst. Sie wird dir dann viel besser zuhören und auch genauer überlegen, was sie dir antwortet.

Kleine Zauberwörter

Um gut mit deinen Eltern klarzukommen, solltest du die folgenden beiden kleinen Zauberwörter nutzen: **bitte** und **danke**. Die drei wichtigsten Wörter sind **Ich liebe dich** und die vier wichtigsten **Wie kann ich helfen**?

Wer **bitte** und **danke** sagt, ist höflich und respektvoll. Versuch also, möglichst oft **bitte** *und* **danke** zu sagen.

»Danke, Mama. Das Essen war toll!«

»Papa, danke, dass ich gestern Abend das Auto nehmen durfte. Die Party hat mir total Spaß gemacht.«

Mindestens genauso wichtig ist **Ich liebe dich**. In vielen Familien gibt es jede Menge Umarmungen und kleine Liebesbezeugungen. In anderen aber herrscht eine eisige Stimmung. Falls das bei dir zu Hause auch so ist, dann führ einen neuen Trend ein: Zeig den anderen immer wieder deine Zuneigung. Du wirst sehen, es klappt!

Wie kann ich helfen? Wenn du das zu deinen Eltern sagen willst, solltest du vorsichtshalber darauf achten, dass sie sitzen – denn da könnte sie nämlich glatt der Schlag treffen.

»Mama, ich weiß, dass du gerade furchtbar viel um die Ohren hast. Wie kann ich dir helfen?«

Oder dein Vater sagt: *»Du liebe Güte! In der Garage sieht's ja aus wie nach einem Tornado.«* Und du fragst: *»Was kann ich tun, um dir zu helfen?«*

Das Wichtigste aber ist: **Sorg immer dafür, dass dein Zimmer aufgeräumt ist.** Darüber freuen sie sich aus irgendeinem seltsamen Grund nämlich wirklich. Solange dein Zimmer aufgeräumt ist, werden sie dir jede Menge Fehler verzeihen.

Meine Eltern machen mich wahnsinnig

Wir wissen alle, dass unsere Eltern uns tierisch aufregen können. Es gibt vor allem fünf Punkte, die einen wirklich in den Wahnsinn treiben können:

- Meine Eltern vergleichen mich immer mit anderen!
- Meine Eltern sind nie zufrieden!
- Meine Eltern sind einfach nur peinlich!
- Meine Eltern sind überfürsorglich!
- Meine Eltern streiten sich ständig!

Meine Eltern vergleichen mich immer mit anderen!

»Warum kannst du nicht so wie dein Bruder sein?« Aua!

»Weshalb bist du nicht so gut in der Schule wie deine beste Freundin?« Aua!!

Es ist schwer, sich selbst nicht mit dem Mädchen mit den supertollen

Haaren oder mit dem Jungen, der ein Spitzen-Abi gemacht hat, zu vergleichen. Und deine Eltern tun sich damit genauso schwer. Das ist nur menschlich. Aus irgendeinem seltsamen Grund glauben Eltern, dass es ihre Kinder motiviert, wenn sie ihnen andere als Vorbild vorsetzen. Aber wir alle wissen, wie ätzend das ist.

Falls deine Eltern dich auch oft mit anderen vergleichen, solltest du das nicht allzu persönlich nehmen. Zeig deinen Eltern aber, wie schlimm ihre Vergleiche für dich sind. Wenn sie dich das nächste Mal mit deiner Schwester, deinem besten Freund oder irgendeinem griechischen Gott vergleichen, dann sag einfach: »Mama, Papa – wisst ihr was? Wenn ihr mich andauernd mit anderen vergleicht, tut mir das echt weh. Ich bin einfach anders.«

Wir wollen alle, dass unsere Eltern uns lieben. Und: Menschen gibt es in den verschiedensten Formen, Farben und Größen. Doch jeder von uns ist etwas Besonderes – und absolut *unvergleichlich*.

Meine Eltern sind nie zufrieden!

Sarina erzählt:

> Mein Vater und ich sind nie einer Meinung. Er findet, dass ich in der Schule besser sein könnte. Dabei hatte ich im letzten Zeugnis sechs Einser und nur zwei Dreier. Und was hat er gesagt? »Sorg dafür, dass du bessere Noten bekommst und mehr im Unterricht mitmachst!« Das hat mich echt wütend gemacht!!!

Die *ewige Unzufriedenheit* der Eltern ist eine riesige Herausforderung für jeden Teenager. Geht es dir auch so? Deine Eltern mosern ständig an dir rum. Du kannst ihnen rein gar nichts recht machen. Dabei willst du wirklich, dass sie stolz auf dich sind. Aber du schaffst es einfach nicht.

Und jetzt? Sag deinen Eltern doch mal, was du alles gut machst. Sarina könnte beispielsweise zu ihrem Vater sagen: »Ja, Papa, natürlich könnte ich immer noch bessere Noten haben. Aber du musst zugeben, dass sechs Einsen ziemlich gut sind – viel besser als letztes Jahr!«

Meine Eltern sind einfach nur peinlich!

Ich weiß nicht, wie das bei dir so ist, aber mir waren meine Eltern früher einfach nur peinlich! Ich wurde in Irland geboren, wo wir einige Jahre lebten. In dieser Zeit übernahm meine Mutter einige irische Traditionen. Als meine Familie dann wieder in den USA war, tauchte meine Mutter am St. Patrick's Day in einer komischen Verkleidung in meiner Grundschule auf. Sie hielt eine riesige Schachtel mit kleeblattförmigen Keksen in der Hand und gab mit ihrer schönsten Opernstimme ein Potpourri irischer Volkslieder zum Besten. Den Lehrern und meinen Klassenkameraden machte es viel Spaß, dass sie »When Irish Eyes Are Smiling« sang und ihre Kekse verteilte. Mir aber nicht! Ich versteckte mich unter meinem Tisch und wäre am liebsten gestorben.

Mein Vater war sogar noch peinlicher. Wenn wir zusammen ins Kino gingen und er müde wurde, rollte er seinen Mantel zu einem Kissen zusammen und hielt einfach ein Nickerchen. Einmal nahm er meine Geschwister und mich in New York zu einem Broadway-Stück mit, verschwand mitten in der Aufführung und kam eine halbe Stunde später mit chinesischem Essen für uns alle zurück.

Vielleicht sind deine Eltern dir ja auch oft einfach nur peinlich. Oder sie haben keine Ahnung von Mode und Musik und wissen nicht, was gerade angesagt ist. Ja und!? Dafür kennen sie sich meistens bei den wirklich wichtigen Dingen ziemlich gut aus. Zum Beispiel wissen sie, wie man sich wieder aufrappelt, wenn man gerade den Laufpass bekommen hat …

Meine Eltern sind überfürsorglich!

Hast auch du manchmal das Gefühl, dass deine Eltern dich wie ein Kleinkind behandeln? Dann lass uns der Sache mal näher auf den Grund gehen.

Kreuz bitte alle Aussagen an, die auf deine Eltern zutreffen

- ☆ Sie wollen immer ganz genau wissen, wo ich gewesen bin und mit wem ich zusammen war.
- ☆ Sie haben genau festgelegt, bis wann ich abends spätestens zu Hause sein muss.
- ☆ Sie achten sehr genau darauf, mit welchen Leuten ich meine Zeit verbringe.
- ☆ Wenn ich etwas falsch mache, lassen sie mich danach kaum noch aus den Augen.
- ☆ Sie sind zu streng und schreiben mir alles haarklein vor.

Hast du viele Kreuzchen gemacht? Dann kannst du zwei völlig unterschiedliche Schlussfolgerungen daraus ziehen:

- Dass deine Eltern dir nicht vertrauen.
- Dass du deinen Eltern wirklich wichtig bist.

Meistens sind »überfürsorglichen« Eltern ihre Kinder einfach unglaublich wichtig. Und das zeigen sie, indem sie viele Regeln aufstellen und alles ganz genau wissen wollen. Also, ärger dich nicht zu sehr über die Fragen und Regeln deiner Eltern. Überleg mal: Was ist besser? Überfürsorgliche Eltern? Oder Eltern, denen du total egal bist?

Ein Punkt, der immer wieder großen Stress macht, ist die abendliche »Sperrstunde«. Fast alle Teenager müssen zu einer festen Zeit zu Hause sein – auch wenn viele das nicht offen zugeben. Die meisten glauben, dass die Sperrstunde nur erfunden wurde, um ihnen den Spaß zu vermiesen. Das stimmt nicht! Deine Eltern machen sich einfach Sorgen, wenn du nicht pünktlich zum verabredeten Zeitpunkt zu Hause bist. Die Sperrstunde kann auch Vorteile haben. Du kannst sie beispielsweise als Ausrede benutzen, wenn du dich aus einer blöden Situation befreien willst: »Tut mir leid, ich muss jetzt gehen. Ihr wisst ja: meine Eltern …«

Die gute Nachricht? Du kannst mit deinen Eltern darüber verhandeln, wann du abends zu Hause sein musst. Drei Techniken haben sich hier besonders bewährt:

1. **Eine Hand wäscht die andere.** Biete deinen Eltern einen Deal an – etwa so: *»Mama, darf ich am Freitag länger wegbleiben, wenn ich den Keller aufräume?«*

2. **Vertrauensbonus.** Sammel einen Vertrauensbonus. Halte dich immer an die Sperrstunde. Frag dann nach einer Weile: *»Darf ich ab Herbst eine Stunde länger wegbleiben, wenn ich den ganzen Sommer über pünktlich zu Hause bin?«*

3. **Wichtige Ereignisse.** Sag deinen Eltern rechtzeitig, wenn du was richtig Tolles vorhast. Dann sind sie eher bereit, eine Ausnahme zu machen: *»Nächsten Samstag wollen wir bei Laura das Ende des Schuljahrs feiern. Darf ich an diesem Abend später nach Hause kommen?«*

Meine Eltern streiten sich ständig!

Wie ist es bei dir zu Hause? Alles gut oder ein echtes Schlachtfeld? Ein Teenager erzählte mir: »Meine Eltern streiten sich oft. Sie versöhnen sich dann zwar meistens, aber der andauernde Zoff macht mir Angst.« Wenn Alkohol oder Drogen im Spiel sind, wird die Sache oft noch viel schlimmer. Diese Erfahrung musste auch Christie machen: »Mein Vater trinkt, und zwar ziemlich viel. Wenn wir zusammen beim Essen sitzen, geht er oft auf meinen älteren Bruder los. Meine Mutter versucht dann, einzugreifen. In diesem Augenblick fällt meine Familie einfach auseinander.« Du kannst deine Eltern nicht ändern. Das Einzige, über das du in solchen Situationen die Kontrolle hast, bist du selbst. Du kannst dich dafür entscheiden, nicht mitzumachen, nicht zu streiten und zu schreien. Du kannst versuchen, Streit zu schlichten. Auch Danette stand vor dieser Herausforderung:

Meine Eltern kamen nicht besonders gut miteinander klar. Als ich 15 war, hatten sie sich wieder mal gestritten, und ich ging dann einfach ins Bett. Plötzlich wachte ich auf, weil meine Mutter schrie: »Wag es ja nicht, zu gehen, ohne dich von den Kindern zu verabschieden!«

Ich war fassungslos. Mein Vater kam in mein Zimmer und sagte, er hätte mich sehr lieb. Ich war völlig durcheinander. Er verabschiedete sich von mir und ich brachte nur ein Wort heraus: »Warte!«

Mit zitternder Stimme fragte ich: »Können wir denn nicht darüber sprechen?«

Das Schlafzimmer meiner Eltern lag gegenüber. Wir gingen alle drei hinein und setzten uns aufs Bett. Ich sagte, dass ich sie beide liebte und brauchte. Doch mein Vater stand einfach auf. Er versicherte mir noch einmal, dass er mich liebte. Dann ging er.

Ich weinte fast die ganze Nacht und saß am nächsten Tag völlig fertig in der Schule. Aber als ich nach Hause kam, war mein Vater wieder da. Er meinte, dass er einfach etwas Zeit und Ruhe gebraucht hätte, um nachzudenken. Ich glaube, bei meiner Mutter war es genauso.

Diese Geschichte hatte ein Happy End. Das ist leider nicht immer so. Doch: Der entscheidende Punkt ist, dass Danette versucht hat, etwas für den Familienfrieden zu tun.

Wie du mit der Scheidung deiner Eltern fertig wirst

Manchmal enden die ganzen Streitereien in einer Scheidung. Fast jede zweite Ehe wird geschieden. Für Kinder ist das sehr schlimm. Das war es auch für Lindsey. Aber inzwischen kommt sie gut mit der Situation zurecht. Ich habe sie gefragt, was sie anderen Teenagern raten würde:

Als Erstes: Denk immer daran – es ist nicht deine Schuld! Als meine Eltern sich scheiden ließen, haben sie mir immer wieder gesagt, dass das nichts mit mir zu tun hatte.

Am Anfang ist es furchtbar schwer. Man hat das Gefühl, dass man nie nicht damit fertig wird, dass die Eltern getrennte Wege gehen. Nach einer Weile gewöhnt man sich aber daran. Manchmal hat das Ganze sogar Vorteile. Ich bekomme jetzt immer zweimal Weihnachts- und Geburtstagsgeschenke!

Wegen der Scheidung meiner Eltern war ich lange enttäuscht, wütend und traurig. Irgendwann wurde mir klar, dass es keinen Sinn hätte, wenn sie nur wegen mir zusammenbleiben würden. Ich war sehr einsam und dachte, niemand würde verstehen, was ich gerade durchmachte. Dann begriff ich, dass meine drei Geschwister das sehr gut verstanden! Wir fingen an, darüber zu reden. Das machte es für uns alle viel leichter. Letztlich kann ich nur sagen: Versuch, das Beste draus zu machen. Und: Erwarte nicht zu viel auf einmal von dir!

Was können Teens tun, wenn sich ihre Eltern trennen? Dr. Ken Cheyne hat vier hilfreiche Tipps:

- **Fair sein.** Den meisten Teenagern liegt es sehr am Herzen, nicht zwischen die Fronten zu geraten. Kein Elternteil sollte versuchen, seine Tochter oder seinen Sohn auf seine Seite zu ziehen.

- **Kontakt halten.** Es ist wichtig, auch mit dem Elternteil in Verbindung zu bleiben, den man nicht mehr so oft sehen kann. Schon eine kurze Mail oder Textnachricht wirkt oft Wunder.

- **Sein eigenes Leben führen.** Manchmal sind die Eltern während der Scheidung so sehr mit sich selbst beschäftigt, dass die Kinder sich völlig alleingelassen fühlen. Wenn sich zu Hause alles ändert, ist es wichtig, in der Schule und bei seinen Freunden alles beim Alten zu lassen. Das gibt Sicherheit!

- **Sich helfen lassen.** Lass dir von deinen Freunden und deiner Familie helfen, wenn du wütend oder traurig bist. Sprich offen mit anderen über deine Gefühle. Am besten, du holst dir Rat bei anderen Teenagern, die in einer ähnlichen Situation sind wie du.

Phönix aus der Asche

Kennst du den Mythos vom Phönix aus der Asche? Der Phönix ist ein Vogel. Wenn er 1000 Jahre gelebt hat, verbrennt er sich selbst. Doch: Aus der Asche erhebt sich ein neuer Vogel, der wieder 1000 Jahre lebt. Was ich damit sagen will? Auch aus der Scheidung deiner Eltern kann etwas gutes Neues entstehen. Vielleicht sind deine Eltern nach der Trennung viel glücklicher? Wenn du mit ihrer Scheidung fertigwirst, gibt dir das sehr viel Selbstvertrauen und Stärke. Vielleicht wird auch die Bindung zu deinen Geschwistern enger, weil ihr euch gegenseitig unterstützt. Bethany hat mir ihre Geschichte erzählt:

Am Tag, bevor mein letztes Jahr an der High School begann, änderte sich mein ganzes Leben. Als ich von meinem Ferienjob nach Hause kam, fand ich einen Zettel auf dem Küchentisch. Mein Vater hatte ihn geschrieben. Darauf stand: »Ich bin weg. So ist das eben. Tschüss!«

Zuerst war ich sogar erleichtert, dass mein Vater nicht mehr da war. Jetzt musste ich nicht mehr dauernd mit anhören, wie er schlimme Dinge über meine Mutter sagte. Doch schon bald war meine Mutter mit der Miete und den ganzen anderen Rechnungen im Rückstand. Um ihr zu helfen, suchte ich mir einen Nebenjob. Doch es fiel ihr schwer, meine Unterstützung anzunehmen. Sie sagte mir nicht, wie schlimm das mit den Schulden wirklich war.

Dann begann ich mit meinem Studium und zog in eine andere Stadt. Doch nach zwei Monaten musste ich zurück nach Hause. Meiner Mutter waren die Schulden komplett über den Kopf gewachsen. Wir konnten die Uni nicht mehr bezahlen. Immer wieder brach ich in Tränen aus. Das war alles so ungerecht! Ich wollte studieren. Doch stattdessen musste ich in einem schlecht bezahlten Job arbeiten, um unseren Lebensunterhalt zu sichern.

Irgendwann wurde mir klar: Ich durfte mir von der Scheidung meiner Eltern und den Schulden nicht mein eigenes Leben verderben lassen! Das ist jetzt vier Jahre her. Inzwischen habe ich ein Haus gekauft, in dem ich mit meiner Mutter wohne. Ich habe einen tollen Job als Filialleiterin in einem Markt für Büroartikel. Nebenbei habe ich sogar eine eigene kleine Firma. Ich bin überzeugt, dass ich meinen Erfolg und mein Glück vor allem der schweren Zeit verdanke, die ich durchstehen musste, als mein Vater uns verließ. Denn: Das alles hat mich richtig stark gemacht!

Die Kommunikationslücke überwinden

»Noch nie was von Anklopfen gehört?«, beschwert sich Natasha, als ihre Mutter in ihr Zimmer kommt.

»Natasha, du musst unbedingt dein Zimmer aufräumen! Das ist ja das reinste Chaos.«

»Ich mach es später, Mama. Ich bin gerade beschäftigt.«

»Nein, du machst es jetzt!«

»Das ist mein Zimmer, Mama! Ich räume es ja auf. Gib mir nur noch ein paar Minuten. Und platz hier nicht mehr rein, ohne anzuklopfen.«

»Das ist mein Haus! Sag mir gefälligst nicht, was ich in meinen eigenen vier Wänden zu tun oder zu lassen habe!«

»Ja, aber das hier ist mein Zimmer! Ich brauche meine Privatsphäre!«

»Die bekommst du aber nicht, solange dein Zimmer nicht aufgeräumt ist. Los, setz dich in Bewegung!«

»Mama!!! BITTE geh jetzt!«

Hast du auch manchmal das Gefühl, dass deine Eltern eine ganz andere Sprache sprechen als du? Irgendwie stimmt das sogar. Während du dir Gedanken darüber machst, was deine Freunde zu deiner neuen Frisur sagen werden, machen deine Eltern sich Sorgen wegen der Rechnungen. Ihr seht das Leben durch unterschiedliche Brillen. Wenn du irgendetwas sagst, hören deine Eltern etwas ganz anderes – und umgekehrt.

WAS DU SAGST	WAS DEINE ELTERN HÖREN
»Ich will jetzt nicht reden. Okay!«	»Ich habe zwar Zeit, um mit meinen Freunden zu chatten, aber für euch habe ich nicht mal eine Minute.«
»Ihr habt nicht die geringste Ahnung, wovon ich spreche.«	»Ich weiß ohnehin alles besser als ihr!«

WAS DEINE ELTERN SAGEN	WAS DU HÖRST
»Als ich so alt war wie du …«	»Als die Dinosaurier noch lebten …«
»Weshalb? Ganz einfach: Weil ich es sage!«	»Es gibt zwar keinen Grund dafür. Aber mach gefälligst, was ich dir sage, sonst …!«

Vielleicht hilft dir ein kleines Experiment, das alles besser zu verstehen: Sieh dir ganz kurz das Bild auf der nächsten Seite an. Gib das Buch dann jemandem, der gerade in deiner Nähe ist – am besten deinem Vater oder deiner Mutter. Bitte sie oder ihn, sich kurz das Bild auf Seite 167 anzuschauen. Achtung: Du selbst darfst es dir noch nicht ansehen!

Schaut euch jetzt gemeinsam das Bild auf Seite 176 an und beschreibt es. Was seht ihr? Eine junge Frau oder vielleicht doch einen Saxophon-Spieler? Wahrscheinlich wirst du einen Saxophon-Spieler erkennen, dein Vater oder deine Mutter aber eine Frau. Redet so lange miteinander, bis jeder von euch beide Bilder sieht. Schaut euch dann zusammen die Bilder auf Seite 157 und Seite 176 an. Dann werdet ihr verstehen, warum ihr völlig unterschiedliche Dinge gesehen habt.

Was ich dir mit diesem kleinen Experiment sagen will? Du und deine Eltern seht ein Bild wegen einer einzigen Erfahrung, die nicht länger als eine Sekunde gedauert hat, völlig unterschiedlich. Was machen dann die ganzen Erfahrungen aus, die dir deine Eltern voraushaben?

Deine Eltern sehen eine junge Frau und du siehst einen Saxophon-Spieler – und ihr habt alle recht! Jede Geschichte hat zwei Seiten. Das ist eine *Kommunikationslücke,* die geschlossen werden sollte.

Sich besser kennenlernen

Wie kann man die Lücke schließen? Ein guter Weg ist, sich einfach besser kennenzulernen. Natürlich verbringst du viel Zeit mit deinen Eltern. Aber: Wie gut kennst du sie wirklich? Bitte nimm einen Stift und versuch, die Fragen über deine Eltern auf der nächsten Seite zu beantworten. Denk dabei nur an deine Mutter oder an deinen Vater oder auch an alle beide. Wenn du fertig bist, gib das Buch deinen Eltern und bitte sie, die Fragen auf der übernächsten Seite über dich zu beantworten. Habt ihr alle Fragen beantwortet? Setzt euch anschließend zusammen und sprecht über eure Antworten. Ich wette, dass es jede Menge gibt, was ihr nicht übereinander wisst!

Wie gut kennst du deine Mutter/deinen Vater?

Was macht deine Mutter/dein Vater am liebsten?

____

Was wäre in den Augen deiner Mutter/deines Vaters das Schönste, was du für sie/ihn tun könntest?

____

Womit würde deine Mutter/dein Vater ihre/seine Zeit verbringen, wenn sie/er unendlich viel Geld und Zeit hätte?

____

Was ist der größte unerfüllte Wunsch deiner Mutter/deines Vaters?

____

Wer ist die beste Freundin/der beste Freund deiner Mutter/deines Vaters?

____

Wie haben deine Eltern sich kennengelernt?

____

Welche Musik hört deine Mutter/dein Vater am liebsten?

____

Welche Sendungen oder Serien sieht deine Mutter/dein Vater sich besonders gerne an?

____

Wohin fährt deine Mutter/dein Vater am liebsten in den Urlaub?

____

Was würde deine Mutter/dein Vater lieber tun: sich einen guten Film ansehen, Freunde besuchen oder ein tolles Buch lesen?

____

Wie gut kennen Sie Ihre Tochter oder Ihren Sohn?

Welches Schulfach mag Ihre Tochter/Ihr Sohn am liebsten?

____

Was wäre in ihren/seinen Augen das Schönste, was Sie für sie/ihn tun könnten?

____

Was möchte sie/er später werden?

____

Welche Musik hört sie/er am liebsten?

____

Welches Haustier hätte sie/er am liebsten?

____

Wer ist ihre beste Freundin/sein bester Freund?

____

Wohin würde sie/er reisen, wenn ihr/ihm die ganze Welt offenstehen würde?

____

Was würde sie/er am liebsten tun: mit Freunden weggehen, ein gutes Buch lesen, am Computer spielen oder Sport machen?

____

Hat sie/er zurzeit einen festen Freund/eine feste Freundin?
Wenn ja: Wer ist es?

____

Was war einer der Höhepunkte in ihrem/seinem bisherigen Leben?

____

Na, wie sieht's aus? Wie gut kennst du deine Eltern? Und wie gut kennen sie dich? Habt ihr nicht mehr als fünf Fragen richtig beantwortet? Dann solltet ihr unbedingt mehr miteinander reden. Je mehr man über den anderen weiß, desto besser kann man ihn verstehen!

Einer reicht!

Hast du manchmal das Gefühl, dass du mit deinem Vater oder deiner Mutter immer wieder dasselbe Gespräch führst? Oder kannst du bei allen Gesprächen genau vorhersagen, wie sie enden?

»Marc, findest du nicht, dass du heute schon genug Schokolade gegessen hast?«

»Ach, Papa, das wird mich schon nicht umbringen.«

»Es ist aber ungesund.«

»Ich sag dir doch auch nicht, was du essen darfst! Weshalb sagst du mir dann ständig, was ich essen darf und was nicht?«

»Ich sage dir ja nicht, was du essen darfst. Ich sage nur ...«

»Ja, ja, weiß ich doch. Das kenne ich alles schon.«

Hat die Kommunikationslücke bei dir und deinen Eltern die Ausmaße des Grand Canyons? Das ist noch lange kein Grund, die Hoffnung aufzugeben. Man kann bei fast jedem Gespräch etwas ändern. Vielleicht denkst du jetzt: »Ich kenne doch meinen Vater! Der wird sich nie ändern. Er ist einfach unmöglich.« Selbst wenn er wirklich »unmöglich« ist und sich nie ändern wird, dann kannst du **dich ändern**. Du kannst anfangen, bessere Gespräche mit ihm zu führen. Wie das geht? Hier sind drei Tipps für dich:

1. Versuch's mit Win-Win-Denken

Denkst du immer nur daran, was für dich drin ist? Überlegst du nie, was für die anderen drin sein könnte? Du solltest auch an die anderen denken. Das nennt man **Win-Win-Denken**. Das ist der *4. Weg* zur Effektivität.

Das Gegenteil von Win-Win-Denken ist Gewinn-Verlust-Denken. Hier hat man nur den eigenen Vorteil im

Kopf. Man sieht Gespräche als Wettbewerb und ist nur darauf aus, zu gewinnen. Das läuft dann ungefähr so ab:

Reggie kommt aus der Schule. Da er müde ist, macht er den Fernseher an und macht es sich auf der Couch gemütlich. In diesem Augenblick kommt seine Mutter herein.

»Reggie, ich glaube nicht, dass du Zeit zum Faulenzen hast. Ich brauche unbedingt deine Hilfe, und zwar jetzt!«

»Ich bin müde, Mama. Ich will nur ein paar Minuten ausruhen.«

»Tut mir leid. Die Schröders kommen nachher, und ich brauche deine Hilfe beim Putzen. Das Haus sieht furchtbar aus.«

»Die Schröders? Warum müssen die denn dauernd zu uns kommen? Ich kann sie nicht leiden!«

»Du musst meine Freunde nicht mögen. Aber ich möchte, dass du höflich bist und sie begrüßt.«

»Na gut. Aber beim Putzen helfe ich dir nicht!«

Reggie denkt nur an sich selbst, und er hat es gerade vermasselt. Sicher, er hat gewonnen – und seine Mutter hat verloren. Aber nur fürs Erste. Das Problem beim Gewinn-Verlust-Denken ist, dass es sich irgendwann rächen wird. Wenn Reggie übermorgen das Auto haben will, wird seine Mutter sich vielleicht denken: »Weshalb sollte ich ihm das Auto geben, wo er mir doch vorgestern auch nicht geholfen hat?«

Hätte Reggie sich ein bisschen angestrengt und es mit Win-Win-Denken versucht, hätte die ganze Sache völlig anders ausgesehen:

»Reggie, ich glaube nicht, dass du Zeit zum Faulenzen hast. Ich brauche unbedingt deine Hilfe, und zwar jetzt!«

»Ich bin müde, Mama. Ich will nur ein paar Minuten ausruhen.«

»Tut mir leid. Die Schröders kommen nachher, und ich brauche deine Hilfe beim Putzen. Das Haus sieht furchtbar aus.«

»Hmmm – na gut. Ich helfe dir beim Putzen. Ich möchte aber nicht den ganzen Abend mit deinen Freunden verbringen. Ich sage nur kurz guten Tag.«

»Kein Problem. Danke, dass du mir beim Putzen hilfst. Du kannst dir gar nicht vorstellen, wie viel ich im Augenblick um die Ohren habe.«

Bei dieser Variante hätte Reggie ein bisschen von dem, was er wollte, geopfert. Doch dafür hätte er eine große Einzahlung auf sein emotionales Beziehungskonto bei seiner Mutter gemacht. So hätte er später ziemlich sicher auch das Auto bekommen.

Wenn deine Eltern und du verschiedene Dinge wollen, solltest du es mal mit einer Tabelle versuchen: Schreib in die eine Spalte, was der Gewinn für dich ist. Notier in der anderen Spalte, was deiner Meinung nach der Gewinn für deine Eltern ist. Bei Reggie und seiner Mutter könnte das so aussehen:

WAS IST EIN GEWINN FÜR MICH?	WAS IST EIN GEWINN FÜR MEINE MUTTER?
Ich bin müde und möchte ausruhen.	Sie braucht unbedingt Hilfe beim Putzen.
Ich möchte nicht den ganzen Abend mit den Freunden meiner Mutter verbringen.	Sie möchte, dass ich ein bisschen nett zu ihren Freunden bin.

Wenn du mit deinen Eltern sprichst, dann probier doch mal die folgenden Win-Win-Sätze aus. Sie wirken so gut wie immer!

- Wie siehst du das Ganze?
- Was würde die Sache für dich zu einem Gewinn machen?
- Was ist dir besonders wichtig?
- Wenn ich dich richtig verstehe, dann möchtest du, dass …

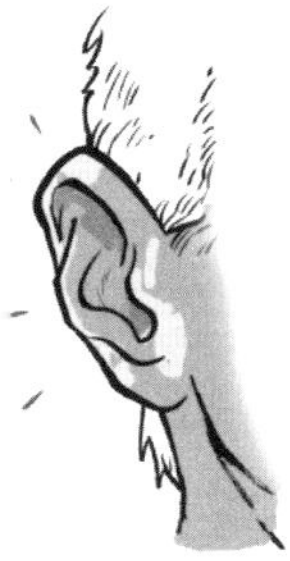

2. Erst verstehen, dann verstanden werden

»Erst verstehen, dann verstanden werden!« Das ist der 5. *Weg* zur Effektivität. Er bedeutet, dass man immer erst zuhören und dann reden sollte. Leider neigen wir dazu, erst zu sprechen und dann nur so zu tun, als ob wir zuhören würden:

Tyrone ist 16 und muss abends um 23.30 Uhr zu Hause sein. Heute will er mit ein paar Freunden Billard spielen und gern länger wegbleiben. Er spricht mit seinem Vater:

»Tut mir leid, Tyrone. Du weißt, dass du um 23.30 Uhr hier sein musst. Das gilt auch heute, und das ist mein letztes Wort.«

»Papa, du bist so ungerecht! Meine Freunde dürfen alle viel länger weggehen als ich. Ihre Eltern erlauben ihnen, zu machen, was sie wollen. Steve kann sogar nach Hause kommen, wann er will.«

»Es interessiert mich nicht, wann deine Freunde zu Hause sein müssen. In unserer Familie haben wir unsere eigenen Regeln.«

»Warum versuchst du immer, über mein Leben zu bestimmen? Das habe ich wirklich satt!«, sagt Tyrone wütend.

»Wenn du weiter in dem Ton mit mir sprichst, werde ich dich nie länger wegbleiben lassen.«

»Ich verstehe nicht, weshalb du so eine große Sache daraus machst. Mann, ich bin doch nicht mehr zehn! Ich bin dann weg!«

Was ist hier passiert? Keiner hat dem anderen zugehört. Deswegen gab es keine wirkliche Kommunikation. Tyrones Vater ist nicht gerade geduldig. Doch Tyrone hat sich auch nicht bemüht, ihn zu verstehen. Deshalb war das Gespräch für beide kein Gewinn.

Aber wie hört man richtig zu? Ganz einfach: Indem man sich wie ein Spiegel verhält. Spiegel beurteilen andere nicht. Sie gehen auch nicht sofort zum Gegenangriff über. Spiegeln bedeutet: **mit eigenen Worten wiederholen, was der andere sagt und fühlt**. Das ist fast wie bei einem Papagei. Aber Achtung: Im Gegensatz zu einem Papagei plappert man beim Spiegeln nicht nur nach, was der andere gesagt hat. Man bemüht sich wirklich, den anderen zu verstehen.

Nehmen wir mal an, deine Mutter sagt zu dir: »Es gefällt mir nicht, dass du so oft mit Kara Johnson zusammen bist. Sie hat keinen guten Einfluss auf dich.«

Deine Antwort könnte lauten: »Dein Pech! Ich bin gern mit ihr zusammen.«

Wenn du spiegelst, könnte deine Antwort lauten: »Deiner Ansicht nach gucke ich mir also die falschen Dinge von Kara ab.«

Dein Vater sagt: »Ich finde, es ist ein großer Fehler, dass du mit dem Fußball aufhören willst. Du bist doch schon dabei, seit du acht warst. Und jetzt willst du das alles einfach so wegwerfen!«

Deine Antwort könnte sein: »Das geht dich nichts an!«

Wenn du spiegelst, könnte deine Antwort lauten: »Ich merke, dass es wirklich ein Problem für dich ist, wenn ich mit dem Fußballspielen aufhöre.«

Wir neigen dazu, unsere Antwort schon zu überlegen, während der andere noch spricht. Aber so können wir nicht richtig zuhören. Wenn man wirklich zuhört, stellt man meistens fest, dass es um etwas geht, das an der Oberfläche gar nicht zu sehen ist. Das ist wie beim Zwiebelschälen – man muss mehrere Schichten abziehen, um sich bis zum entscheidenden Punkt vorzuarbeiten.

Gehen wir noch mal zu Tyrone zurück. Nehmen wir an, dass er jetzt versucht, seinen Vater wirklich zu verstehen:

»Tut mir leid, Tyrone, aber du weißt, dass du um 23.30 Uhr hier sein musst. Das gilt auch heute, und das ist mein letztes Wort.«

»Du nimmst diese Sache aber ziemlich wichtig.«

»Stimmt! Teenager kommen spätnachts oft in Schwierigkeiten. Dann passieren die ganzen Unfälle. Du brauchst nur mal ins Internet zu gehen. Ich will einfach, dass dir nichts passiert.«

»Dir geht es also in erster Linie um meine Sicherheit?«

»Genau. Ich weiß, dass du mich wahrscheinlich für zu streng hältst. Aber ich will nur dein Bestes. Das ist alles.«

Tyrone nickt und schweigt.

»Hör zu, Tyrone. Komm heute Abend pünktlich nach Hause, dann sehen wir weiter. Vielleicht können wir die Zeit später ein bisschen nach hinten schieben oder hin und wieder eine Ausnahme machen. Ich will dir ja nicht den ganzen Spaß verderben. Ich möchte nur, dass dir nichts passiert. Verstehst du, was ich meine?«

Was für ein Unterschied zum ersten Gespräch! Dafür waren nur ein paar spiegelnde Antworten von Tyrone nötig. Sein Vater fühlt sich jetzt verstanden. Und Tyrone versteht ihn auch besser. Er hat gemerkt, dass sein Vater ihm nicht den Spaß verderben will. Ihm ist Tyrones Sicherheit sehr wichtig. Zugegeben, Tyrone hat noch nicht genau das bekommen, was er will. Aber das ist jetzt nur noch eine Frage der Zeit.

Wenn man versucht, jemand anderen zu verstehen, ist es oft am besten, zu schweigen. Schweigen heißt aber nicht, den anderen zu ignorieren. Im Gegenteil: Man hört sehr genau hin, was er sagt.

Es gibt ein paar richtig gute Win-Win-Sätze. Sie werden dir helfen, den anderen wirklich zu verstehen:

- »Du sagst also, dass …«
- »Ich verstehe das so, dass du …«
- »Wenn ich dich richtig verstehe, glaubst du …«
- »Du findest, dass …«

3. Synergien schaffen

Kommst du bei deinen Eltern manchmal einfach nicht weiter? Siehst du die Dinge komplett anders als sie? Du willst mehr Unabhängigkeit. Aber sie wollen mehr Kontrolle. Du willst ein eigenes Konto. Aber sie finden, dass es dafür noch viel zu früh ist. Jetzt sieht es so aus, als könnte nur einer von euch gewinnen. In Wirklichkeit gibt es fast immer eine 3. Alternative – einen neuen, einen viel besseren Weg. Wie du diese Alternative findest? Versuch, »**Synergien** zu **schaffen**«. Das ist der *6. Weg* zur Effektivität.

Ich kenne ein Mädchen namens Nikki, das sich sehnlichst einen Hund wünschte. Ihre Mutter wollte aber einfach nichts davon hören. Sie hatte panische Angst vor Schmutz und Keimen. Deshalb konnte sie den Gedanken nicht ertragen, dass ein Hund im ganzen Haus gefährliche Krankheitserreger verbreiten könnte. Sie sagte oft zu Nikki: »Was willst du? Einen Hund oder eine Mutter?«

Nikki und ihre Mutter stritten sich monatelang. Nikki schrie: »Warum darf ich keinen Hund haben? Fast alle meine Freundinnen haben Hunde. Ihre Eltern sehen das ganz locker. Aber du machst so ein Drama daraus!«

»Mir kommt kein Hund ins Haus! Niemals! Das ist so, als hätte man noch ein Kind. Und am Ende muss ich mich ja doch um den Hund kümmern. Kein Hund, das ist mein letztes Wort!«, antwortete ihre Mutter dann wütend.

Irgendwann begriff Nikki, dass sie so nicht weiterkam. Eines Abends blieb sie lange auf und schrieb ein Angebot an ihre Mutter. Sie dachte gründlich über die »Hunde-Angst« ihrer Mutter nach. Dann verfasste sie einen Vertrag mit vielen Dingen, die sie tun wollte, wenn ihre Mutter ihr einen Hund erlaubte. Den Vertrag legte sie ihrer Mutter aufs Kopfkissen:

Liebe Mama,
wenn ich einen Hund bekomme, verspreche ich dir:

1. dreimal in der Woche Klavier zu üben.
2. weniger mit meinen Geschwistern zu streiten.
3. dir mehr zu helfen, wenn wir aufräumen und so.
4. netter zu dir und Papa zu sein.
5. mein Leben besser zu organisieren und mein Zimmer immer aufzuräumen.
6. im neuen Schuljahr meine Hausaufgaben zu machen und wirklich hart zu arbeiten, damit ich gute Noten bekomme.
7. gut für meinen Hund zu sorgen.

Dieses Angebot brachte Nikkis Mutter dazu, einzulenken. Gemeinsam suchte sie mit Nikki wochenlang nach einem passenden Hund. Nikki wollte einen, der treu und ein guter Kamerad war. Ihre Mutter wollte einen, der klein war und nicht biss, bellte oder ins Haus pinkelte. Die beiden hatten sich zum ersten Mal wirklich zugehört. Ihnen war klar: Es würde keinen Hund geben, wenn sie sich nicht einig wurden, wie er genau sein sollte.

An Nikkis 14. Geburtstag bekam sie dann einen kleinen Malteser – den süßesten, flauschigsten Hund, den sie je gesehen hatte.

Nikkis Geschichte zeigt: Wenn du bei irgendwas anderer Ansicht bist als deine Eltern, streite dich nicht mit ihnen. Versuch, Synergien zu schaffen. Diskutier in Ruhe mit ihnen über die Sache. Sucht gemeinsam nach einer Lösung, die für euch alle gut ist. Wenn man offen miteinander spricht, gibt es immer eine Möglichkeit. Hier kommt ein einfacher Fünf-Schritte-Plan, mit dem ihr eine Lösung finden könnt, die für alle ein Gewinn ist:

Synergien schaffen: **Fünf-Schritte-Plan**

1. **Was ist das Problem?**
   Beschreib das Problem.

2. **Welche Wünsche haben die anderen?**
   Versuch zuerst, die anderen zu verstehen.

3. **Welche Wünsche hast du?**
   Erklär den anderen deine Sicht der Dinge.

4. **Welche neuen Lösungen gibt es?**
   Seid kreativ und entwickelt gemeinsam neue Lösungen.

5. **Welche Lösung ist die beste?**
   Wählt die beste Lösung aus und setzt sie um.

Wahrscheinlich hast du gemerkt, dass *Win-Win-Denken* und *Erst verstehen* in diesen Aktionsplan eingebaut sind. Denn hier greift eins ins andere. Nehmen wir an, dass du dich ständig mit deiner Mutter über die Schule streitest. Sie sitzt dir ständig im Nacken: Du sollst deine Hausaufgaben machen und bessere Noten bekommen. Das hast du gründlich satt. Meistens hören eure Gespräche sich etwa so an:

Ich finde, du solltest dein Smartphone weglegen und endlich mit deinen Hausaufgaben anfangen.«

»Ach, lass mich doch, Mama. Ich mach sie später, das versprech ich dir.«

»Es gibt kein Später, es gibt nur ein Jetzt.«

»Ich wär dir wirklich dankbar, wenn du mich nicht immer so mit den Hausaufgaben nerven würdest. Falls du es noch nicht gemerkt hast: Das nützt rein gar nichts.«

»Wenn du deine Hausaufgaben machen würdest, müsste ich nicht darüber reden. Aber das tust du ja nicht. Ich habe den Eindruck, dass dir die Schule total egal ist.«

»Ja, ich weiß. Ich bin nicht gut genug. Lass mich doch einfach in Ruhe!«

Solche Gespräche sind typisch – und sie führen nur zu immer noch mehr Stress. Aber jetzt hast du ja einen Fünf-Schritte-Plan zur Schaffung von Synergie. Teste ihn doch gleich mal aus. Das Ganze könnte dann so aussehen:

Das Problem beschreiben

1.

»Mama, kann ich mal mit dir reden?«

»Ja, natürlich. Worum geht es denn?«

»Na ja, ich würde gern mit dir über die Schule sprechen. Ich habe es satt, mich ständig mit dir darüber zu streiten.«

»Ich auch!«

Ihr Weg

2.

»Kannst du mir sagen, warum du immer so viel Druck machst? Wie siehst du das, Mama?«

»Tut mir leid, dass du dich genervt fühlst. Das will ich gar nicht. Ich mache mir aber Sorgen wegen deiner Noten. Wenn du dich ein bisschen mehr anstrengen würdest, könntest du viel besser sein.«

»Du glaubst also, dass ich in der Schule nicht mein Bestes gebe?«

»Genau. Manchmal habe ich das Gefühl, dass dir die Schule komplett egal ist. Ich fürchte, dass du keinen Strich machen würdest, wenn ich dich nicht ständig an deine Hausaufgaben erinnern würde. Es ist wirklich wichtig, dass du einen guten Abschluss machst. Sonst bekommst du später keinen vernünftigen Job.«

»Du hast also das Gefühl, dass mir die Schule komplett egal ist. Auch ist es dir wichtig, dass ich einen guten Abschluss mache?«

»Ja. So sehe ich das.«

Mein Weg

3.

» *Darf ich dir jetzt sagen, was ich denke?* «

» *Natürlich. Es wäre sicher gut, wenn ich das wüsste.* «

» *Mama, die Schule ist mir schon wichtig. Aber ich würde meine Hausaufgaben gern machen, wenn ich das möchte. Nicht dann, wenn du es mir vorschreibst. Deshalb nervt es mich richtig, dass du ständig mit diesem Thema um die Ecke kommst.* «

» *Wie meinst du das?* «

» *Wenn du mich ständig dazu drängst, ist das keine Motivation für mich, meine Hausaufgaben zu machen. Im Gegenteil! Ich habe das Gefühl, dass du denkst, dass ich total faul bin. Dann komme ich mir vor, als ob ich total unfähig wäre.* «

» *Wirklich?* «

» *Ja. Ich glaube, ich hätte viel bessere Noten, wenn du mich nicht ständig an die Hausaufgaben erinnern würdest und einfach nur da wärst, wenn ich deine Unterstützung brauche.* «

Brainstorming

4.

» *Was sollen wir denn deiner Ansicht nach machen?* «

» *Erst mal wäre ich froh, wenn du aufhören würdest, mich ständig unter Druck zu setzen.* «

» *Mir gefällt das ja auch nicht. Es scheint aber die einzige Möglichkeit zu sein, dich dazu zu bringen, deine Hausaufgaben zu machen.* «

» *Was müsste ich denn tun, damit du das ewige Gedränge lässt?* «

» *Du müsstest mir beweisen, dass du alles im Griff hast.* «

» *Gut, Mama, dann werde ich dir unaufgefordert alles Tests und Klassenarbeiten vorlegen. Dann siehst du ja, wie ich in der Schule gerade stehe!* «

» *Ja! Das ist eine gute Idee, dann bin ich auf dem Laufenden.* «

» *Genau! Und wenn ich schlechte Noten bekomme, kannst du mich so viel drängen, wie du willst. Aber wenn alles im grünen Bereich ist, dann lass mich bitte in Ruhe.* «

Hohor Weg

5.

›› *Das wäre okay. Du musst mir aber zuverlässig alle deine Arbeiten vorlegen und mir auch deine mündlichen Noten sagen.* ‹‹

›› *Natürlich. Können wir uns also darauf einigen?* ‹‹

›› *Ja, das machen wir!* ‹‹

Es ist natürlich nicht immer so einfach – aber manchmal eben doch. Wenn du mit deinen Eltern über eure Meinungsverschiedenheiten sprichst, könnt ihr eine Lösung finden. Zugegeben, das erfordert etwas Geduld und Mühe, aber es funktioniert!

Hier noch einmal eine kurze Zusammenfassung, wie du die Kommunikationslücke schließen kannst:

- **Win-Win-Denken:** Überleg dir immer, was der Gewinn ist – und zwar nicht nur für dich, sondern auch für deine Eltern.
- **Erst verstehen, dann verstanden werden:** Sprich nicht sofort drauflos. Nimm dir erst Zeit, um den Standpunkt deiner Eltern wirklich zu verstehen. Und: Wiederhol das, was sie sagen und denken, mit deinen eigenen Worten.
- **Synergien schaffen:** Sprich mit deinen Eltern über eure unterschiedlichen Ansichten. Versuch, zuerst ihren Standpunkt zu verstehen. Erzähl ihnen anschließend, was du über das Ganze denkst. Diskutiert dann gemeinsam über alle eure Vorschläge und wählt den besten aus. Dann klappt es auch mit der 3. Alternative, die für euch alle ein Gewinn ist!

Wie du deine Eltern mit wenigen Worten entwaffnen kannst

Eltern sagen oft Dinge, mit denen sie einen so richtig auf die Palme bringen, zum Beispiel: »**Das ist so, weil ich es sage. Aus. Amen. Basta!**« Oder: »**Du tust, was ich dir sage, sonst …!**« Damit fordern sie dich zum Duell heraus. Lass dich nicht auf einen Kampf ein. Dabei kannst du nur verlieren. Entwaffne deine Eltern lieber. Wie das geht? Versuch einfach eins der folgenden drei Dinge:

- Entschuldige dich.
- Beiß dir erst mal auf die Zunge und sag gar nichts.
- Versuch, erst deine Eltern zu verstehen. Wiederhol mit deinen eigenen Worten, was sie sagen und denken.

Wenn du dich nicht auf einen Kampf einlässt, werden deine Eltern schnell einlenken. Oft reicht dafür schon ein einziger Satz. Hier ein paar Beispiele:

SZENE 1: Du streitest dich mit deiner Mutter über die Klamotten, die du am liebsten anziehst. Du regst dich über sie auf. Das Gespräch wird hitzig.

Deine Mutter ruft: *»Das ist echt nicht zu glauben. Ich bin immer noch deine Mutter! Wie kannst du es wagen, so mit mir zu reden?«*

Bist du im Kampfmodus? Dann kannst du jetzt brüllen: *»Ich spreche mit dir, wie ich will!«*

Wenn du aber schlau bist und deine Mutter entwaffnen willst, sagst du: *»Entschuldige, Mama. Das hätte ich echt nicht sagen sollen.«*

SZENE 2: Du hast beschwerst dich bei deinem Vater, dass du zu Hause viel mehr mithelfen musst als deine Schwester.

Dein Vater ist frustriert und sagt genervt: *»Ich hab dir doch schon erklärt, wie ich das sehe. Ich will keinen Pieps mehr von dir hören. Das meine ich ernst! Hast du mich verstanden?«*

Falls du willst, dass es richtig kracht, könntest du jetzt sagen: *»Pieps!«*

Wenn du deinen Vater aber entwaffnen willst, dann beiß dir auf die Zunge und halt einfach den Mund.

SZENE 3: Dein Vater spricht mit dir über den Jungen, mit dem du jetzt gehst. Er kann deinen Freund einfach nicht leiden.

Er sagt: *»Bei diesem Typen habe ich kein gutes Gefühl. Ich finde, dass du nicht mit ihm gehen solltest. Das ist mir sehr wichtig.«*

Vielleicht würdest du jetzt am liebsten sagen: *»Das geht dich gar nichts an!«* Doch damit würdest du deinen Vater richtig wütend machen.

Du könntest ihn aber auch entwaffnen. Spiegle seine Gefühle und sagt: *»Du machst dir große Sorgen. Lass uns doch in Ruhe darüber sprechen.«*

Zwei typische Fehler

Es gibt zwei typische Fehler, die Teenager in Gesprächen oft machen. Damit sorgen sie meist für mächtigen Stress mit ihren Eltern. Deshalb solltest du diese beiden Fehler unbedingt vermeiden. Vielleicht würdest du dich im ersten Augenblick gut fühlen, weil du deinen Eltern einen Schlag versetzt hast. Aber später müsstest du teuer dafür bezahlen. Welche zwei Fehler das sind?

FEHLER NR. 1: Das letzte Wort haben wollen

Eltern haben meistens sehr gute Ohren. Sie hören die fiesen Bemerkungen, die du leise und wütend vor dich hin murmelst: »Blöde Kuh!«, »Idiot!«, »Du lebst ja völlig hinter dem Mond!« oder »Du hast doch keine Ahnung!«. Wenn das Gespräch beendet ist, solltest du der Versuchung widerstehen, noch einen letzten Pfeil auf deine Eltern abzufeuern. Damit würdest du nur einen neuen Kriegsschauplatz eröffnen. Und das muss echt nicht sein!

FEHLER NR. 2: »Ich hasse dich!«

Ich hasse dich ist ein Satz, den wir unseren Eltern an den Kopf werfen, wenn wir wütend sind und uns gerade nichts Besseres einfällt. Meistens meinen wir das überhaupt nicht so. Deshalb: Wenn du wütend auf deine Eltern bisst, dann hol tief Luft und beiß dir auf die Zunge. Das erspart dir jede Menge Ärger! Warte, bis sich die Situation entspannt hat. Versuch dann, noch mal in Ruhe mit deinen Eltern über alles zu sprechen.

Dreh den Spieß um und erzieh deine Eltern

Die meisten Eltern geben ihr Bestes. Sie lieben ihre Kinder und wollen, dass es ihnen gut geht. Manche Teenager haben allerdings nicht so viel Glück. Ihre Eltern haben große Probleme. Sie sind drogensüchtig oder Alkoholiker, haben ständig neue Partner oder streiten sich die ganze Zeit. Natürlich kann es sein, dass auch solche Eltern ihre Kinder lieben. Doch sie haben die Kontrolle über ihr Leben verloren. Ihre Sucht und ihre schlechten Gewohnheiten sind stärker als ihre Liebe. Den Brief des jungen Vietnamesen Trinn werde ich nie vergessen:

> Lieber Sean,
> ich bin 11, gehe in die sechste Klasse und habe ein riesiges Problem. Mein Vater nimmt Drogen, meine Mutter ist oft weg und betrügt meinen Vater. Ich wünschte, ich könnte die Kontrolle über meine Familie übernehmen. Kannst du mir sagen, was ich machen soll?

Was sollte ich bloß dazu sagen? Ich habe Trinn einen Brief geschickt. Darin stand, dass er nur für sich selbst Entscheidungen treffen kann, aber nicht für seine Eltern. Bist du in einer ähnlichen Situation? Dann hol dir ganz schnell Hilfe. Wo und wie? Hier kommen wichtige Tipps für dich:

Wo du Hilfe findest

Falls deine Eltern drogensüchtig oder Alkoholiker sind, brauchen sie dringend Hilfe. Sie sollten unbedingt eine Therapie oder eine Entziehungskur machen. Allerdings ist es für Süchtige typisch, dass sie ihre Sucht energisch abstreiten. Deine Eltern werden nicht zugeben, dass sie ein Problem haben. Und: Sie werden auch nicht wollen, dass du ihnen hilfst. Vielleicht kannst du mit deinen Großeltern, einer Tante, einem Onkel oder einem erwachsenen Freund sprechen? Vielleicht fragst du auch den Beratungslehrer an deiner Schule oder einen anderen Lehrer, dem du vertraust? Erzähl dem Betreffenden, was vor sich geht. Bitte ihn, dir zu helfen.

Wirst du zu Hause geschlagen oder sexuell belästigt? Dann darfst du nicht länger warten. Such dir *sofort* Hilfe. Niemand hat es verdient, so leben zu müssen! Erzähl einem Verwandten, einem Nachbarn oder den Eltern eines Freunde, was los ist. Achte darauf, dass du dieser Person hundertprozentig vertrauen kannst. Vielleicht kannst du auch das Jugendamt oder die Polizei einschalten. Falls du all das nicht möchtest, kannst du dich auch an spezielle Jugend-Hotlines wenden.

Den Teufelskreis durchbrechen

Das Leben ist nicht gerecht! Manche Kinder wachsen in einem Zuhause auf, in dem sie über alles geliebt werden. Andere dagegen in Familien, in denen man sie schlecht behandelt, sodass sie sich total ungeliebt fühlen … Falls du zur letzten Gruppe gehörst, fragst du dich vielleicht: »Womit habe ich das verdient?« Die Wahrheit ist: Du hast nichts getan! Es ist nicht richtig und auch nicht deine Schuld.

Du kannst aber etwas dagegen machen. Wie? Indem du den Teufelskreis unterbrichst. Haben deine Eltern ihr Leben ruiniert und deine Großeltern auch? Dann kannst du es besser machen! Du kannst dich dafür entscheiden, nicht die Fehler deiner Eltern und Großeltern zu wiederholen. Ertrinkt deine Familie in Drogen, Gewalt oder Vernachlässigung – vielleicht sogar schon seit Generationen? Dann kannst du dafür sorgen, dass all das nicht an deine eigenen Kinder weitergegeben wird. Du kannst deine unglückliche Kindheit hinter dir lassen und dir eine bessere Zukunft aufbauen. Falls du schlecht behandelt wurdest, kannst du viel Liebe an andere weitergeben. Falls du vernachlässigt wurdest, kannst du dich fürsorglich um andere kümmern. Falls es bei

deinen Eltern ständig Streit gab, kannst du ein friedliches, glückliches Zuhause schaffen. Von jetzt an kannst du alles ändern!

Eltern: Einflussfaktor Nr. 1

Es gibt viele Irrtümer über Jugendliche. Einer der größten ist, dass sie ihre Eltern nicht mögen. Die meisten mögen ihre Eltern und wollen gut mit ihnen klarkommen. Sie sehen ihre Eltern als Einflussfaktor Nr. 1 in ihrem Leben – und zwar vor allem anderen, vor ihren Freunden, vor ihren Lehrern, vor ihren Musik- und YouTube-Stars …

Tabitha ist ein gutes Beispiel dafür. Sie sagt:

> Meine Familie ist nicht perfekt, aber wir sind uns alle sehr nah. Ich erzähle meinen Eltern nicht alles, aber doch das meiste. Abends essen wir zusammen. Manchmal streiten wir uns, aber irgendwann versöhnen wir uns wieder. Meine Freundinnen kommen gern zu mir, weil meine Eltern ihnen das Gefühl geben, zur Familie zu gehören. Bei uns ist immer jeder willkommen.«

Du kannst mit deinen Eltern viele Dinge unternehmen, die dir Spaß machen: zu einem Ballspiel oder ins Restaurant gehen, ein Konzert besuchen, zelten, angeln, wandern, Kekse backen, die Sterne anschauen, sonntags ins Grüne fahren, deine Lieblings-Realityshow ansehen, Musik hören …

Du kannst dir deine Eltern nicht aussuchen. Du musst sie nehmen, wie sie sind. Deshalb gehört das, was du für eure Beziehung tun willst, zu den sechs großen Entscheidungen in deinem Leben. Wie sieht es aus? Willst du gut mit ihnen klarkommen? Möchtest du mit deinen Eltern über deine Probleme sprechen oder dich nur mit ihnen darüber streiten?

ELTERN

HOHER WEG	NIEDRIGER WEG
+ Gute Beziehungen aufbauen	– Sich nicht um die Beziehungen kümmern
+ Probleme gemeinsam lösen	– Kämpfen oder beleidigt sein
+ Liebe und Respekt zeigen	– Keine Liebe und keinen Respekt zeigen

Ich bin sicher, dass du mit dem hohen Weg viel besser fahren wirst – auch wenn er dir manchmal ziemlich steil vorkommt. Hast du bisher noch keine richtige Beziehung zu deinen Eltern? Dann fang gleich heute an, Einzahlungen auf deine Beziehungskonten bei ihnen zu machen. Sag oft **bitte, danke, Ich liebe dich!** und **Wie kann ich helfen?**. Hin und wieder wirst du auch Dinge tun müssen, die du nicht so toll findest. Aber: Eine gute Beziehung zu deinen Eltern wird dein Leben sehr viel einfacher und schöner machen. Also, pack es an! Nutz die Tipps aus diesem Buch und tu was für eure Beziehung. Du wirst sehr bald merken, dass sich das lohnt!

Kleine Schritte

1. Schreib hier drei wirklich große Einzahlungen auf, die du auf die emotionalen Beziehungskonten bei deinen Eltern machen könntest.

   HOHE EINZAHLUNGEN BEI MEINEN ELTERN

   ____

   ____

2. Benutz heute im Gespräch mit deiner Mutter oder deinem Vater alle vier Zauberwörter mindestens einmal:

   Bitte   Ich liebe dich!
   Danke   Wie kann ich helfen?

3. Gibt es irgendetwas, worüber du dich ständig mit deinen Eltern streitest? Dann geh zu ihnen und sag: »Helft mir, euren Standpunkt zu verstehen!« Hör ihnen zu und wiederhole das, was sie sagen und denken, mit deinen eigenen Worten, bis sie sich verstanden fühlen.

4. Was unternimmst du mit deiner Mutter oder deinem Vater am liebsten? Ins Kino gehen? Einen Sonntagsausflug? Im Restaurant essen? Schmiedet zusammen Pläne, um das bald mal wieder gemeinsam zu machen.

Das mache ich mit meiner Mutter oder meinem Vater am liebsten:

____

____

5. Wenn ihr zu Hause nicht viel Zeit füreinander habt, schlag deinen Eltern vor, **Familienabende** einzuführen. Setzt jede Woche einen Abend fest, an dem ihr etwas gemeinsam unternehmt, was euch allen Spaß macht.

6. Falls du deinen Vater oder deine Mutter nicht so oft siehst, schreib ihm oder ihr einen Zettel, auf dem steht, dass du ihn oder sie lieb hast.

4. Entscheidung

DATES UND SEX

Müssen wir wirklich darüber sprechen?

TOP 10

Die wichtigsten Dinge, die du über Dates und Sex wissen solltest

10. Sag nie: »Wenn du mich wirklich lieben würdest, würdest du ... für mich tun!« Und: Lass dich auch selbst nie zu irgendwas überreden. Wer den anderen tatsächlich liebt, versucht nicht, ihn zu manipulieren.
Logan Kendell (19), Pocatello, Idaho

9. Liebe wird nicht daran gemessen, wie viele Dates oder Beziehungen man gehabt hat. Liebe ist kein Wettkampf!
Mette Foged (19), Kopenhagen, Dänemark

8. Gib die Kontrolle nie aus der Hand!
Hwa Young Lee (15), Sung Nam-Si, Korea

7. Man muss nicht bis über beide Ohren in jemanden verliebt sein, um mit ihm auszugehen. So wird man später vielleicht sogar positiv überrascht.
Jennifer Hastie (19), Gullane, Schottland

6. Falls du dir nicht sicher bist, solltest du keine Entscheidungen treffen!
Baasanjav (16), Uvs, Mongolei

5. Du musst wissen, dass dein Verhalten sich nicht nur auf dich selbst auswirken wird, sondern immer auch auf deine ganze Familie.
Taku Wada (19), Präfektur Akita, Japan

4. Geh mit Leuten in deinem Alter aus!
Janet (17), Long Beach, Kalifornien

3. Glaub nie, dass dein Leben vorbei ist, weil dein Freund oder deine Freundin sich von dir getrennt hat.
Sophia Iacayo (18), Managua, Nicaragua

2. Überstürze nichts in Sachen Sex!
Nick Adams, 16, Winchester, Virginia

1. Die Sache mit den Dates ist manchmal schwierig. Nein! Eigentlich ist sie immer schwierig!
Rachel Turner (17), Brielle, New Jersey

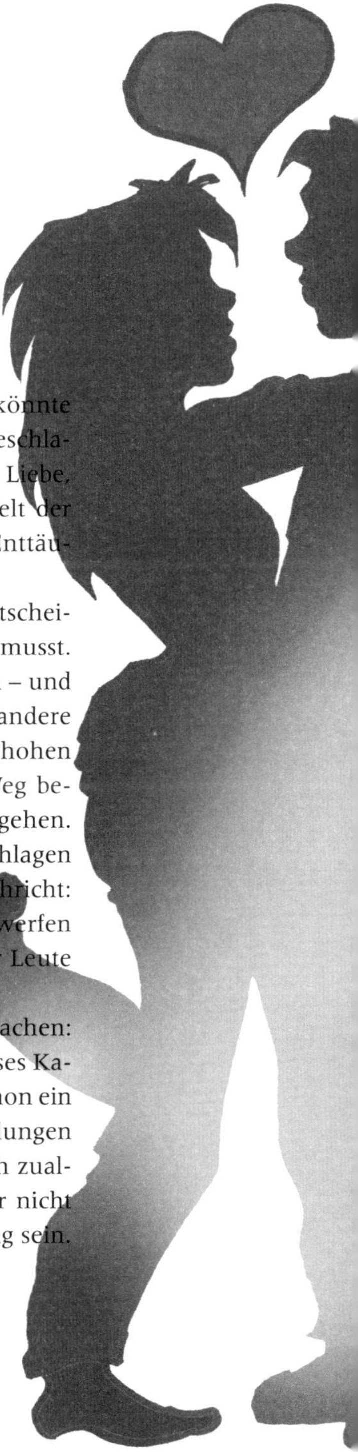

Tief im Herzen sind wir alle Romantiker. Ich könnte wetten, dass du als Erstes dieses Kapitel aufgeschlagen hast. Alle Teens wollen möglichst viel über Liebe, Dates und Sex wissen. Willkommen in der Welt der Dramen! Und: Herzklopfen und furchtbare Enttäuschungen gehören natürlich auch dazu …

Das hier ist wahrscheinlich die wichtigste Entscheidung überhaupt, die du als Teenager treffen musst. Sie wird nämlich enorme Konsequenzen haben – und zwar nicht nur für dich, sondern auch für viele andere Menschen. Auch hier kannst du zwischen dem hohen und dem niedrigen Weg wählen. Der hohe Weg bedeutet, in Sachen Dates und Sex überlegt vorzugehen. Du kannst aber auch den niedrigen Weg einschlagen und Sex nur als Spiel betrachten. Die gute Nachricht: Du kannst vorher einen Blick auf beide Wege werfen und eine Menge von den Erfahrungen anderer Leute lernen.

Aber erst mal muss ich dir ein Geständnis machen: Ich habe lange darüber nachgedacht, ob ich dieses Kapitel wirklich schreiben soll. Das Thema ist ja schon ein bisschen heikel. Wenn du etwas über Verabredungen und Sex wissen willst, solltest du dich natürlich zuallererst an deine Eltern wenden. Ich will sicher nicht ihren Platz einnehmen, sondern eine Ergänzung sein.

Checkliste für Verabredungen und Sex

Mach den Test – finde heraus, welchen Weg du bislang in Sachen Dates und Sex gegangen bist.

Zieh einfach einen Kreis um die passende Ziffer.		Stimmt nicht!				Stimmt total!
1.	Ich gehe nicht mit jedem aus, sondern denke genau nach, mit wem ich mich verabrede.	1	2	3	4	5
2.	Ich überlege mir schon vorher, was ich bei einem Date machen will und was nicht.	1	2	3	4	5
3.	Meine Beziehungen zum anderen Geschlecht beruhen nicht nur auf Sex, sondern auch auf echter Freundschaft.	1	2	3	4	5
4.	Mit den Entscheidungen, die ich im Hinblick auf Dates und Sex treffe, fühle ich mich gut.	1	2	3	4	5
5.	Meine Beziehungen sind ausgeglichen – hier herrscht ein ausgewogenes Geben und Nehmen.	1	2	3	4	5
6.	Ich bin gut über das Thema Sex, sexuell übertragbare Krankheiten oder Verhütung informiert.	1	2	3	4	5
7.	Ich habe meinen Freund oder meine Freundin nicht zu meinem alleinigen Lebenszentrum gemacht.	1	2	3	4	5
8.	Ich habe den Mut, zu Dingen, die ich nicht machen will, Nein zu sagen.	1	2	3	4	5
9.	Ich behandle meinen Körper mit Respekt.	1	2	3	4	5
10.	Ich warte mit dem Sex, bis ich eine längere, ernsthafte Beziehung habe.	1	2	3	4	5
	SUMME					

- Zähl bitte deine Punkte zusammen. Dann siehst du sofort, wo du in Sachen Dates und Sex unterwegs bist.

40–50:	Du bist auf dem hohen Weg. Mach weiter so!
30–39:	Du liegst zwischen dem hohen und dem niedrigen Weg. Versuch, noch weiter nach oben zu kommen!
10–29:	Du bist auf dem niedrigen Weg. Also: Pass bei diesem Kapitel besonders gut auf!

Wir beginnen mit dem ersten Teil: **Alles über Dates**. Danach geht es um **Die vier größten Mythen über Sex**. Der letzte Teil heißt **Wahre Liebe kann warten**. Hier werden wir über etwas sehr Besonderes sprechen.

Alles über Dates

Clevere Dates: Sich nicht mit jedem verabreden. ♥ Darauf achten, mit wem man ausgeht. ♥ Miteinander lachen. ♥ Gemeinsam Höhen und Tiefen überstehen. ♥ Sich an seine Prinzipien halten.

Sinnlose Dates: Sich ohne Sinn und Verstand verabreden. ☹ Mit jedem ausgehen. ☹ Seinen Freund oder seine Freundin zu seinem alleinigen Lebenszentrum machen. ☹ Sich immer wieder das Herz brechen lassen. ☹ Das tun, was die anderen anscheinend auch machen.

Dates. Verabredungen. Sich verlieben. Schon die Worte wecken viele gute und schlechte Gefühle. Alle reden davon, denken daran, lesen darüber, hoffen darauf und machen sich deswegen Sorgen. In der Welt der Dates scheinen alle zu einem oder sogar zu mehreren der folgenden sieben Lager zu gehören:

- **Wär-ja-schön-Lager:** Du hast keine Dates, wünschst dir aber, du hättest welche.
- **Ist-mir-doch-egal-Lager:** Du hast keine Dates, und das ist dir völlig egal.
- **Das-ist-einfach-toll-Lager:** Dates machen dir großen Spaß, und du fragst dich, warum es nicht allen anderen auch so geht.
- **Hilfe-Lager:** Du steckst in einer schlechten Beziehung, aus der du nicht herauskommst.
- **Nie-wieder-Lager:** Dir hat gerade jemand das Herz gebrochen, und jetzt willst du nie wieder ein Date.
- **Dates-sind-out-Lager:** Du hast keine wirklichen Dates, sondern triffst dich einfach so mit verschiedenen Leuten. In deinen Augen sind Dates absolut out.
- **Total-neugierig-Lager:** Du bist noch zu jung für Dates, aber sehr neugierig darauf.

In diesem Kapitel werde ich dir einiges über clevere Dates verraten. Aber lass uns erst mal über ein paar wichtige Fragen sprechen, die dir vielleicht auch im Kopf rumgehen:

Sechs wichtige Fragen über Dates

1. Was erwartet mich?

Jede Menge Dramen. Sich verabreden und verlieben ist ganz schön kompliziert. Hier gibt es jede Menge Emotionen, Höhen und Tiefen. Als ich das alles bei meinen Geschwistern miterlebt habe, dachte ich, ich wäre mitten in einer Seifenoper. Cynthia, meine älteste Schwester, verliebte und entliebte sich ständig. Mein Bruder und ich lasen immer wieder heimlich in ihrem Tagebuch. Einen Eintrag werde ich nie vergessen. Sie hatte in dicken Buchstaben geschrieben: »Küssen ist soooo toll!« Ich war schockiert – meine Schwester hatte tatsächlich einen Jungen geküsst!

Mein älterer Bruder Stephen war extrem eifersüchtig. Er verliebte sich in ein Mädchen, das Vicki hieß. Eines Abends überredete er mich, mich mit ihm zusammen hinter ein paar Büschen in der Nähe ihres Hauses zu verstecken. Er wollte unbedingt wissen, ob der Junge, mit dem Vicki ausgegangen war, sie an der Tür küsste.

Am schlimmsten war es bei meiner kleinen Schwester Colleen. In der einen Minute schwebte sie auf Wolke sieben, in der nächsten heulte sie sich die Augen aus. Mir wird immer noch schwindlig, wenn ich daran denke.

Totale Unentschlossenheit. Es lässt sich nicht leugnen: In Sachen Liebe sind Teenager unentschlossen und unberechenbar. Das ist normal – sie sind ja noch jung und wissen nicht genau, was sie wollen.

Ich selbst war als Teenager das reinste Chamäleon. Ich verliebte mich jede Woche in ein anderes Mädchen. Ich wollte wirklich niemanden verletzen. Ich war einfach unreif und wusste nicht, was ich wirklich wollte. Das geht vielen Jungs in diesem Alter so.

Bei den Mädchen ist es ähnlich. Christie, die bald Abitur macht, bringt es auf den Punkt:

> Mit den Jungs habe ich nur Stress. Ich habe jetzt seit neun Monaten einen Freund. Aber ich will das alles nicht mehr. Er flippt manchmal aus, wenn ich mich mit meinen Freundinnen treffe oder auf Partys gehe. Dadurch macht er unsere Beziehung kaputt. Ich überlege nur noch, wie ich es schaffe, ihn loszuwerden. Außerdem bin ich heimlich in einen anderen Jungen verliebt – aber das weiß niemand. Jetzt stecke ich in der Zwickmühle und hab keine Ahnung, was ich tun soll. Ich bin total unsicher ….

So wie Christie geht es vielen. Deshalb sollte man das Verliebtsein nicht zu ernst nehmen, wenn man noch jung ist. Das ist eine Zeit, in der man herumprobieren und seine Meinung jederzeit ändern darf.

Blöde Fehler. Wenn du so bist wie fast alle Teenager, dann wirst du hin und wieder ziemlich dumme Fehler machen. Kaum zu glauben, was bei Dates alles schiefgehen kann:

Man sagt etwas wirklich **Dämliches**.

Man bringt vor lauter **Schüchternheit** kaum ein Wort heraus.

Man **behandelt** den anderen **abweisend**, auch wenn man das gar nicht will.

Man **täuscht** dem anderen **vor**, dass man ihn liebt, obwohl das gar nicht stimmt.

Ja, manchmal kann ein einziger dummer Fehler alles ganz schnell kaputtmachen! Das wird dir vielleicht auch hin und wieder passieren. Das ist nicht so schlimm. Denn aus Fehlern kannst du eine Menge lernen. Hier sind ein paar Fehler, die viele Teenager machen:

- Sie sind so schüchtern, dass der andere ihnen jedes Wort aus der Nase ziehen muss.
- Sie versuchen, auf Kosten anderer witzig zu sein.
- Sie wirken unhöflich oder sarkastisch.
- Sie machen einen schlechten Eindruck auf die Eltern ihres Freundes oder ihrer Freundin.
- Sie sind unhöflich und haben keine guten Manieren.
- Sie verlieren komplett die Fassung, wenn bei einem Date was schiefgeht.

Keine Angst, wenn auch du mit dem einen oder anderen Punkt Probleme hast. Hab Geduld und mach einfach weiter. Je mehr Erfahrung du mit Verabredungen hast, desto leichter kannst du Stolpersteine umgehen.

2. Mit wem soll ich mich verabreden?

Worauf achtest du, wenn du überlegst, mit wem du dich verabreden willst? Auf den Charakter und die Persönlichkeit? Nein! Mal ehrlich: Das Erste, worauf du achtest, ist das Aussehen. Das Aussehen entscheidet, ob du jemanden gut findest oder nicht. Auch wenn es etwas abgedroschen klingt: Das Aussehen ist echt nicht alles!

Meine Freundin und Kollegin Durelle Price vergleicht Dates mit dem Kauf eines Autos. Warst du schon mal dabei, als sich deine Eltern oder irgendwelche Bekannte ein Auto ausgesucht haben? Sind sie auf den Parkplatz des Händlers marschiert und haben das erstbeste Auto gekauft? Bestimmt nicht! Sie haben sich vorher gut informiert und genau überlegt, was sie auf jeden Fall haben wollen. Vielleicht sind sie zu dem Schluss gekommen, dass die Marke, der Benzinverbrauch oder die Farbe des Autos sehr wichtig sind, dass sie aber durchaus ohne das Schiebedach oder die Ledersitze leben können. Leute, die bei ihren Verabredungen intelligent vorgehen, denken auch intensiv über alles nach. Sie haben eine Wunschliste mit Charaktereigenschaften und Interessen. Sie wissen aber auch, was ihnen nicht so wichtig ist. Also: Überleg dir, was du unbedingt haben willst! Muss es jemand sein, der gut aussieht? Der nett ist, klug oder sportlich? Sollen deine Eltern sie oder ihn mögen? Worauf kannst du verzichten? Macht es dir etwas aus, wenn er oder sie nicht gut tanzt oder kein Auto hat? Was ist dir überhaupt nicht wichtig? Nimm dir ein bisschen Zeit und füll die folgende Liste aus:

Meine Dating-Wunschliste

Was sie oder er haben muss	Was nicht wichtig ist
1.	1.
2.	2.
3.	3.
4.	4.
5.	5.
6.	6.

Mein Tipp: Hab schon am Anfang das Ende im Sinn. Geh nicht mit irgendjemandem aus – *sei wählerisch!*

3. Was ist, wenn sich keiner mit mir verabreden will?

Du bist 16 und noch nie geküsst worden? Du bist in der Oberstufe und hast noch nie ein Date gehabt? Das macht nichts! Du hast noch unendlich viel Zeit, um Dates zu haben. Das Ganze ist kein Wettkampf. Es geht nicht darum, wer die meisten Beziehungen hat oder die meisten Küsse bekommt. Viele tolle Jungs und Mädchen haben in ihrer Teenagerzeit nicht viele Dates. Also: Mach dir keinen Stress! Überleg einfach mal, woran es liegen könnte, dass du keine Dates hast:

- Wirke ich abweisend und verschlossen auf andere?
- Könnte ich selbst jemanden fragen, anstatt darauf zu warten, gefragt zu werden?
- Erfinde ich Ausreden, um mich vor Dates zu drücken?
- Sollte ich mehr Wert auf meine Kleidung und mein Aussehen legen?

Um attraktiv zu sein, braucht man weder perfekte Gene noch den idealen Körper. Eine der führenden Partnervermittlungen hat gefragt, was wir an anderen besonders anziehend finden. Hier sind die Antworten:

Top 10
Das finden andere besonders gut

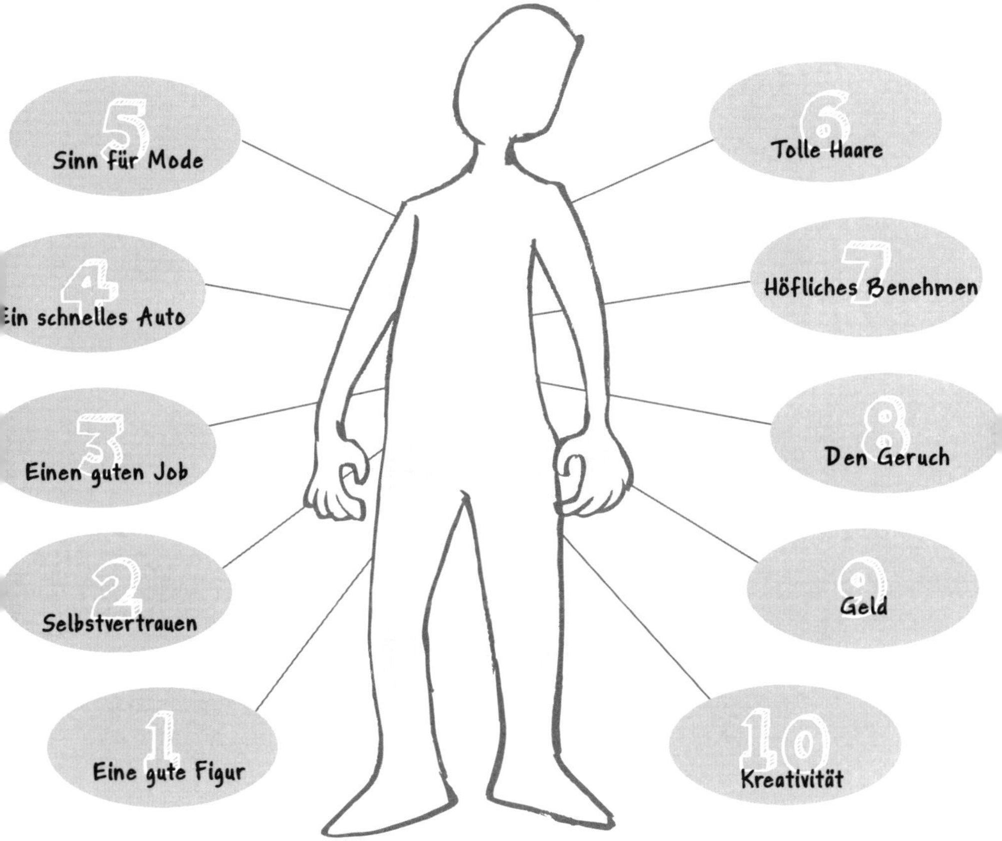

Und das Beste: Du hast über alle Punkte auf dieser Liste die Kontrolle – na ja, bis auf das schnelle Auto vielleicht!

4. Was ist der größte Fehler in einer Beziehung?

Die Frage lässt sich leicht beantworten: seinen Freund oder seine Freundin zum einzigen Lebensmittelpunkt zu machen. Natürlich ist es okay, mit jemandem zu »gehen«. Doch: Wenn sich nur noch alles um den anderen dreht, bettelt man förmlich um die Trennung. Was als gute Beziehung begann, wird schnell eng und besitzergreifend. Woran du merkst, dass da was schiefläuft?

- Deine Stimmung hängt nur noch davon ab, wie der andere dich behandelt.
- Du wirst besitzergreifend und eifersüchtig.
- Du verbringst deine ganze Zeit mit deinem Freund oder deiner Freundin und kümmerst dich kaum noch um deine Freunde und deine Familie.

Als ich 16 war, konnte ich an nichts anderes mehr denken als an Mandy. Mandy, Mandy, Mandy … Sie flirtete gern und ich wurde furchtbar eifersüchtig und besitzergreifend. Dass sich bei mir nur noch alles um Mandy drehte, brachte Dinge mit sich, die mir nicht gefielen: Es trennte mich von meinen Freunden und meiner Familie und mir machte einfach nichts mehr Spaß.

Man kann andere auch mögen und mit ihnen befreundet sein, ohne sie zum alleinigen Mittelpunkt seines Lebens zu machen. Ich habe ja schon gesagt, dass es nur ein einziges wahres Zentrum gibt: *Prinzipien!* Wenn du Prinzipien in den Mittelpunkt stellst, hast du mehr Selbstvertrauen und bist nicht so sehr davon abhängig, wie andere dich behandeln.

5. Wann sollte man besser Schluss machen?

Im Schnellkurs zu den »7 Wegen« am Anfang des Buchs hast du schon einiges über Win-Win-Denken erfahren. Insgesamt gibt es vier Beziehungstypen:

- Win-Win
- Gewinn-Verlust
- Verlust-Gewinn
- Verlust-Verlust

Hat deine Beziehung nichts mit Win-Win zu tun? Dann solltest du schnell etwas daran ändern oder das Ganze beenden.

WIN-WIN:
Diese Beziehung ist für euch beide gut. Genießt es!

Beispiel: Kiran und Sonia gehen zusammen weg, aber ihr Leben dreht sich nicht nur um den anderen. Sie lachen viel miteinander. Grundlage ihrer Beziehung ist Freundschaft. Sie unterstützen sich gegenseitig und bringen das Beste im anderen zum Vorschein.

GEWINN-VERLUST:
Die Beziehung ist für dich gut, für deinen Freund oder deine Freundin aber nicht. Also: Bring das in Ordnung oder mach Schluss!

Beispiel: Jasmine profitiert enorm von ihrem Freund Carlos. Er ist beliebt und ihre Freundinnen sagen alle, sie hätte großes Glück. Jasmine erwartet von Carlos, dass er seine ganze Aufmerksamkeit nur ihr widmet. Carlos hat aber das Gefühl, dass Jasmine total über ihn bestimmt. Er will nicht eingeengt und bevormundet werden, sondern unbeschwert und glücklich sein.

VERLUST-GEWINN:
Die Beziehung ist für dich schlecht, für deinen Freund oder deine Freundin aber gut. Also: Bring sie in Ordnung oder mach Schluss!

Beispiel: Laura geht seit drei Jahren mit Quinton. Zuerst war er nett zu ihr, doch jetzt beschimpft und unterdrückt er sie. Seine Freundin soll ihm mit Haut und Haaren gehören. Laura fühlt sich bedrängt, unterdrückt und eingesperrt. Sie weiß nicht, wie sie aus der Sache wieder rauskommt.

VERLUST-VERLUST:
Die Beziehung ist für euch beide schlecht. Da hilft nur eines: Beende sie ganz schnell!

Beispiel: Jackson und Emery sind komplett aufeinander fixiert. Sie streiten sich oft. Ständig werfen sie sich gegenseitig vor, sie wären nicht treu und würden mit anderen flirten. Sie trennen sich andauernd. Doch sie halten es nicht lange ohne den anderen aus, weil sie voneinander abhängig sind.

SIE oder ER

DU		VERLUST	GEWINN
	GEWINN	UNGESUNDE BEZIEHUNG In Ordnung bringen oder beenden!	GESUNDE BEZIEHUNG Genießen!
	VERLUST	KRANKE BEZIEHUNG Ganz schnell beenden!	UNGESUNDE BEZIEHUNG In Ordnung bringen oder beenden!

Dass es Zeit ist, eine Beziehung zu beenden, kann man auch an »roten Flaggen« erkennen. Sie sind Warnzeichen dafür, dass etwas nicht stimmt. Die folgenden Warnzeichen solltest du sehr ernst nehmen:

- **Ultimaten.** Auf der Uni hatte ich eine Freundin, die es fertigbrachte, mich am Abend vor einer wirklich wichtigen Prüfung anzurufen und zu sagen: »Ist es dir ernst mit mir oder nicht? Du musst dich bis morgen früh entscheiden, sonst war's das!« Am nächsten Morgen nahm sie das dann zurück. Aber zwei Wochen später stellte sie mir wieder ein Ultimatum. Irgendwann erkannte ich die rote Flagge und trennte mich von ihr. Ganz ehrlich: Das hätte ich schon viel früher machen sollen …

- **Der Retterkomplex.** Das bedeutet, dass man das Gefühl hat, jemanden ändern oder retten zu müssen. Joy ist in so eine Situation reingeschlittert und weiß jetzt nicht, wie sie da wieder rauskommen soll:

Ich war zwei Jahre lang mit einem Jungen zusammen. Er hatte jede Menge Probleme – und ich versuchte, ihn zu ändern. Mittlerweile weiß ich, dass man niemanden ändern kann. Ich bin dauernd herumgefahren und habe ihn gesucht, weil ich sicher sein wollte, dass ihm nichts passiert war. Doch das hat nichts gebracht. Er sitzt jetzt im Gefängnis. Die Zeit mit ihm war einfach nur schrecklich.

Auch wenn es eine bittere Erfahrung ist: Du kannst andere nicht ändern. Das können nur sie selbst!

Lügen. Wenn dich jemand anlügt, beruht eure Beziehung nur auf heißer Luft. Meine Freundin Annie hat mit Astrid über ihren Freund gesprochen. Hier ist ein Ausschnitt aus dem Gespräch:

Annie: Geht dein Freund Carson hier zur Schule?

Astrid: Nein, er ist in Riverside zur Schule gegangen. Er sagt, er hätte seinen Abschluss vorzeitig gemacht. Aber ich weiß nicht, ob das stimmt oder ob er die Schule einfach abgebrochen hat.

Annie: Was macht er denn?

Astrid: Na ja, er sagt, dass er arbeitet. Aber er ist nicht sehr ehrlich ...

Annie: Bist du sicher, dass du dein Leben mit einem Typen wie ihm verbringen willst?

Astrid: Ja. Nein ... eigentlich ist er schon ehrlich zu mir. Er lügt ja nur, um mich zu beeindrucken.

Hallo!? Astrid! Kannst du die riesige rote Flagge nicht sehen?

»Du findest nie wieder jemanden, der dich liebt.« Solltest du diese Worte jemals hören, musst du dir klarmachen, dass dir da eine rote Flagge von der Größe eines Bettlakens vors Gesicht gehalten wird. Ein junges Mädchen hat mir seine Geschichte anvertraut:

Mit 14 war ich total in Andy verknallt. Er war 17, sehr groß und fuhr einen roten Sportwagen. Soweit ich das beurteilen konnte, hatte er viele gute Eigenschaften. Als wir zusammenkamen, war zuerst alles wunderbar. Andy war ein richtiger Gentleman. Er respektierte mich, und ich war überzeugt, dass er mich wirklich liebte. Doch das änderte sich leider sehr schnell. Er behandelte mich schrecklich. Ständig drohte er mir damit, dass ich nie wieder jemanden finden würde, der mich liebte. Ich glaubte ihm das! Nach einem schlimmen Jahr schaffte ich es endlich, Schluss mit ihm zu machen.

»**Wenn du mich verlässt, bring ich mich um!**« Auch das ist eine rote Flagge. Als Benjamin 17 war, verliebte er sich in ein Mädchen. Die ersten Monate ihrer Beziehung waren wunderbar. Doch dann fing sie an, damit zu drohen, sich umzubringen. Benjamin war geschockt! Er machte sich große Sorgen und hoffte, dass sie so etwas nie wieder sagen würde. Aber sie sprach über nichts anderes. Nach einer Weile nahm er ihre Drohungen nicht mehr wirklich ernst. Schließlich fragte er den Schulpsychologen um Rat. Er sagt: »Als sie das herausfand, stellte sie mir ein Ultimatum: Wenn ich nicht aufhörte, mit anderen darüber zu sprechen, würde sie es wirklich machen.« Nach mehreren Gesprächen mit dem Psychologen erkannte Benjamin, dass es ihr mit ihren Drohungen nicht ernst war. Sie wollte nur seine Aufmerksamkeit. Das sagte er ihr dann auch direkt. Er sagte ihr das schließlich auf den Kopf zu und schaffte es, sich in Frieden von ihr zu trennen. Natürlich muss man es ernst nehmen, wenn jemand von Selbstmord spricht. Es ist wichtig, dafür zu sorgen, dass er professionelle Hilfe bekommt. Aber: Du bist nicht verpflichtet, die Beziehung aufrechtzuerhalten. Such nach einer Möglichkeit, das Ganze taktvoll zu beenden.

Es gibt noch viel mehr rote Flaggen. Wichtig ist, dass du auf dein Gewissen hörst und dich auf dein Bauchgefühl verlässt. Hol dir im Zweifelsfall Rat bei den Menschen, die dich wirklich lieben. Und versuch, gefährlichen Beziehungen aus dem Weg zu gehen.

6. Was tun, wenn in einer Beziehung Gewalt herrscht?

Es beginnt mit ein paar Beschimpfungen, einem Schubser oder einem Klaps. Wahrscheinlich folgt dann eine Entschuldigung. Du denkst vielleicht, dass das nie wieder vorkommen wird. In Wirklichkeit ist der »einmalige Vorfall« aber nur die Spitze des Eisbergs – das erste Anzeichen für einen Teufelskreis der Gewalt, der unausweichlich entstehen wird.

Niemand wünscht sich, geschlagen zu werden. Und: Keiner hat es verdient. Wir sehnen uns alle danach, geliebt und akzeptiert zu werden. Das war auch bei Michelle so. Sie war bis über beide Ohren in Justin verliebt. Justin war einer der angesagtesten Jungs in der Schule. Er konnte extrem nett sein. Immer wieder versicherte er Michelle, wie sehr er sie liebte. Viele Mädchen waren in Justin verknallt. Doch er hatte sich für Michelle entschieden. Zu Beginn ihrer Beziehung waren die beiden gemeinsam auf einer Party. Ein Junge sagte zu Michelle, dass sie schöne Augen hätte. Noch bevor er ausgesprochen hatte, prügelte Justin schon wie wild auf ihn ein. Michelle hatte ein komisches Gefühl, aber ihre Freundinnen sagten: »Mensch, hast du ein Glück. Er ist so ein lässiger Typ, und er liebt dich!« Einige Jahre später beschlossen Michelle und Justin zu heiraten. Eine Woche vor der Hochzeit kam es zu einem kleinen Streit zwischen ihnen. Plötzlich stürzte Justin sich auf Michelle und packte sie am Hals. Das waren die längsten 20 Sekunden in Michelles Leben. Doch das Ganze endete genauso schnell, wie es begonnen hatte. Justin sank auf die Knie, schlang die Arme um ihre Hüften und flehte sie an, ihm zu verzeihen. Er sagte, er sei nur nervös wegen der Hochzeit. Hoch und heilig schwor er ihr, so etwas nie wieder zu tun.

DIE SPITZE DES EISBERGS

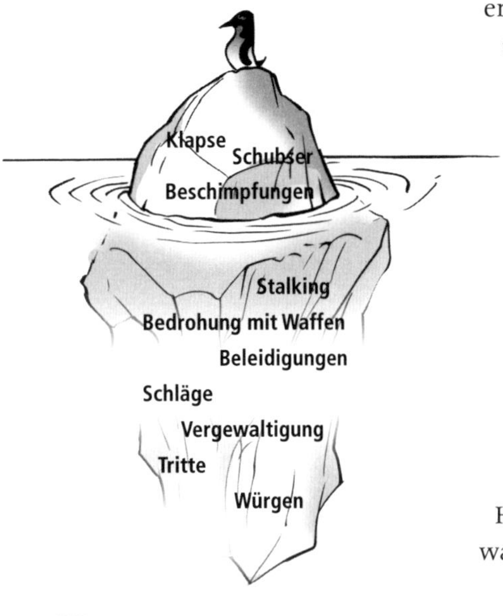

Michelle wusste nicht, was sie tun sollte. Sie war völlig geschockt. Die Sache war so schlimm für sie, dass sie mit niemandem darüber sprach – nicht mit ihrer Mutter und auch nicht mit ihrer besten Freundin. Sie hoffte, dass es nie wieder passieren würde. Eine Woche später war sie verheiratet. Jetzt saß sie in der Falle. In den nächsten Jahren wurde Justin immer gewalttätiger. Es dauerte lange, bis Michelle den Mut aufbrachte, ihn zu verlassen.

So etwas kommt leider viel zu oft vor. Aber was, wenn dir das auch passiert? Nimm es auf keinen Fall hin! Denk bloß nicht, dass Jungs nun mal so sind! Das stimmt nicht!

Schlechte Beziehungen sollte man immer abbrechen. Dabei sollte man allerdings überlegt vorgehen. Cheri ist das leider nicht gelungen:

Jamal hatte Cheri ständig beleidigt und zum Weinen gebracht. Sie wusste, dass sie sich von ihm trennen musste. Sie ging zu ihm, als er allein im Haus seiner Eltern war, um ihm seine Sachen zurückzugeben. Er wusste sofort, warum sie gekommen war. Jamal riss die Tür auf, packte sie an den Haaren, drückte sie gegen die Wand und beschimpfte sie aufs Übelste. Sie hatte panische Angst.

Cheri hat gleich mehrere Fehler gemacht:

- Sie ging allein zu Jamal.
- Sie traf sich nicht in der Öffentlichkeit mit ihm.
- Sie erkannte nicht, wozu er fähig war.

Aber wie macht man es richtig? Devon konnte das Verhalten von Crystal nicht mehr ertragen. Sie war besitzergreifend und eifersüchtig. Ständig machte sie ihm irgendwelche Vorwürfe. Wenn er sich verteidigen wollte, flippte sie komplett aus. Devon erzählte seinen Freunden und seiner Familie, wie schlecht Crystal ihn behandelte. Dann rief er sie an und sagte ihr, dass es aus und vorbei ist. Er forderte sie auf, ihn nicht anzurufen und sich von ihm fernzuhalten. Das war sehr schwer für ihn. Er musste immer wieder daran denken, wie schön es am Anfang mit Crystal gewesen war. Doch: Seine Freunde und seine Familie halfen ihm, über die Trennung hinwegzukommen.

Devon hatte einen guten Plan für die Trennung:

- Er sagte es Crystal am Telefon.
- Er sprach mit seinen Freunden und seiner Familie über seine Beziehung.
- Er suchte sich Hilfe, um nach der Trennung besser mit seinen Gefühlen klarzukommen.

Sechs Leitlinien für cleveres Dating

Hier kommen sechs Leitlinien für gute Beziehungen. Sie stammen von anderen Teenagern. Sie helfen dir, deinen Freund oder deine Freundin nicht zu deinem alleinigen Lebenszentrum zu machen. Und: Sie sorgen dafür sorgen, dass deine Beziehungen rundum glücklich sind.

1. Fang nicht zu früh mit Dates und Beziehungen an

Was haben fast alle Teenager, die sehr früh eine Beziehung angefangen haben, gemeinsam? Früher oder später bedauern sie, dass sie nicht noch ein bisschen damit gewartet haben. Wer zu jung ist, hat fast immer Probleme: Er wird ausgenutzt, hat zu früh Sex oder weiß nicht, wie er die Beziehung beenden soll.

2. Verabrede dich mit Leuten in deinem Alter

Natürlich kann es cool sein, mit jemandem zu gehen, der einige Jahre älter ist. Aber oft läuft das gründlich schief. Ich kann dir gar nicht sagen, wie oft ich schon Geschichten wie die folgende gehört habe:

> Meine erste ernsthafte Beziehung hatte ich, als ich in der sechsten Klasse war. Ich weiß gar nicht mehr, was ich an ihm so toll fand. Aber plötzlich war ich bis über beide Ohren verliebt. Ich glaube, ich fand es einfach

cool, dass sich ein älterer Junge für mich interessierte. Doch er schrieb mir ständig vor, was ich machen sollte. Er wollte nicht, dass ich irgendwas mit meinen Freundinnen unternahm oder mich mit anderen Jungs unterhielt. Es dauerte lange, bis mir klar wurde, dass das nicht normal war. Ich hatte Angst vor ihm. Auch wusste ich nicht, mit wem ich darüber sprechen konnte. Ich habe fast ein Jahr gebraucht, um diese Beziehung endlich zu beenden.

3. Binde dich nicht zu früh

Der Traum von der großen Liebe scheint uns allen im Blut zu liegen. Wir wünschen uns, den Richtigen oder die Richtige zu finden und dann bis ans Ende unserer Tage glücklich miteinander zu sein. Deshalb verlieben wir uns leider oft Hals über Kopf und gehen viel zu schnell Beziehungen ein. Doch so wecken wir Erwartungen und verbauen uns andere Beziehungen. Lass dir Zeit damit, einen Freund oder eine Freundin zu finden. Verabrede dich lieber erst mal mit verschiedenen Leuten. Leg dich nicht zu früh fest. Genieß deine Tage als Single, solange du kannst!

4. Geh in einer Gruppe weg

Mit mehreren Leuten wegzugehen, hat viele Vorteile. Es macht meistens mehr Spaß. Und: Die Erwartungen sind nicht so hoch. Diese Erfahrung hat auch Aaron, der in die elfte Klasse geht, gemacht:

Mein bester Freund und ich verabreden uns immer zu Doppel-Dates. Wir haben nur ein einziges Mal Schwierigkeiten gehabt. Jener Abend fing eigentlich ganz normal an. Wir holten die beiden Mädels ab und fuhren ins Bowlingcenter. Wir hatten viel Spaß. Aber dann wurde es ein bisschen haarig. Das Mädchen, mit dem Chris sich verabredet hatte, setzte sich auf seinen Schoß. Prompt setzte das andere Mädchen sich auf meinen Schoß. Da weder Chris noch ich Interesse an einer festen Beziehung hatten, fühlten wir uns damit gar nicht gut. Nachdem wir mit dem Bowlen dran waren, setzten Chris und ich uns einfach an einen kleinen Tisch. Das funktionierte perfekt. Wir fühlten uns beide so viel wohler. Zudem konnten wir den Mädchen dadurch die Peinlichkeit einer direkten Zurückweisung ersparen.

5. Setz klare Grenzen

Entscheide dich jetzt, mit welchen Leuten du dich verabreden willst und mit welchen nicht. Überleg dir auch, wie weit du gehen willst und was du nicht willst. Lass dich von niemandem davon abbringen. Wenn du nicht von vornherein klar festlegst, wo deine Grenzen liegen, werden vielleicht Dinge passieren, die du eigentlich nicht willst.

Der beste Schutz vor einem gebrochenen Herzen, übergroßen Erwartungen, ungewollter Schwangerschaft und unerwünschter Annäherung sind deine ganz persönlichen Grenzen. Die Faustregel lautet: Verabrede dich nur mit Leuten, die deine Grenzen respektieren! Entschuldige dich nie dafür, dass du feste Grenzen hast. Und mach auch nie einem anderen zuliebe Abstriche. Hier sind einige Dating-Grundsätze von anderen Teenagern:

- Immer in **Gruppen weggehen**.
- Sich nur mit Leuten verabreden, die einen **guten Ruf** haben.
- **Gefährlichen Situationen** – wie sich betrinken oder bekiffen – aus dem Weg gehen.
- Meine **Kleidung komplett anbehalten**.

Denk dran:
Falls du keine Grenzen setzt, bist du ganz schnell willenlos!

6. Einen genauen Plan haben

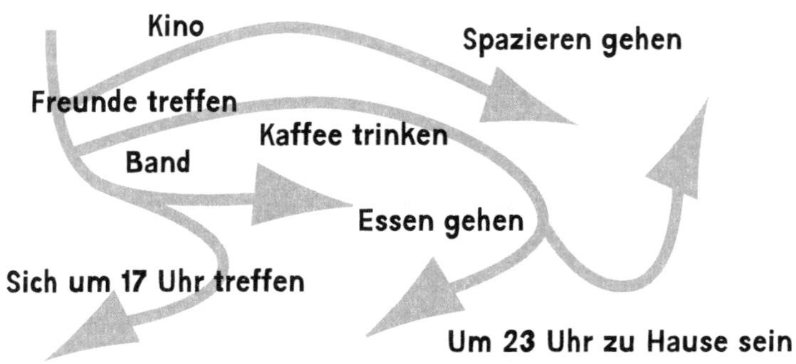

Metta, die 16 Jahre alt ist, hat mir folgende Geschichte erzählt:

> Eins sag ich euch, Jungs: Wenn ihr ein Mädchen beeindrucken wollt, müsst ihr euch schon anstrengen! Ich hatte letzte Woche eine total lahme Verabredung. AJ hatte mich gefragt, ob ich mit ihm und ein paar anderen Leuten zum Bowling gehen wollte. Das hörte sich nach viel Spaß an, und ich freute mich total drauf. Als AJ dann endlich mit den anderen kam, um mich abzuholen, war er fast eine Stunde zu spät dran. Das fand ich echt ätzend. Im Bowlingcenter mussten wir dann ewig auf eine freie Bahn warten. Nach dem Bowlen fuhren wir zu AJ nach Hause, wo er zusammen mit den anderen Jungs zwei Stunden lang vor dem Computer saß. Wir Mädchen saßen nur rum und langweilten uns. Was für eine Zeitverschwendung! Ich brauche wohl nicht zu sagen, dass ich mich nie wieder mit AJ verabreden werde ...

Wenn du mit jemandem ausgehst, brauchst du einen Plan und auch einen Plan B für den Fall, dass es nicht so läuft wie gedacht. Die gute Nachricht? Für gemeinsame Unternehmungen, die echt Spaß machen, braucht man nicht mal viel Geld. Hier kommen einige Ideen für tolle Dates:

Gute Ideen für tolle Dates

- Zusammen Kekse oder Kuchen backen und alles mit Freunden essen.
- Mit mehreren Freunden oder der Familie Brettspiele spielen.
- Gemeinsam zum Schwimmen gehen.
- Popcorn machen und sich gemeinsam seine Lieblingsfilme ansehen.
- Ein Picknick veranstalten.
- Sich ein Theaterstück ansehen und danach Eis essen.
- Minigolf spielen.
- In ein Museum gehen.
- Ein Konzert besuchen oder selbst Musik machen.
- Eine Radtour unternehmen.
- Gemeinsam durch die Fußgängerzone bummeln.
- Eine Karaoke-Party veranstalten.
- An einen See fahren, schwimmen und Marshmallows grillen.
- Sich in Teams aufteilen, die jeweils einen kurzen Film drehen. Dann alle Filme gemeinsam ansehen. Der beste bekommt einen Preis!
- Eine Schnitzeljagd machen.
- Sich ein Fernrohr leihen und die Sterne beobachten.

Die vier größten Mythen über Sex

Was sind Mythen? Mythen sind Ansichten, die weit verbreitet sind. Allerdings entsprechen sie deshalb noch lange nicht der Wahrheit. Hier drei Beispiele:

MYTHOS: Von Schokolade bekommt man Akne.

Tatsache: Dafür gibt es keinerlei Beweise.

MYTHOS: Drei Hornissenstiche können einen Menschen töten.

Tatsache: Hornissenstiche sind nicht gefährlicher als Wespenstiche. Zudem sind Hornissen längst nicht so angriffslustig, wie immer behauptet wird.

MYTHOS: Es dauert sieben Jahre, bis ein Kaugummi, den man verschluckt hat, verdaut wird.

Tatsache: Kaugummi ist zwar größtenteils unverdaulich, durchläuft unser Verdauungssystem aber genauso schnell wie alles andere, was wir essen.

Auch im Zusammenhang mit Sex gibt es jede Menge Mythen. Deshalb werden wir jetzt über die vier größten Sex-Mythen sprechen. Bitte mach zuvor das folgende Quiz. Dann kannst du ganz schnell sehen, wie viel du über dieses Thema weißt. Die Antworten auf die Fragen bekommst du dann nach und nach.

Was du schon immer über Sex wissen wolltest ...

1. Fast alle Schüler über 14 haben Sex.
Richtig ___ Falsch ___

2. Jedes Jahr bekommt einer von _____ sexuell aktiven Teenagern eine sexuell übertragbare Krankheit.
a) 1000
b) 100
c) 50
d) 4

3. Je jünger jemand ist, wenn er mit dem Sex anfängt, desto größer ist die Gefahr, dass er eine sexuell übertragbare Krankheit bekommt. Richtig ___ Falsch ___

4. Bei sexuell übertragbaren Krankheiten gibt es Anzeichen, die man auf Anhieb erkennen kann.
Richtig ___ Falsch ___

5. Mit sexuell übertragbaren Krankheiten kann man sich auch durch Oralsex anstecken. Richtig ___ Falsch ___

6. Mädchen können schon beim ersten Mal, wenn sie mit einem Jungen schlafen, schwanger werden.
Richtig ___ Falsch ___

7. Wie hoch ist der Prozentsatz der Jungen, die ein Mädchen heiraten, wenn es ein Kind von ihnen bekommt?
a) 100 Prozent
b) 50 Prozent
c) 20 Prozent
d) 10 Prozent

8. Rund 10 Prozent der Jugendlichen, die schon Sex hatten, wünschen sich, sie hätten damit gewartet.
Richtig ___ Falsch ___

MYTHOS 1: Das macht doch jeder!
Tatsache: Das macht nicht jeder!

Antwort auf Frage 1: Falsch

Die Gen Y fängt später mit dem Sex an. Der Anteil der Jugendlichen, die schon sehr früh Sex haben, sinkt.

Manche Teenager haben schon sehr früh Sex. Sie glauben, dass das alle machen. Aber das stimmt nicht. Aktuelle Studien belegen: Die Gen Y fängt später mit dem Sex an als die Generationen davor. Der Anteil der Jugendlichen, die schon sehr früh Sex haben, geht immer weiter zurück. Teenager sind in Sachen Sex vorsichtiger als in der Vergangenheit. Hast du beschlossen, mit dem Sex noch zu warten? Oder hattest du schon Sex, möchtest damit aber vorerst nicht weitermachen? Dann kannst du aufatmen: Du liegst voll im Trend!

MYTHOS 2: Unser Sexualtrieb ist so stark, dass wir ihn nicht beherrschen können
Tatsache: Wir können unsere Triebe beherrschen

Wir Menschen sind ganz erstaunliche Wesen. Mein Freund Erik Weihenmayer hat den Mount Everest bestiegen, obwohl er blind ist! Das beweist: Der menschliche Geist kann unglaubliche Dinge leisten! Deshalb wird mir immer ganz schlecht, wenn jemand sagt: »Teenager haben Sex, weil sie ihre Hormone nicht kontrollieren können.« Wir haben die Freiheit, zu wählen. Das zeigen auch die beiden folgenden Geschichten:

Craig: Es gibt Jungs, die noch keinen Sex haben wollen! Ich gehöre auch dazu. Meine Ex-Freundin wollte es, aber ich nicht. Vielleicht dachte sie, ich würde dann bei ihr bleiben. Damals hat mich das wirklich fertiggemacht. Ich mochte sie. Aber ich wollte mich einfach noch nicht

auf eine engere Beziehung einlassen. Neulich hat sie mir gesagt, dass ich von allen Jungs, mit denen sie bisher zusammen war, der einzige bin, der die Mädchen nicht einfach nur ausnutzen wollte. Sie meinte auch, dass sie sich wünscht, dass sie noch mit mir zusammen wäre.

Ray: Ich bin jetzt seit ungefähr einem halben Jahr mit meiner Freundin zusammen. Gleich am Anfang habe ich ihr gesagt, dass ich noch keinen Sex will. Sie respektiert das. Ich muss allerdings zugeben, dass es mir manchmal schwerfällt ... Aber dann sage ich mir immer wieder: »Ich kann warten!« Ihr könnt mir glauben: Ich verbringe viel Zeit damit, mir diese drei Worte vorzubeten, aber es funktioniert.

Die beiden Geschichten zeigen: Wir müssen nicht wie ferngesteuert auf das reagieren, was uns passiert. Zwischen dem Reiz und unserer Reaktion gibt es einen Raum. Dort liegt unsere Freiheit, zu wählen. Genau das bedeutet Pro-Aktivität.

Craig und Ray schafften es, die Versprechen zu halten, die sie sich selbst gegeben hatten. Dabei nutzten sie die vier menschlichen Turbo-

Werkzeuge: Selbstwahrnehmung, Gewissen, Vorstellungskraft und freier Wille.

- **Selbstwahrnehmung:** Ich kann auf Abstand zu mir selbst gehen. So kann ich meine Gedanken und Handlungen aus der Adlerperspektive betrachten und beurteilen.
- **Gewissen:** Meine innere Stimme hilft mir, das zu tun, was gut und richtig für mich ist.
- **Vorstellungskraft:** Ich bin in der Lage, mir die Konsequenzen meiner Handlungen klar vorstellen.
- **Freier Wille:** Ich habe die Freiheit, selbst zu entscheiden, wie ich handeln will.

Alles unter Kontrolle?!

Unser Sexualtrieb zeichnet sich durch drei Dinge aus: Er ist erstens stark, zweitens dauerhaft und drittens gut. Ohne ihn würde keiner eine Familie gründen wollen, sodass die Welt bald menschenleer wäre. Wir sollten ihn allerdings zur richtigen Zeit und mit dem richtigen Menschen ausleben. Dazu müssen wir unseren Sexualtrieb unter Kontrolle bringen. Das ist wie bei allen anderen Trieben auch. Überleg mal: Was würde passieren, wenn du jedem Drang einfach nachgeben würdest? Wenn du auf jemanden wütend wärst, würdest du ihm einfach eine reinhauen. Wenn du gern ausschlafen würdest, würdest du die Schule schwänzen und bis zum Mittagessen im Bett bleiben. Wenn ich meinen Trieben freien Lauf lassen würde, würde ich mindestens 200 Kilo wiegen! Ich will aber keine 200 Kilo wiegen. Deshalb muss ich mich beim Essen beherrschen – auch wenn es mir noch so schwerfällt!

Genauso ist es mit dem Sex. Man braucht ein bisschen Disziplin. Aber letztlich lohnt es sich. Der Wirtschaftsphilosoph Jim Rohn sagt: »Wir leiden alle unter dem Schmerz der Disziplin oder unter dem Schmerz der Reue. Der Unterschied ist nur, dass Disziplin längst nicht so wehtut wie Reue.«

Ja, Sexualität ist ein wichtiger Bestandteil unseres Lebens. Aber sie ist nicht der Kern unserer Existenz – auch wenn viele uns das einreden wollen! Ich finde nicht, dass es unmöglich ist, mit dem Sex eine Weile zu warten. Millionen von Jugendlichen auf der ganzen Welt haben damit gewartet und tun es noch. Das beweist: Unsere Selbstbeherrschung ist stärker als unsere Hormone!

MYTHOS 3: Safer Sex ist sicher
Tatsache: Sicheren Sex gibt es nicht!

Meine größte Angst ist, von einem Bären zerfleischt zu werden. Seit ich denken kann, fährt meine Familie jeden Sommer zur Hütte meiner Großeltern in der Nähe des Yellowstone Park. Dort gibt es viele Bären. Deshalb habe ich immer Angst, dass mich einer angreifen könnte. Ich habe mir sogar mehrere Bücher darüber gekauft, wie man den Angriff eines Bären richtig abwehren kann. Jetzt kennst du meine geheimste Angst. Was ist deine? Vom Blitz getroffen zu werden? Mit einem Flugzeug abzustürzen? Es ist immer gut, seine Ängste realistisch einzuschätzen. Genau das hat David Ropeik für das Harvard Center for Risk Analysis gemacht. Hier die Ergebnisse:

Große Ängste und das tatsächliche Risiko

ANGST	TATSÄCHLICHES RISIKO
Tödlicher Haiangriff	1 zu 280 Millionen
Tödlicher Angriff mit Milzbranderregern	1 zu 57 Millionen
Tödlicher Flugzeugabsturz	1 zu 3 Millionen

Von einem Killer erschossen zu werden	1 zu 517 000
Seinen Job zu verlieren	1 zu 252
Einbruch in sein Haus	1 zu 181
Krebs zu bekommen	1 zu 7
Sich mit einer sexuell übertragbaren Krankheit anzustecken	1 zu 4
Ein Herzleiden zu bekommen	1 zu 4
Als Raucher an einer Krankheit, die vom Tabak ausgelöst wird, zu sterben	1 zu 2

Die Tabelle zeigt:

Wenn du ein sexuell aktiver Teenager bist, liegt die Gefahr, dass du dir in diesem Jahr eine sexuell übertragbare Krankheit einfängst, bei 1:4.

Das ist erschreckend! Noch schlimmer ist das Ergebnis einer anderen Studie: Schätzungsweise die Hälfte der jungen Amerikaner, die sexuell aktiv sind, wird sich bis zum Alter von 25 Jahren an einer sexuell übertragbaren Krankheit anstecken. *Jeder Zweite!*

Denkst du jetzt, dass ich einer dieser verkrampften Erwachsenen bin, die dich unbedingt vom Sex abhalten wollen? Dann sag ich noch mal: Sex an sich ist weder schlecht noch falsch. Zur richtigen Zeit und mit dem richtigen Partner ist er eine

Antwort auf Frage 2

Jedes Jahr holt sich einer von vier sexuell aktiven Teenagern eine sexuell übertragbare Krankheit.

wundervolle Sache. Zur falschen Zeit und mit dem falschen Partner ist Sex jedoch alles andere als gut!

Die ganze Wahrheit

1950 gab es zwei verbreitete Arten sexuell übertragbarer Krankheiten. Heute gibt es über 25. Die Auswirkungen dieser sexuell übertragbaren Krankheiten sind so hässlich wie ihre Namen: Tripper, Syphilis, Chlamydieninfektionen, Herpes genitalis – brrrr! Diese Krankheiten können Gebärmutterhalskrebs, Genitalwarzen, Sterilität oder Unfruchtbarkeit hervorrufen. Manche führen sogar zum Tod! Je jünger du bist, desto anfälliger ist dein Körper für eine Ansteckung. Teenager haben noch nicht so viele Antikörper, die Infektionen bekämpfen, wie Erwachsene.

Das hört sich extrem an. Mich hat es auch sehr betroffen gemacht. Du musst die Fakten aber kennen. Deshalb kommen hier Informationen über vier besonders schlimme sexuell übertragbare Krankheiten.

Herpes: Herpes ist UNHEILBAR – und sehr gefährlich. Die schmerzhaften Symptome kommen und gehen. Doch das Virus bleibt für immer im Körper. Dort kann es lange Zeit schlummern, bis irgendwas – zum Beispiel Stress – es ausbrechen lässt. Dann verursacht das Virus schmerzhafte Bläschen, Knoten und Geschwüre im Mund- oder Genitalbereich. Was für eine ekelhafte Krankheit! Selbst wenn Herpes acht Jahre oder noch länger inaktiv ist, kann man seine Sexualpartner damit anstecken.

Herpes ist extrem schmerzhaft und erniedrigend. Mütter, die damit infiziert sind, können Babys mit einem Hirnschaden oder körperlichen Missbildungen zur Welt bringen. Erkrankte berichten, dass sie sich wie Aussätzige fühlen, die die Folgen eines sexuellen Abenteuers ihr ganzes Leben lang bereuen müssen.

»Ich dachte, sie würde gleich beim ersten Date mit mir schlafen, weil sie mich mochte«, sagt Allen. »Aber sie wollte nur überall herumtratschen, dass sie es mit mir gemacht hatte. Ich würde sie so gern vergessen. Aber das geht leider nicht. Ich muss für den Rest meines Lebens jeder Frau, in die ich mich verliebe, sagen, dass ich eine der schlimmsten sexuell übertragbaren Krankheiten habe: Herpes simplex 2. Dafür gibt es kein Heilmittel. Ich bekomme immer wieder Ausschläge und Bläschen im Genitalbereich. Ich frage mich, ob überhaupt eine Frau mit mir zusammen sein will, wenn sie weiß, wie krank ich bin. Ich bin so wütend auf das Mädchen, das mich angesteckt hat. Ich dachte, nach dem Sex würde ich mich wirklich gut fühlen. Aber jetzt fühle ich mich nur noch total mies. Wie konnte ich nur so dumm sein!«

Antwort auf Frage 3: Richtig

Je jünger du bist, desto anfälliger bist du für sexuell übertragbare Krankheiten.

Infektionen mit dem **Human Papilloma Virus (HPV)**: Das ist die am meisten verbreitete sexuell übertragbare Krankheit. Dr. Meeker ist eine Ärztin, die sich auf die Behandlung von Jugendlichen mit sexuell übertragbaren Krankheiten spezialisiert hat. Immer wieder fragt sie Teens, ob man von Sex Krebs bekommen kann. Die Antwort ist meist schallendes Gelächter. »Krebs? Vom Sex?! Davon kann man doch keinen Krebs bekommen.« Leider doch! HPV-Infektionen sind die zweithäufigste Ursache der Todesfälle durch Krebs bei Frauen. Das HPV richtet Schäden in den inneren Organen an, die sich häufig erst nach Jahren bemerkbar machen. Es ruft zudem Genitalwarzen bei Männern und Frauen hervor. Die Warzen können sehr groß und schmerzhaft werden. Sie müssen entweder medikamentös behandelt oder operativ entfernt werden. Eine HPV-Infektion kann zwar behandelt werden, ist aber wie Herpes **UNHEILBAR**. Man hat sie sein ganzes Leben lang!

Antwort auf Frage 4: Falsch

Sexuell übertragbare Krankheiten können oft jahrelang ohne jegliche äußere Anzeichen im Körper ruhen.

HIV und AIDS: die tödlichste sexuell übertragbare Krankheit.

Mark schreibt: »Man hört und liest ja ständig was von AIDS. Ich dachte immer, es würde nie jemanden treffen, den ich kenne. Dann

bekam die beste Freundin meiner Schwester AIDS. Sie war so ein tolles Mädchen – und jetzt das … Ich habe sie gefragt, wie sie sich mit dem HIV-Virus angesteckt hat. Rate mal, was sie gesagt hat? ›Ich habe jemandem vertraut.‹ Vielleicht wusste der Junge gar nicht, dass er es hatte. Aber das ist für sie auch nicht mehr wichtig – inzwischen ist sie gestorben.« Natürlich gibt es heute wesentlich bessere Medikamente gegen HIV und AIDS als früher. Dennoch ist AIDS nach wie vor die mit Abstand tödlichste sexuell übertragbare Krankheit. Man kann sich mit dem HIV-Virus anstecken, wenn man mit Blut, Sperma, Scheidensekreten oder Muttermilch in Kontakt kommt. Und: Man kann sich nicht nur durch homosexuelle Aktivitäten infizieren, sondern auch durch heterosexuelle. Inzwischen erfolgen 80 Prozent der Ansteckungen durch Sexualkontakte – nicht durch Drogenspritzen oder verunreinigtes Blut.

Syphilis: die sexuell übertragbare Krankheit, an der schon Babys sterben. Syphilis breitet sich weiter aus. Viele Teenager, die Syphilis haben, wissen es gar nicht. Babys können sich bereits im Mutterleib damit anstecken. Wird die Mutter nicht behandelt, kommt es in 20 Prozent der Fälle zu einer Früh- oder Totgeburt. 25 Prozent der Babys sterben kurz nach der Geburt, und 33 Prozent leiden an einem dauerhaften Hirnschaden oder einer körperlichen Missbildung.

Ganz neue Erkenntnisse

»Wenn ich immer ein Kondom benutze, bekomme ich keine sexuell übertragbare Krankheit!« Dieses Argument hört man oft. Doch so einfach ist die Sache leider nicht! Experten sagen, dass Kondome keine absolute Sicherheit bieten. Sie machen Sex nur ungefährlicher. Das liegt vor allem daran, dass manche Krankheiten durch Hautkontakt im Genitalbereich übertragen werden, und hier bringt ein Kondom nicht allzu viel. So bieten Kondome beispielsweise keinen ausreichenden Schutz vor HPV-Infektionen. Dazu kommt, dass Kondome oft nicht richtig benutzt werden, verrutschen oder platzen können. Außerdem sind die meisten Paare trotz aller guten Vorsätze nicht diszipliniert genug, um immer ein Kondom zu verwenden.

Jetzt fragst du dich wahrscheinlich, ob Oralsex sicher ist. Leider nein! Ob Tripper, Syphilis, Herpes, HIV oder Chlamydien: Auch bei Oralsex kann man sich mit schlimmen Krankheiten anstecken und sie auch an andere weitergeben. Befürchtest du, dass du eine sexuell übertragbare Krankheit hast? Dann geh bitte sofort zum Arzt und lass dich untersuchen. Je eher eine Krankheit entdeckt wird, desto besser kann man sie behandeln.

Wer hätte das gedacht?

Antwort auf Frage 5: Richtig

Auch bei Oralsex kann man sich mit einer sexuell übertragbaren Krankheit anstecken.

Verhütungsmittel können versagen – das kommt sogar ziemlich oft vor. Deshalb werden jedes Jahr Millionen von jungen Mädchen auf der ganzen Welt ungewollt schwanger. Sobald du sexuell aktiv bist, besteht die Gefahr, dass du schwanger wirst oder ein Kind zeugst. Das kann auch passieren, wenn du auf guten Schutz achtest. Nur ein einziges Mal genügt. Ich kenne ein junges Mädchen, das die Zulassung zum Musikstudium an einer der besten Universitäten bekam. Doch ausgerechnet an diesem Tag erfuhr es, dass es schwanger war. Es hatte nur ein einziges Mal mit seinem Freund geschlafen, doch das reichte. An ein Studium war so nicht zu denken.

An alle Mädchen: Nicht du und dein Freund bekommt ein Baby – nur du bist schwanger! Eine Schwangerschaft wird dein Leben für immer verändern. Jerusha hat mit 16 ein Kind bekommen. Sie hat mir erzählt, wie ein ganz normaler Tag an einer Schule für Mütter im Teenageralter aussieht:

Manche waren gerade erst schwanger geworden, andere standen kurz vor der Geburt, wieder andere hatten ein- oder zweijährige Kinder. Zuerst hat mich das sehr abgelenkt, denn ich saß ja zusammen mit diesen Mädchen und ihren Babys im Unterricht. Es kam vor, dass mitten in einer Klassenarbeit vier oder fünf Babys brüllten.

Ein typischer Tag sah für mich und meine kleine Kristin so aus:

6.30 Uhr: Ich stand auf und machte mich fertig.

7.00 Uhr: Ich holte Kristin aus dem Bett, fütterte sie, badete und kämmte sie, zog sie an, machte für uns beide etwas fürs Mittagessen fertig und packte die Windeltasche.

8.00 Uhr: Ich machte mich auf den Weg zur Schule.

8.15 Uhr: Ich gab Kristin in der Krippe ab. Sie weinte oft und wollte mich nicht gehen lassen. Ich habe dann auch oft geweint, weil es mir so schwerfiel, sie dort zurückzulassen.

8.30 Uhr: Die Schule fing an. Ich versuchte, gut aufzupassen, musste aber ständig an Kristin denken. Wie ging es ihr wohl ohne mich? Ich wurde oft aus der Klasse gerufen, um sie zu wickeln. Danach musste ich sie wieder schreiend zurücklassen. Das war schrecklich für mich.

12.00 Uhr: Ich musste mich beeilen, um Kristin pünktlich abzuholen und in ihrem Hochstuhl zu füttern. Danach musste ich sie waschen, weil sie so viel ausspuckte. Wenn ich Glück hatte, konnte ich auch noch kurz was essen. Dann musste ich Kristin in die Krippe zurückbringen – alles in nur einer halben Stunde! Wenn ich ging, dann brüllte sie wieder wie am Spieß.

Und das ist erst die Hälfte von Jerushas Tag!!!

Antwort auf Frage 6: Richtig

Mädchen können schon beim ersten Mal, wenn sie mit einem Jungen schlafen, schwanger werden.

An alle Jungs: Wenn ihr ein Mädchen schwängert und es das Kind bekommt, seid ihr plötzlich Vater! Es ist euer Kind, ob ihr das Mädchen nun heiratet oder nicht. Vielleicht sorgt ihr für das Kind oder ihr kümmert euch nicht darum: So oder so – ihr seid diesem Kind euer ganzes Leben lang verpflichtet! Seid ihr wirklich schon bereit, Vater zu werden und für den Rest eures Lebens Verantwortung für ein Kind zu übernehmen?

Für Dylan hatte eine ungeplante Schwangerschaft schwerwiegende Folgen:

Ich erinnere mich noch genau an den Tag, als meine Freundin mir sagte, dass sie schwanger war. Von einem Augenblick zum anderen hatte ich kein sorgenfreies Leben mehr, sondern jede Menge Probleme. Versteht mich nicht falsch – ich würde meine Tochter um nichts auf der Welt hergeben! Aber wenn meine Freunde sich treffen und gemeinsam etwas unternehmen, muss ich arbeiten. Ich muss Geld verdienen, um für mein Kind zu sorgen. Sex zu haben, gab mir früher das Gefühl, erwachsen zu sein. Heute weiß ich: Sich erwachsen zu fühlen, ist etwas ganz anderes, als wirklich erwachsen zu sein. Ich lerne gerade erst, was es bedeutet, für andere Menschen verantwortlich zu sein.

Was ist mit Liebeskummer und Herzschmerz?

Bisher haben wir nur über die körperlichen Risiken gesprochen, die mit Sex verbunden sind. Aber was ist mit Liebeskummer, Herzschmerz, Reue, Schuldgefühlen oder Depressionen? Wir Menschen bestehen nicht nur aus unserem Körper. Wir haben auch Herz, Verstand und Seele. Diese vier Bereiche machen einen Menschen erst aus. Wenn ein Bereich aus dem Gleichgewicht gerät, hat das Folgen für alle anderen.

Sex gehört natürlich in den körperlichen Bereich. Er hat aber auch Auswirkungen auf dein Herz, deinen Verstand und deine Seele – das gilt auch, wenn du es gar nicht willst.

MYTHOS 4: Sex ist keine bedeutende Sache
Tatsache: Sex ist eine total wichtige Sache!

Antwort auf Frage 7: 20 Prozent

Nur 20 Prozent der Jungs, die ein Mädchen schwängern, heiraten es.

Viele glauben: Sex ist keine große Sache. Kein Wunder. Viele Medien stellen Sex als Ware dar, die man kaufen, verkaufen und mieten kann. Manche Leute behaupten, dass alles, was du im Internet, im Fernsehen oder im Kino siehst, dich nicht beeinflussen würde. Wieso geben die Unternehmen dann Unsummen für Werbung aus? Ein kurzer Spot kann dich dazu bringen, dein Shampoo zu wechseln. Was ist dann mit den unzähligen Anspielungen auf Sex, die in deiner Teenagerzeit auf dich einprasseln? Ob bewusst oder unbewusst: Sie haben großen Einfluss auf dich!

Im Film machen es alle – meistens gleich beim ersten Date. Wenn du das immer wieder siehst, wirst du langsam glauben, dass es nun mal so läuft. Aber: Wann hast du zum letzten Mal einen Film gesehen, in dem ein Paar miteinander schlief und das dann bereut hat? Das wird so gut wie nie gezeigt. Denn das ist weder lustig noch romantisch. Die Medien wollen uns einreden, dass Sex keine große Sache ist. Doch das ist eine Lüge!

Macht Sex ohne Liebe auf Dauer glücklich?

Sex ohne Liebe und Nähe bedeutet, dass man den Körper eines anderen Menschen nur für sein eigenes Vergnügen benutzt. Verantwortung für den anderen will man allerdings nicht übernehmen. Sicher, das geht schnell und leicht. Aber macht das auf Dauer wirklich glücklich? Überleg dir, ob du dir solche oberflächlichen, oft schmerzlichen und völlig überflüssigen Erfahrungen nicht besser ersparen willst.

Depressionen: Auch eine sexuell übertragbare Krankheit

Ich wollte gern wissen, was ein Mediziner zu den emotionalen Auswirkungen von Sex zu sagen hat. Dr. Meeker, eine Ärztin, die schon Tausende von Jugendlichen behandelt hat, ist überzeugt: Sex kann bei Teenagern zu schweren emotionalen Problemen führen. Deshalb zählt sie auch Depressionen zu den sexuell übertragbaren Krankheiten. Sie schreibt:

»Unzählige Jungs behaupten, dass Sex viel Spaß macht. Unter vier Augen gestehen sie jedoch, dass sie nach einem sexuellen Erlebnis ihre Selbstachtung verlieren. Sie prahlen zwar mit ihren sexuellen Eroberungen und haben scheinbar mehr Selbstvertrauen gewonnen. Doch sie geben oft zu, dass sich etwas geändert hat, seit sie Sex haben. Ihre Selbstachtung ist gesunken, weil sie mit jemandem, der ihnen nichts bedeutet, intim waren.

Bei Mädchen kommt es oft zu einem noch größeren Verlust an Selbstachtung. Viele schlafen mit einem Jungen, der ihnen wirklich wichtig ist. Doch er will vielleicht nur Sex. Das ist dann eine sehr schlimme Erfahrung.«

In einem Artikel in der *Newsweek* schildert ein Junge, wie ernüchternd seine Erfahrung mit dem berühmten ersten Mal war:

»Wenn die Leute in den Filmen miteinander schlafen, ist das immer so romantisch! Aber es war nicht so, wie ich es erwartet hatte. Es war eine riesige Enttäuschung. Ich wünschte, ich hätte mein erstes Mal mit einem Mädchen teilen können, das ich wirklich liebe!«

Wahre Liebe kann warten

Ich fahre jeden Sommer zum Wasserskilaufen an einen wunderschönen See in den Rocky Mountains. Das Wasser im See ist eiskalt. Deshalb habe ich gelernt, vom Steg aus zu starten. Ich stehe dann auf dem Steg, halte das Seil in der Hand, und das Boot fährt langsam los. Sobald das Seil kaum noch durchhängt, schreie ich: »Gib Gas!«, und das Boot saust los. Wenn das Seil sich dann ganz spannt, gleite ich direkt vom Steg aufs Wasser. Das habe ich sehr oft üben müssen. Ich habe gelernt, was passiert, wenn das Seil noch nicht straff genug ist und ich zu früh loslege: Ich versinke im eisigen Wasser und bekomme kaum noch Luft. Allerdings ist es auch nicht besser, zu lange zu warten: Wenn das Seil zu straff ist und kein Spiel mehr hat, werde ich ruckartig vom Steg katapultiert. Das ist ein Gefühl, als würden mir die Arme ausgerissen. Aber: Wenn das *Timing* genau stimmt, ist alles wunderbar!

Beim Sex ist es ähnlich. Wenn man nicht den richtigen Zeitpunkt erwischt, geht man im eiskalten Wasser unter oder die Arme werden einem ausgerissen. Sobald man es aber zur richtigen Zeit und mit dem richtigen Menschen macht, ist es das wunderbarste Gefühl auf der Welt. Der entscheidende Faktor ist das Timing.

Warten stärkt die Beziehung

Beziehungen entwickeln sich auf zwei verschiedene Arten. Am Anfang steht immer die Anziehung. Sie kann auf ganz unterschiedlichen Dingen beruhen – zum Beispiel auf einem Blick, einer Geste oder dem Klang einer Stimme. Wie es dann mit der Beziehung weitergeht, liegt allein an uns.

Antwort auf Frage 8: Falsch

Knapp 50 Prozent der Teenager, die schon Sex hatten, wünschen sich, dass sie damit noch gewartet hätten.

Der Weg der *selbstsüchtigen Lust* beginnt mit Verliebtheit. Das fühlt sich zuerst vielleicht an wie wirkliche Liebe. In Wahrheit ist sie allerdings nur ein Strohfeuer. Verliebtheit erlischt meist schnell wieder, und wir suchen bald nach einer neuen Flamme. Es kommt zur Intimität, weil sich das gut anfühlt. Man denkt, es sei Liebe. Aber in Wirklichkeit ist es nur Sex. Bei Beziehungen, die allein auf Körperlichkeit beruhen, kommt es früher oder später unweigerlich zur Trennung.

Gute, glückliche Beziehungen sind nur möglich, wenn man den Weg der *selbstlosen Liebe* einschlägt. Der erste Schritt dabei ist Freundschaft: Man lernt jemanden kennen und mögen, unabhängig davon, wie weit man körperlich geht. Allmählich entwickelt sich eine echte Bindung. Langsam versteht man den anderen auf einer tieferen Ebene. Er liegt einem dann wirklich am Herzen. Man kennt seine Hoffnungen und Träume, seine Ängste und Überzeugungen. So entsteht eine intensive, langfristige Beziehung, deren Grundlage echte Zuneigung ist. Und in so einer Beziehung ist dann auch der Sex gut und erfüllend.

Warten bringt Freiheit

Hast du schon mal einen Drachen in der Luft gesehen? Oder hast du selbst einen steigen lassen? Ist dir aufgefallen, dass Drachen durch die Spannung des Seils in der Luft gehalten werden? Wenn man das Seil kappen würde, würde der Drachen sofort abstürzen. Bei der Liebe ist es genauso. Durch Zurückhaltung können wir erreichen, dass die Liebe und die Beziehung lebendig bleiben. Manchmal fragen wir uns ja, warum wir unseren rasenden Hormonen nicht einfach freien Lauf lassen sollten. Die Antwort lautet: Das Warten engt uns nicht ein. Im Gegenteil: Wer mit dem Sex noch warten will, gewinnt durch diese Entscheidung sehr viel Freiheit. Die 15-jährige Maisey hat das so ausgedrückt:

> Ich habe noch keinen Sex. Ich finde, dass ich damit einfach noch warten sollte. Ich will die Freiheit haben, alles zu machen, was ich machen will. Eine meiner Freundinnen hat schon mit einem Jungen geschlafen. Jetzt hat sie Angst, dass sie sich mit HIV oder sonst irgendwas angesteckt haben könnte. Ich habe gesagt: »Oh je! Du bist so jung und hast jetzt so schlimme Sorgen!« Ich will mir deswegen noch keine Sorgen machen müssen. Und ich will auch keine Angst haben, dass ich ein Kind bekommen und mein ganzes Leben dann komplett aus den Fugen geraten könnte.

Über 50 Prozent der Mädchen im Teenageralter, die bereits Sex hatten, sagen: »Eigentlich wollte ich nicht so richtig. Aber es ist dann einfach passiert.« Viele Mädchen werden von ihren Freunden zum Sex oder zu anderen Sachen gedrängt. Vielleicht hast du das auch schon erlebt und wusstest gar nicht, was du sagen sollst? Hier habe ich was für dich! Die folgenden Tipps kommen von der Autorin Kristen Anderson. Sie nennt in ihrem Buch *The Truth about Sex by High School Senior Girls* schlagfertige Antworten auf typische Argumente, die Jungs schon seit ewigen Zeiten nutzen, um Mädchen rumzukriegen. Übrigens: Die Antworten eignen sich auch für Jungs, die von einem Mädchen unter Druck gesetzt werden.

»Warum willst du nicht? Erklär mir das. Ich verstehe das gar nicht!«

> *»Ich will es einfach nicht!« (Das genügt als Erklärung. Mehr musst du nicht sagen.)*

»Vielleicht sollten wir uns trennen und warten, bis du erwachsen bist.«

> *»Vielleicht sollten wir uns trennen und warten, bis* **du** *erwachsen bist.«*

»Von all den Mädchen, die mich mögen, habe ich dich ausgesucht!«

> *»Ich finde, du hast einen sehr guten Geschmack.«*

»Du hast doch schon mal mit jemandem geschlafen. Was ist denn jetzt das Problem?«

»Das Problem ist, dass mir das heute leidtut. Diesmal will ich noch warten!«

»Wenn du mich lieben würdest, würdest du es machen.«

»Wenn du mich lieben würdest, würdest du mich nicht unter Druck setzen.«

Was auch immer passiert: Jemand, der dich wirklich liebt und respektiert, wird dich nicht zu etwas drängen, was du nicht machen willst! Also: Warte – deiner Freiheit zuliebe!

Der Domino-Effekt

Ist bei dir in Sachen Dates und Sex schon einiges schiefgelaufen? Dann sag jetzt bitte nicht: »Ach, ich hab's ja schon verpfuscht. Jetzt ist es auch schon egal, was noch alles passiert …« Das ist der berühmte Domino-Effekt. Aber: Ein einziger Fehler ist nicht so schlimm wie zwei oder drei. Hast du etwas gemacht, das du jetzt bereust? Dann pass auf, dass nicht noch mehr Dominosteine umfallen. Wie? Indem du die Kontrolle übernimmst und nicht noch einen Fehler machst.

Deine Situation wird nicht immer so bleiben, wie sie heute ist. Die Dinge ändern sich, Herzen können heilen und alles kann wieder gut werden.

Andrea hat es geschafft, den Domino-Effekt zu stoppen:

Ich bin schon mit 15 Mutter eines kleinen Mädchens geworden. Wir wohnten in einer winzigen Wohnung und ich musste neben der Schule jobben, um genügend Geld für uns beide zu verdienen. Dennoch nutze ich jede freie Minute, um zu lernen. Schließlich schaffte ich es, mein Abitur zu machen und zu studieren.

Um mein Studium bezahlen zu können, arbeitete ich in einem Café. Meine kleine Tochter war in einer Kinderkrippe. Die Arme bekam von mir abends keine Kinderbücher vorgelesen, sondern die wichtigsten Dramen der englischen Literatur. Irgendwie musste ich mich ja auf meine Kurse vorbereiten!

Inzwischen sind viele Jahre vergangen. Meine kleine Tochter wird bald 14 und ist von Anfang an immer die Beste in der Klasse gewesen.

Eins habe ich gelernt: Wir dürfen es nicht zulassen, dass unser ganzes Leben von einem einzigen Fehler bestimmt wird. Wir stehen immer wieder vor neuen Herausforderungen. Das Leben ist nie so, wie wir es uns wünschen. Aber: Darüber bin ich froh, denn so ist es nie langweilig!

Ich könnte hier noch viele Geschichten von Teens erzählen, die ihr Leben nach einem Fehler wieder in die richtige Spur gebracht haben: Die Geschichte von einem Jungen, der das Mädchen heiratete, das von ihm schwanger war, und ein wunderbarer Vater und Ehemann wurde. Oder die Geschichte von einem Mädchen, das von einem Bett ins andere hüpfte und einen sehr schlechten Ruf bekam, dann aber eine komplette Kehrtwende vollzog und seine Einstellung zu Beziehungen völlig änderte. Auch du hast immer die Chance, deine Fehler wieder gutzumachen. Du kannst in Sachen Sex und Dates eine neue Seite in deinem Lebensbuch aufschlagen und wieder von vorn anfangen.

Der hohe Weg

Es gibt zwei Wege, zwischen denen du wählen kannst. Ich hoffe, du wirst dich für den hohen Weg entscheiden. Bitte geh bei deinen Dates überlegt vor. Betrachte Sex und Intimität als wirklich große Sache. Ich bin sicher, dass du das nie bereuen wirst! Du wirst bestimmt nicht wollen, dass dir jemand das Herz bricht, dass du dich ausgenutzt fühlst oder dass du ein Kind großziehen musst, obwohl du selbst noch ein Kind bist. Sicher willst du deinem künftigen Lebenspartner auch nicht eines Tages beichten: »Ach, ich habe diese merkwürdige sexuelle Krankheit, mit der ich mich in der Oberstufe angesteckt habe. Tut mir echt leid!«

DATING und SEX

HOHER WEG

- Clevere Dates
- Sex als große Sache sehen
- Sich Zeit lassen

NIEDRIGER WEG

- Sich wahllos verabreden
- Sex nur als Spiel sehen
- Gleich mit jedem ins Bett gehen

Triff kluge
Entscheidungen!

Sei vorsichtig mit deinen Küssen und denk daran, dass es sich wirklich lohnt, auf **die Liebe** zu warten.

Kleine Schritte

1. Plane ein Date, das originell ist und wirklich Spaß macht.

2. Schreib fünf gute Gründe dafür auf, mit dem Sex noch zu warten.

3. Erstell eine Liste mit Dingen, die du sagen kannst, wenn jemand unerwünschte Annäherungsversuche macht. Üb sie vor dem Spiegel oder mit deinem grimmigsten Stofftier.

____

____

____

____

4. Stell dir die Person vor, die du eines Tages heiraten wirst. Wie soll sie ihr Leben derzeit führen, insbesondere im Hinblick auf Dates und Sex?

____

____

____

Ich hoffe, dass meine künftige Liebe …

____

____

5. Entscheidung
SÜCHTE

TOP 10

Die wichtigsten Dinge, die du über die Süchte wissen solltest

10. Es gibt auch gute Süchte – zum Beispiel, seine Hausaufgaben rechtzeitig zu machen.
Jason Ormond (16), Orem, Utah

9. Süchte kosten viel Geld, schaden der Gesundheit, zerstören Familien, bringen Menschen um und sind nur schwer wieder loszuwerden.
Joy Wu (16), Singapur

8. Trinken ist KEINE gesellschaftliche Norm.
Muhammad Faiz Rahmat Mordiffi (18), Malaysia

7. Was im Leben zählt, ist das richtige Maß. Alles, was du im Übermaß machst – sogar Sport –, wird dir auf Dauer schaden.
Paul Jones (19), Wales

6. Süchte sind Anzeichen für größere Probleme. Man kann sie nur besiegen, wenn man das wahre Problem aufdeckt und löst.
Martin Palmer (19), Honolulu, Hawaii

5. Wer nach irgendwas süchtig ist, ist ein willenloser Sklave der Sucht.
Shahd Bakir (16), Ramallah, Palästina

4. Sei stark genug, dich von Freunden zu trennen, die dich unter Druck setzen.
Logan Kendell (19), Pocatello, Idaho

3. Rauchen bringt dich und deine Freunde um. Lass es doch einfach – es stinkt!
Aimee Peyton (17), Tacoma, Washington

2. Die Freunde, die du durch eine Sucht gewinnst, mögen dich nur, weil du zu ihrer Sucht gehörst. Sie sind keine wahren Freunde!
Jennifer Hastie (18), Gullane, Schottland

1. Drogen zu nehmen ist nicht toll oder cool. Es ist gefährlich und leichtsinnig – und es wird dein Leben zerstören.
Kanchan Kaicker (15), Gurgaon, Indien

Gleich zu Beginn dieses Kapitels kommen berühmte letzte Worte: Sie stammen von Teenagern, die ihre Sucht mit ihrem Leben bezahlt haben:

Es gibt unzählige Dinge, nach denen man süchtig werden kann: Tabak, Alkohol, Drogen, Medikamente, Essen, Schlaf, Einkaufsorgien, Fernsehen, Videospiele, Surfen im Internet, Sex, Pornographie, Glücksspiele … Manche Süchte sind so schlimm, dass sie deine Urteilsfähigkeit stark beeinträchtigen und dich sogar umbringen können.

Wir leben in einer Gesellschaft, in der Süchte sehr verbreitet sind. Vor allem Alkohol und Drogen greifen immer weiter um sich. Warum sind Süchte so verführerisch und gefährlich? Abgesehen vom Leben selbst ist unsere größte Gabe die *Freiheit zu wählen*. Doch: Wenn man nach irgendwas süchtig wird, gibt man diese Freiheit auf. Man wird zum Sklaven seiner Sucht. Sie bestimmt alles. Wenn sie sagt: »Spring!«, dann springt man. Deshalb ist die Entscheidung, wie du mit dem Thema Sucht umgehen willst, absolut lebenswichtig. Du kannst den hohen Weg gehen und gleich beim ersten Mal deutlich Nein sagen. Du kannst um alle Süchte einen großen Bogen machen, als wären sie die Pest. Du kannst aber auch dem niedrigen Weg folgen. Du kannst dir einreden, dass ein einziges Mal schon nicht schaden wird, und dann süchtig werden.

Es gibt so viele Süchte, dass wir sie hier gar nicht alle besprechen können. Deshalb habe ich mich hier auf die wirklich schlimmen Süchte beschränkt. Die Süchte, die verheerende Folgen haben und sogar zum Tod führen können.

Dieses Kapitel hat drei Teile: Zunächst geht es um **Drei schockierende Tatsachen** über Drogen und ihre verheerenden Auswirkungen. In **Die ganze Wahrheit** versuche ich, deine Fragen zum Thema Drogen offen und ehrlich zu beantworten. In **Das Übel an den Wurzeln packen** erfährst du, wie man Süchten aus dem Weg gehen und sie überwinden kann. Und: Ich werde dir verraten, was die größte Droge des 21. Jahrhunderts ist.

Check-up zum Thema Sucht

Bevor du weiterliest, solltest du erst einmal checken, wie es bei dir beim Thema Sucht und Abhängigkeit aussieht. Also: Leg los und mach gleich den folgenden Test.

Zieh einfach einen Kreis um die passende Ziffer.		**Stimmt nicht!**				**Stimmt total!**
1.	Ich nehme nie Drogen.	1	2	3	4	5
2.	Bei mir gibt es kein zwanghaftes Verhalten – etwa beim Gamen, beim Shoppen, beim Essen, beim Handy-Gebrauch, beim Chatten oder bei Social-Media-Aktivitäten.	1	2	3	4	5
3.	Bei Alkohol, Zigaretten und Drogen treffe ich meine eigenen Entscheidungen und gebe dem Gruppendruck nicht nach.	1	2	3	4	5
4.	In den letzten 30 Tagen habe ich weder Alkohol getrunken noch Zigaretten geraucht noch Drogen konsumiert.	1	2	3	4	5
5.	Ich gehe Situationen aus dem Weg, in denen es zu übermäßigem Alkohol- oder zu Drogenkonsum kommen wird.	1	2	3	4	5
6.	Ich sehe mir keine Pornos im Internet an.	1	2	3	4	5
7.	Ich verbringe meine Freizeit mit Freunden, die genau wie ich nichts mit Drogen am Hut haben.	1	2	3	4	5
8.	Ich unterstütze meine Freunde dabei, die Finger von Alkohol, Drogen, Zigaretten und Co. zu lassen.	1	2	3	4	5
9.	Ich halte meine Freunde davon ab, Auto zu fahren, wenn sie Alkohol getrunken haben.	1	2	3	4	5
10.	Ich leide nicht an Essstörungen.	1	2	3	4	5
	SUMME					

- Zähl jetzt bitte deine Punkte zusammen. Dann weißt du sofort, wie es in Sachen Sucht bei dir aussieht.

40–50:	Du bist auf dem hohen Weg. Mach weiter so!
30–39:	Du liegst zwischen dem hohen und dem niedrigen Weg. Versuch, noch weiter nach oben zu kommen!
10–29:	Du bist auf dem niedrigen Weg. Bitte lies dieses Kapitel besonders genau durch.

Drei schockierende Tatsachen

Im Zusammenhang mit Süchten gibt es drei schockierende Tatsachen, denen wir alle ins Gesicht sehen müssen.

TATSACHE 1: Süchte sind stärker als du!

Früher habe ich gedacht, Leute, die Drogen nehmen, sind dumm und schwach. Heute weiß ich es besser. Deshalb bereue ich, dass ich damals nicht mehr Verständnis hatte. Jeder kann süchtig werden. Keiner ist dagegen immun! Es gibt viele tolle Menschen, die Alkoholiker oder spiel- und drogensüchtig sind. Sie unterscheiden sich nicht wirklich von dir und mir. Suchtkranke haben die gleichen Hoffnungen und Träume. Was sie von anderen trennt? Einige Entscheidungen, die sie – meist schon als Teenager – getroffen haben.

Phil, ein guter Freund von mir, ist ein toller Mensch. Er ist klug, authentisch, ehrlich. Dass er viele Jahre lang Alkoholiker war, wusste ich lange gar nicht.

Als Phil 13 war, hatte er kaum Selbstvertrauen. Eines Tages klaute er eine Flasche Schnaps. Er wollte einfach mal ausprobieren, ob Alkohol ihm half, ein bisschen mutiger und lockerer zu werden:

> Ich nahm das kleine Fläschchen mit zur Party. Es passte prima in meine Jackentasche. Ich ging auf die Toilette und nahm einen großen Schluck. Mir wurde ganz warm. Plötzlich war ich total locker. Meine Schüchternheit war wie weggeblasen. Dieser Abend war dann einfach nur genial. Ich trank immer wieder einen Schluck. Schließlich war ich überzeugt, dass Alkohol genau das war, was mir Selbstvertrauen gab.

Phil trank dann seine ganze Teenagerzeit hindurch – immer mehr. Er klaute wie ein Rabe, um sich Alkohol besorgen zu können. Oft trank er bis zur Bewusstlosigkeit. Einmal hatte er im Suff einen schweren Autounfall. Obwohl er dabei fast ums Leben gekommen wäre, hörte er nicht mit dem Trinken auf.

Phil hat mir erzählt, dass er auch während seiner Studienzeit ununterbrochen trank: »Am Ende des dritten Semesters nahm ich in meinem Rucksack immer eine Flasche Whiskey in den Hörsaal mit. Abends hing ich dann stundenlang in Kneipen rum.«

Einige Jahre später heiratete Phil und gründete eine Familie. Er trank weiter. Allmählich zerstörte der Alkohol seine Ehe, seine Familie und seine Karriere. Er liebte seine kleine Tochter von ganzem Herzen und versprach ihr immer wieder, mit dem Trinken aufzuhören. Sie schrieb ihm kleine Zettelchen, um ihn darin zu bestärken. Einer sah so aus:

Lieber Papa,

hast du schon mit dem Trinken aufgehört?

O Ja O Nein O Fast

Sag die Wahrheit!

Ich habe dich lieb!

Sundie

Doch Phil **konnte nicht** aufhören. »Versprechen, gute Vorsätze und Tonnen von Willenskraft – nichts half mir, meine Sucht unter Kontrolle zu bekommen. Ich hatte das Gefühl, dass der Alkohol stärker war als ich. Ich konnte nicht mit dem Trinken aufhören – nicht meiner Frau, meinen Eltern, meiner Karriere oder meiner kleinen Tochter zuliebe!«

Einige Monate später schrieb Phils Tochter:

> Lieber Papa,
>
> leider hast du mich gar nicht lieb.
> Es war dumm von mir, zu glauben, dass du mit dem Trinken aufhören würdest.

Schließlich verlor Phil alles: seine Frau, seine Tochter, seine Arbeit, seine Gesundheit, seine Selbstachtung. Aber das erzähle ich dir später. Hier erst mal einige Statements von Teenagern, die am eigenen Leib erfahren haben, wie schrecklich Süchte sein können:

»Früher war ich richtig gut im 1000-Meter-Lauf. Heute muss ich froh sein, wenn ich die 1000 Meter überhaupt durchhalte. Ich keuche wie eine alte Dampflok. Natürlich will ich aufhören. Aber das ist gar nicht so leicht.«

»Allmählich merkten wir, dass wir einfach nicht mit dem schrecklichen Zeug aufhören konnten.«

»Hätte ich bloß nie damit angefangen! Aber das sagen ja die meisten Raucher.«

»Meine Freunde nehmen Drogen und trinken Alkohol, als wäre das keine große Sache. Ich habe sie gefragt, ob sie süchtig sind. Sie lachen dann und behaupten, dass die jederzeit aufhören könnten. Irgendwie klappt das aber nicht.«

Wir haben ja schon darüber gesprochen, dass wir Menschen die Freiheit haben, zu wählen. Doch: Eine Sucht zerstört diese Freiheit. Deshalb solltest du die Kraft von Süchten niemals unterschätzen! Süchte können ganz einfach stärker werden als du.

TATSACHE 2: Es geht nicht nur um dich!

Manche Teenager glauben, dass es niemanden was angeht, was sie mit ihrem Leben machen. Beim Rauchen, beim Trinken oder bei Drogen stimmt das allerdings nicht! Dein Verhalten hat Auswirkungen auf alle anderen in deinem Umfeld. Denn auch hier gibt es den berühmt-berüchtigten Domino-Effekt. Eine Freundin hat mir erzählt, was für schlimme Folgen Drogen für ihre gesamte Familie hatten:

> Als ich acht war, fing mein Bruder an, Drogen zu nehmen. Ich kann mich daran erinnern, dass ich schreckliche Angst vor ihm hatte. Besonders fürchtete ich mich davor, mit ihm allein zu sein. Er drohte mir, mich zu schlagen. Und er sagte auch, dass er sich umbringen würde.
>
> Mein Bruder meinte, es sei sein Leben, und wir sollten ihn in Ruhe lassen. Er war überzeugt, dass seine Entscheidungen überhaupt nichts mit uns zu tun hätten. Aber das stimmte nicht. Unsere gesamte Familie war von seiner Sucht betroffen. Das war für uns alle extrem belastend. Wir spürten die Verzweiflung, wenn er nicht genug Geld hatte, um sich einen Schuss setzen zu können. Wir litten mit ihm, wenn er auf Entzug war. Wir merkten auch, wie sehr es ihn quälte, dass er die Menschen verletzte, die er am meisten liebte.

Heute, Jahre später, ist er derjenige, der Angst hat: Angst davor, dass er nie einen Schulabschluss haben wird. Angst davor, dass er nie einen Job bekommen wird. Angst davor, dass er es nie schaffen wird, die Beziehungen, die er zerstört hat, zu kitten und weiter clean zu bleiben. Denn: Heute ist er zwar clean, aber er muss jeden Tag dafür kämpfen, es auch zu bleiben.

TATSACHE 3: Drogen zerstören deine Träume!

Kürzlich habe ich einen tollen Spruch gelesen: »Denk daran, was du alles aus deinem Leben machen kannst. Und jetzt denk daran, dass Drogen dich daran hindern könnten.« Du kannst dir einfach keine Sucht leisten! Sie würde dich teuer zu stehen kommen. Sie zerstört deinen Verstand, deine Beziehungen und dein Glück. Und wenn man erwachsen ist, wird das alles nur noch viel schlimmer. Ich kenne eine junge Frau namens Kori. Sie macht bald Abitur. In ihrer Freizeit hilft sie Teenagern dabei, die Finger von Drogen zu lassen. Kori sagt: »Ich möchte anderen helfen, nicht den gleichen Fehler zu machen wie ich. Dieser Fehler hat mich viele Jahre meines Lebens gekostet, die ich nie zurückbekommen werde. Die furchtbaren Erinnerungen und Albträume werde ich nie mehr loswerden.« Ich fragte sie, was denn mit ihr passiert sei, und sie erzählte mir ihre Geschichte:

Bis sie ungefähr 11 war, hatte sie ein sehr schönes Leben – liebevolle Eltern und tolle Geschwister: »Wir waren eine wundervolle Familie, unternahmen viel zusammen und hatten jede Menge Spaß.« Doch Kori wurde immer unglücklicher mit ihrer Situation. Sie hatte das Gefühl, die Erwartungen ihrer Eltern nicht erfüllen zu können. Ihre Geschwister waren gut in der Schule, super beim Sport und bei allen beliebt. Und Kori? »Ich war einfach nicht so perfekt und ich war wütend auf die ganze Welt, weil das Leben so ungerecht zu mir war.«

Bald darauf lief Kori von zu Hause weg und zog mit vier anderen Teenagern zusammen. Tom und seine Freundin Emma waren beide 19, Mark war zu Hause rausgeflogen, und Jay-Jay war auch ein Ausreißer. Kori versuchte, nichts aus ihrem früheren Leben an sich heranzulassen, rief ihre Mutter aber weiter regelmäßig an.

Kori und ihre neuen Freunde begannen alle, Alkohol und Marihuana zu probieren. Schon bald landeten sie bei härteren Drogen. »Wir wurden alle Junkies. Wir nahmen einfach jede Droge, an die wir nur rankamen.«

Eines Tages brachte Tom dann was Neues mit: Heroin. Sie versammelten sich um den Tisch und reichten die Spritze weiter. Zuerst war Mark an der Reihe, dann Kori und dann Jay-Jay, der an diesem Tag schon viel getrunken und geraucht hatte.

»Was dann passierte, werde ich nie vergessen!«, sagte Kori. »Jay-Jay band sich den Arm ab und setzte sich die Spritze. Doch nach ungefähr 15 Sekunden lief er blau an. Er zuckte noch ein paar Mal und brach dann zusammen. Er war sofort tot. Die anderen flippten aus, und ich saß nur wie betäubt da. Ich starrte meinen leblosen Freund an. Irgendwann rief ich dann den Notarzt.«

Die Polizei kam. Kori und ihre Freunde wurden in Gewahrsam genommen und dazu verurteilt, einen Entzug zu machen. Ein paar Monate später wurde Kori entlassen. Sie war clean, kehrte als völlig anderer Mensch nach Hause zurück und begann ein neues Leben.

»Was ist denn mit deinen Freunden passiert?«, fragte ich.

»Das ist das Traurige an der Sache. An uns fünf kann man genau sehen, was für schlimme Folgen Drogen haben können. Tom hat einen Hirnschaden. Er scheint zwar voll da zu sein, ist aber verwirrt und hilflos. Er schafft es nicht einmal, sich allein die Schuhe zuzubinden. Seine damalige Freundin Emma hat HIV und geht gar nicht aus dem Haus. Sie hängt einfach nur den ganzen Tag rum und lässt sich von ihrer Mutter versorgen. Mark ist jetzt 18. Er ist immer noch süchtig und hat inzwischen eine kleine Tochter. Na ja, und Jay-Jay ist tot.«

»Du bist also die Einzige, die mit heiler Haut davongekommen ist!«, sagte ich.

»Das sieht leider nur so aus! Mein Arzt hat mir gesagt, dass ich durch die Drogen das Herz und die Lunge einer alten Frau habe, obwohl ich erst 17 bin. Er meint, es wäre ein Wunder, wenn ich meinen 50. Geburtstag erleben würde. Wie soll ich denn meiner Mutter beibringen, dass sie mich beerdigen muss? Ich habe viele dumme Entscheidungen getroffen. Deshalb will ich Jugendlichen dabei helfen, die Finger von Drogen zu lassen.«

Was für eine traurige Geschichte! Fünf Teenager, die alkohol- und drogensüchtig wurden. Fünf furchtbare Schicksale. Wer weiß, was sie aus ihrem Leben hätten machen können? Tom wäre vielleicht ein toller Sportstar geworden, Emma hätte eine bekannte Musikerin werden können. Und Jay-Jay? Wer weiß? All das haben Drogen zunichtegemacht. Drogen zerstören Träume!

Der typische Verlauf einer Suchterkrankung

Vielleicht denkst du jetzt: »Das sind doch Extremfälle, Sean. Ich bin nicht von zu Hause weggelaufen und nehme keine harten Drogen. Ich will einfach nur ein bisschen Spaß haben. Ich werde schon nicht süchtig oder so. Ich kenne viele Jugendliche, die von Zeit zu Zeit trinken oder kiffen – denen geht es ganz prima.«

Da hast du recht. Viele, die ab und zu trinken, rauchen oder Drogen nehmen, werden nicht süchtig. Aber ein hoher Prozentsatz **wird eben doch** süchtig. Auf Suchtmittel reagiert jeder Mensch anders. Manche können Alkohol trinken, ohne dass es ihnen etwas ausmacht. Andere werden schon nach kurzer Zeit süchtig. Außerdem können Drogen deinem Körper und deinem Gehirn schon beim ersten Versuch großen Schaden zufügen. Willst du dieses Risiko wirklich eingehen?

Die meisten Suchtprobleme fangen mit den Einsteigerdrogen Tabak, Alkohol und Marihuana an. Allzu oft führen sie zum Konsum noch gefährlicherer Drogen. Meist beginnt die Sucht fast unmerklich. Mein Freund Phil nennt das den **Suchtkeil**. Am Anfang steht **ein** Glas, **eine** Zigarette, **ein** Joint. Dann willst du mehr. Du willst härtere Sachen. Der Suchtkeil dringt immer tiefer in dich ein. Er wird immer breiter und breiter, bis er dich schließlich spaltet. Süchtige kann man an drei untrüglichen Zeichen erkennen:

- Sie streiten ab, dass sie süchtig sind. Vielmehr behaupten sie, jederzeit aufhören zu können.
- Sie errichten ein Lügengebäude um sich, um ihr Problem zu vertuschen.
- Sie machen die Sucht zum Mittelpunkt ihres Lebens. Alles dreht sich nur noch um den nächsten Kick.

Aus diesem Teufelskreis kann man nicht ausbrechen! Süchte sind immer brutal!

Die ganze Wahrheit

Ich bin sicher, dass du klügere Entscheidungen treffen wirst, wenn du die ganze Wahrheit kennst. Deshalb habe ich hier die wichtigsten Informationen über Drogen für dich auf den Punkt gebracht.

Die WAHRHEIT über Alkohol

Hättest du das gewusst?

Alkohol schädigt das Gehirn. Alkohol führt zu einer Verschlechterung der Koordination und zur Verlangsamung der Reflexe. Zudem verzerrt Alkohol die Urteilskraft, verursacht Gedächtnislücken und sogar Blackouts. Besonders gefährlich ist die Kombination von Alkohol mit Medikamenten oder Drogen – das kann sogar tödlich enden.

Alkohol tötet. Die drei Haupttodesursachen bei Jugendlichen sind Autounfälle, Morde und Selbstmorde. Dabei ist sehr oft Alkohol im Spiel. Die Statistiken zeigen: Alkohol tötet weit mehr Teenager als sämtliche anderen illegalen Drogen zusammen.

Alkohol führt dazu, dass man Dummheiten macht. Als ich auf der High School war, wollte die Stanford University mich für ihr Footballteam haben. Deshalb wurde ich auf den Campus in Palo Alto eingeladen. Ich wohnte bei einem riesengroßen, fast 110 Kilo schweren Footballspieler. Er sollte mir zeigen, wie viel Spaß es machte, dort zu studieren und Football zu spielen. Obwohl er wusste, dass ich keinen Alkohol trank, schleppte er mich zu einer Party, wo sich alle total zuschütteten. Auch ich trank Unmengen – allerdings nur Cola. Nach der Party gingen wir dann alle zusammen ins Kino. Dort redete er total wirres Zeug und kippte schließlich total besoffen um. Wir dachten, er würde sterben, und riefen den Notarzt. Er musste die ganze Nacht im Krankenhaus verbringen. Eigentlich wollte er mir zeigen, wie toll es in Stanford war, doch das ist gründlich schiefgegangen!

Die häufigsten Fragen über Alkohol

Frage: Sind Bier und Wein ungefährlicher als Schnaps?

Antwort: Nein. Ein kleines Bier enthält etwa ebenso viel Alkohol wie ein kleiner Schnaps oder ein Glas Wein. Du solltest dich auch vor Alcopops hüten. Sie sind wahre Kalorienbomben, und man wird ganz schnell betrunken davon.

Frage: Weshalb sollten Jugendliche nicht trinken, auch wenn ihre Eltern das tun?

Antwort: Die Körper von Teenagern sind noch nicht voll entwickelt. Alkohol hat deshalb eine viel stärkere Wirkung auf ihr Gehirn und ihren Körper. Wer unter 15 ist und regelmäßig Alkohol trinkt, wird mit viermal höherer Wahrscheinlichkeit Alkoholiker als jemand, der erst einige Jahre später damit beginnt.

Die WAHRHEIT über Rauchen, Nikotin und Tabak

Hättest du das gewusst?

Tabak macht süchtig. Zigaretten enthalten Nikotin – und das macht süchtig! Drei Viertel der Teenager, die jeden Tag rauchen, machen das nicht freiwillig. Sie tun es, weil sie süchtig sind und es einfach nicht schaffen, mit dem Rauchen aufzuhören.

Nikotin ist ein Gift. Nikotin ist der natürliche Schutz der Tabakpflanze gegen Insekten. In Tropfenform ist es dreimal so gefährlich wie Arsen. Nikotin erreicht das Gehirn schon acht Sekunden nach dem ersten Zug an einer Zigarette und setzt dort den Suchtprozess in Gang.

Tabak tötet. Rauchen ist die Hauptursache für Lungenkrebs. Es kann auch zu Mund-, Rachen-, Blasen-, Bauchspeicheldrüsen- oder Nierenkrebs führen. Schnupf- und Kautabak können Mundkrebs, Zahnausfall und andere Gesundheitsprobleme hervorrufen. Da ihr Körper sich noch im Wachstum befindet, ist Rauchen für Jugendliche besonders schädlich. Rund ein Drittel der Teenager, die schon vor ihrem 18. Geburtstag regelmäßig rauchen, stirbt letztlich an einer Krankheit, die mit dem Tabak im Zusammenhang steht. Ist das nicht furchtbar?

Die häufigsten Fragen über Rauchen, Nikotin und Tabak

Frage: Sind Schnupf- oder Kautabak ungefährlicher als Zigaretten?

Antwort: Nein. Es gibt keine ungefährliche Tabakform. Schnupf- und Kautabak können Mund-, Wangen-, Rachen- und Magenkrebs hervorrufen. Und: Wer schnupft, hat ein 50-mal höheres Risiko, Krebs im Mundbereich zu bekommen.

Frage: Ist Rauchen denn nicht sexy?

Antwort: Nur, wenn man schlechten Atem, stinkende Haare, gelbe Finger und Husten sexy findet. In der Werbung wird Rauchen als lässig verkauft. Das ist alles nur Augenwischerei. Überleg doch mal, weshalb die Tabakindustrie Millionen Dollar für Werbung ausgibt, um dich süchtig zu machen.

Die WAHRHEIT über Marihuana

Auch Fu, Gage, Grass, Griffs, Heu, Jay-Smoke, Mary Jane, Maria Johanna, Pot, Tea oder Weed genannt.

Ich bin sehr froh, dass Garrett den Mut hatte, mir seine Geschichte zu erzählen:

> Als Junge machte ich eine schwierige Zeit durch: Das Jugendamt nahm meinen Eltern meine Brüder weg, weil meine Mutter und mein Vater drogensüchtig waren. Ich hätte aus den Fehlern meiner Eltern lernen sollen, doch stattdessen begann auch ich Alkohol zu trinken und Drogen zu nehmen.
>
> An einem heißen Sommerabend kam meine beste Freundin Hannah zu mir und wir tranken Bier und rauchten einige Joints. Gegen Mitternacht wollten wir uns mit ein paar anderen Freunden Alkoholnachschub besorgen. Wir waren alle zu betrunken und zu bekifft, um noch fahren zu können. Aber ich dachte, ich würde es schon irgendwie schaffen.

Auf dem Heimweg dachte ich, dass etwas mitten auf der Straße lag. Ich versuchte, auszuweichen. Dabei verlor ich die Kontrolle über den Wagen und wir überschlugen uns mehrmals.

Wir waren alle schwer verletzt. Das Schlimmste aber war, dass meine beste Freundin Hannah in dieser furchtbaren Nacht starb. Ich werde sie nie wiedersehen. Ihre Eltern haben durch meine Schuld ihre Tochter verloren. Bis heute habe ich die verzweifelten Schreie, das Stöhnen und das Weinen meiner Freunde in dem völlig zerstörten Auto im Ohr. Das werde ich nie mehr loswerden!

Ich wurde wegen Körperverletzung mit Todesfolge angeklagt und zu einer Jugendstrafe von mehreren Jahren verurteilt. Wenn ich entlassen werde, habe ich aber immerhin die Chance, neu anzufangen. Hannah nicht! Ich habe mir geschworen, zum Gedenken an sie keinen Alkohol und keine Drogen mehr anzurühren.

Hättest du das gewusst?

Marihuana macht antriebslos und schädigt Babys. Es ist bekannt, dass Marihuana antriebslos macht. Bei Männern kann es zu einer Verringerung der Spermienzahl und zu Impotenz führen; bei Frauen zu einem erhöhten Fehlgeburtsrisiko. Außerdem kann es bei Kindern, deren Mütter in der Schwangerschaft Marihuana geraucht haben, massive Entwicklungsstörungen hervorrufen.

Marihuana ist nicht immer das, was es zu sein scheint. Marihuana kann mit anderen gefährlichen Drogen vermischt sein, ohne dass du das merkst. Blunts – mit Marihuana gefüllte ausgehöhlte Zigarren – enthalten manchmal Stoffe wie Crack oder PCP.

Die häufigsten Fragen über Marihuana

Frage: Ist Marihuana ungefährlicher als Zigaretten?

Antwort: Nein, es ist sogar noch schlimmer. Ein einziger Joint schädigt die Lungen so stark wie vier Zigaretten.

Frage: Ist Marihuana heute stärker als zu der Zeit, als meine Eltern noch im Teenageralter waren?

Antwort: Ja. Heute ist Marihuana viel stärker als in den 1960er-Jahren, als es in Mode kam. Damals rauchte man Joints, die nur wenig Marihuana enthielten. Heute raucht man Blunts oder Pfeifen, sodass viel größere Mengen Marihuana in den Körper gelangen.

Die WAHRHEIT über Medikamentenmissbrauch

»Am Anfang habe ich Lortab ganz legal genommen, weil ich ein gesundheitliches Problem hatte«, sagt Lee. »Ich wurde zu einem Arzt geschickt, der es mir offiziell verschrieb. Ich hatte genug Pillen für 30 Tage. Sie bewirkten, dass ich mich besser fühlte und die Schmerzen loswurde. Nach 30 Tagen wollte ich wieder welche, und der Arzt verschrieb sie mir ohne Probleme. Das ging sechs Monate lang so. Ich wurde süchtig danach. Schließlich wollte der Arzt mir keine Pillen mehr verschreiben. Also suchte ich mir jemanden, der das illegal machte. Die Dinger waren unglaublich teuer. Aber ich konnte nicht mehr ohne sie leben. Bald brauchte ich etwas Stärkeres und wechselte zu OxyContin und Ambien.

Ich wollte aufhören, schaffte es aber nicht. Schließlich ging ich zu meinen Eltern. Sie brachten mich zu unserem Hausarzt. Ich ließ die Hände einige Wochen lang von den Pillen, nahm sie dann aber wieder. Ich war körperlich und seelisch total am Ende. Mein Vater bemerkte, dass ich komplett die Kontrolle verloren hatte. Er nahm sich frei und fuhr mit mir in eine Entziehungsklinik. Es war ein Albtraum. Ich durfte keinen Besuch bekommen. Als ich mit meiner Mutter telefonierte, weinte ich und flehte sie an, mich nach Hause zu holen. Dabei war ich doch schon 18!

Das wird mich mein ganzes Leben lang verfolgen. Ich werde mir immer Vorwürfe machen, dass mein Aufenthalt in der Klinik die gesamten Ersparnisse meiner Eltern aufgefressen hat. Außerdem weiß ich, dass wir damit noch lange nicht durch sind. Eine Sucht führt zur anderen. Ich muss gegen das Verlangen nach Alkohol ankämpfen und habe immer noch das Gefühl, OxyContin zu brauchen. Ich hätte nie gedacht, dass mir so etwas passieren würde.«

Hättest du das gewusst?

Schmerzmittel und Heroin sind chemisch eng verwandt.
Heroin ist eine der gefährlichsten Drogen und ein besonders starker Suchtauslöser. Es enthält ähnliche Stoffe wie verschreibungspflichtige Schmerzmittel. Beides sind Opiate und ganz besonders heimtückisch.

Der Missbrauch verschreibungspflichtiger Medikamente kann lebensgefährlich sein. Er kann eine Vielzahl von Problemen, etwa tödliche Krämpfe, Atembeschwerden und Herzrhythmusstörungen, Kreislaufversagen oder auch Paranoia, verursachen.

Die häufigsten Fragen über Medikamentenmissbrauch

Frage: Sind verschreibungspflichtige Medikamente sicherer als Drogen, die man auf der Straße kauft?

Antwort: Nein. Viele Teenager glauben, dass verschreibungspflichtige Medikamente ungefährlich sind, weil sie bei Krankheiten ganz legal eingesetzt werden. Sie ohne Rezept zu nehmen, um high zu werden oder sich selbst zu behandeln, ist aber genauso gefährlich wie der Konsum von Straßendrogen.

Frage: Woher bekommen Teenager überhaupt solche Medikamente?

Antwort: Die meisten besorgen sie sich über Mitschüler, Freunde oder Familienangehörige. Es gibt sogar Leute, die ihre Rezepte an süchtige Teenager verkaufen, um so an Geld zu kommen.

Die WAHRHEIT über Partydrogen

Zum Beispiel: Ecstasy, Liquid Ecstasy, G-Juice, Liquid X (GHB), Soap, K, Special K, Vitamin K, Kate (Ketamin), Roofies, Ruffies, R2 (Rohypnol).

Die Bezeichnung **Partydrogen** bezieht sich auf ein breites Spektrum von Drogen, die häufig bei Raves, in Discos und bei Konzerten genommen werden. Würdest du freiwillig eine Pille nehmen, die dazu führt, dass du:

- schlecht in der Schule bist?
- das Interesse an allem, was dir Spaß macht, verlierst?
- aggressiv und egoistisch wirst?
- Schlafprobleme bekommst?
- Angst- und Panikattacken hast?

Das alles verursacht Ecstasy, eine der beliebtesten Partydrogen. Der kurzfristige Kick, den Ecstasy einem vielleicht verschafft, ist das ganz sicher nicht wert!

Hättest du das gewusst?

Partydrogen haben fürchterliche Auswirkungen auf deinen Körper und dein Gehirn. Ecstasy treibt deinen Blutdruck und deinen Herzschlag in die Höhe und kann Nieren- und Herzversagen verursachen. GHB dagegen ist ein Beruhigungsmittel und kann Benommenheit, Bewusstlosigkeit und Atemprobleme hervorrufen. Partydrogen können dein Gehirn schädigen und Sinnesorgane, Gedächtnis, Urteilsfähigkeit und Koordination beeinträchtigen. In höheren Dosen können sie zu schweren Atemproblemen, zur totalen Bewusstlosigkeit und sogar zum Tod führen.

Partydrogen machen dich völlig willenlos. Partydrogen wie GHB und Rohypnol sind Beruhigungsmittel. Mit anderen Worten: Sie machen dich bewusstlos und bewegungsunfähig. Rohypnol kann eine Art Gedächtnisverlust hervorrufen – du erinnerst dich nicht mehr daran, was du gesagt oder getan hast, nachdem du die Droge genommen hast. Dann können andere natürlich leicht mit dir machen, was sie wollen. Möchtest du das wirklich?

Die häufigsten Fragen über Partydrogen

Frage: Würde ich es nicht sofort merken, wenn mir jemand heimlich eine Partydroge ins Glas tun würde?

Antwort: Wahrscheinlich nicht. Die meisten Partydrogen kann man weder riechen noch schmecken. Manche werden pulverisiert, sodass es sehr leicht ist, sie unbemerkt in ein Getränk zu schmuggeln.

Frage: Kann Ecstasy langfristige Schäden hervorrufen?

Antwort: Ja. Untersuchungen bei Menschen und Tieren haben gezeigt, dass die regelmäßige Einnahme von Ecstasy das Gehirn für lange Zeit – vielleicht sogar für immer – schädigt.

Frage: Wenn man bei einem Rave eine Partydroge nimmt, tanzt man sich dann nicht einfach alle ihre Auswirkungen weg?

Antwort: Nein. Manche Dinge, wie Verwirrtheit, Schlafprobleme, Depressionen und Paranoia, können noch Wochen nach der Einnahme auftreten.

Die WAHRHEIT über Steroide

Auch bekannt als Arnolds, Gym, Candy, Pumpers, Stacker, Juice oder Roids.

Anabole Steroide sind synthetisch hergestellte Abkömmlinge des männlichen Sexualhormons Testosteron. Sie bauen keine Muskeln auf. Aber sie ermöglichen es, härter und länger zu trainieren und sich auch schneller zu erholen. Einige Leute nehmen Steroide, um Muskeln zu bekommen und beim Sport leistungsfähiger zu werden. Die riesigen Muskeln sind dann ja auch sehr beeindruckend. Doch: Innerlich fressen einen anabole Steroide bei lebendigem Leib auf.

Hättest du das gewusst?

Steroide verändern dein Aussehen – und zwar nicht unbedingt zum Positiven. Man kann ganz leicht erkennen, dass jemand Steroide nimmt. Sie haben nämlich nicht nur größere Muskeln, sondern auch Akne, gelbliche Haut, schlechten Atem und Wutanfälle zur Folge. Bei Jungs kann es zu Glatzenbildung, der Entwicklung von Brüsten (Hilfe!) und Impotenz kommen; bei Mädchen zu Haarwuchs im Gesicht, einer tieferen Stimme und kleineren Brüsten. Jungs verwandeln sich also allmählich in Mädchen, und Mädchen werden langsam zu Jungs.

Steroide können das Wachstum hemmen. Wenn Steroide schon früh genommen werden, können sie das Wachstum hemmen. Vielleicht wärst du ja ohne Steroide stolze 1,85 geworden, doch stattdessen bleibt es bei muskulösen 1,68.

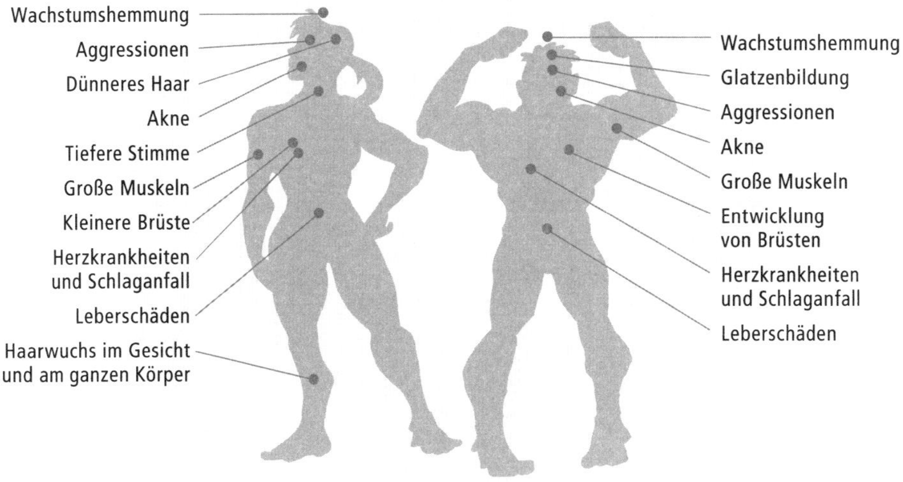

Die häufigsten Fragen über Steroide

Frage: Machen Steroide süchtig?

Antwort: Ja, sie können süchtig machen. Zu den Entzugssymptomen gehören Stimmungsschwankungen, Selbstmordgedanken und -versuche, Erschöpfung, Unruhe, Appetit- und Schlaflosigkeit.

Frage: Wie lange bleiben Steroide im Körper?

Antwort: Das ist unterschiedlich – von zwei Wochen bis zu 18 Monaten.

Frage: Wie kann ich beim Sport wirklich gut werden, ohne Steroide zu nehmen?

Antwort: Wenn du dich gut ernährst, deine Nahrung durch Vitaminzusätze ergänzt, genug schläfst und hart trainierst, kannst du auf natürliche Weise viel Muskelmasse entwickeln. Millionen von Sportlern haben hervorragende Leistungen gebracht, ohne zu Steroiden zu greifen.

Die WAHRHEIT über Schnüffelstoffe

Auch bekannt als Glue, Kick, Bang, Sniff, Huff, Poppers, Whippets, Texas Shoeshine.

Schnüffelstoffe umfassen eine große Gruppe von Chemikalien, die man in Haushaltsprodukten wie Raumsprays, Flüssigreinigern, Leim, Farben, Reinigungsbenzin oder Nagellackentferner und Highlightern findet. Keine dieser Substanzen kann man unbesorgt einatmen – sie alle können tödlich sein.

Hättest du das gewusst?

Schnüffelstoffe verursachen Gehirnschäden. Da sie sich viel schneller und stärker auf das Gehirn auswirken als viele andere Stoffe, können sie zu bleibenden körperlichen und geistigen Schäden führen.

Schnüffelstoffe schädigen das Herz und den Körper. Sie rauben dem Körper Sauerstoff und zwingen das Herz, unregelmäßiger und schneller zu schlagen. Schnüffelstoffe können Übelkeit und Nasenbluten hervorrufen. Zudem können sie Leber-, Lungen- und Nierenprobleme, aber auch den Verlust von Gehör- oder Geschmackssinn verursachen. Bei chronischem Gebrauch können sie darüber hinaus zu Muskelschwund führen.

Die häufigsten Fragen zu Schnüffelstoffen

Frage: Man findet Schnüffelstoffe doch in Haushaltsprodukten. Heißt das nicht, dass sie ungefährlich sind?

Antwort: Nein. Wenn man Haushaltsprodukte wie Klebstoff oder Raumsprays vorschriftsmäßig benutzt, sind sie ungefährlich. Wenn man sie jedoch inhaliert, sind sie schädlich. Denn: Dafür sind sie auf keinen Fall gedacht.

Frage: Werden Schnüffelstoffe erst gefährlich, wenn man sie über lange Zeit benutzt?

Antwort: Nein – schon ein einziger Atemzug kann tödlich sein. Vielleicht auch der zehnte oder der hundertste … Auch wenn du schon mal Schnüffelstoffe inhaliert hast, ohne Probleme zu bekommen, kannst du nie wissen, welche Folgen es beim nächsten Mal haben wird.

Frage: Können Schnüffelstoffe dazu führen, dass ich die Kontrolle über mich verliere?

Antwort: Ja. Solche Stoffe beeinflussen das Gehirn und können zu plötzlichen Gewaltausbrüchen führen. Dann könntest du dich selbst verletzen – oder die Menschen, die du liebst.

Die WAHRHEIT über Kokain

Auch bekannt als Coke, Coco, Koks, C, Schnee, Charley, Blanche, White Stuff oder Crack.

Hättest du das gewusst?

Kokain schädigt das Gehirn. Das Wort *Kokain* bezeichnet sowohl die pulverförmige (Kokain) wie auch die kristalline (Crack) Form der Droge. Sie wird aus dem Kokastrauch gewonnen und führt zu einem kurzen, heftigen Rausch. Auf diesen Rausch folgen sofort negative Gefühle, wie Depressionen, Gereiztheit und die Gier nach mehr. Kokain wird als Pulver durch die Nase eingesogen, in flüssiger Form gespritzt oder in kristalliner Form geraucht.

Kokain macht süchtig. Kokain verändert die Art und Weise, wie das Gehirn chemische Stoffe, die Glücksgefühle hervorrufen, produziert und verarbeitet. Deshalb braucht man immer größere Mengen, um sich auch nur halbwegs gut zu fühlen. Ob Freunde, Familie oder Sport und andere Hobbys: Kokainsüchtige verlieren allmählich das Interesse an allen anderen Dingen in ihrem Leben. Alles dreht sich nur noch um die Sucht.

Kokain kann tödlich sein. Kokain kann zum Herzinfarkt, zu heftigen Krämpfen, Schlaganfällen und Atemproblemen führen. Wenn mehrere Leute dieselbe Nadel benutzen, können sie sich auch mit Hepatitis, HIV/AIDS und anderen gefährlichen Krankheiten anstecken. In Kombination mit anderen Drogen oder Alkohol ist Kokain extrem gefährlich. Die verschiedenen Substanzen können ihre Wirkung dann gegenseitig verstärken und sogar zum Tod führen.

Die häufigsten Fragen zu Kokain

Frage: Macht Crack weniger süchtig als Kokain? Schließlich bleibt es ja nicht allzu lange im Körper?

Antwort: Nein, Kokain und Crack sind beide starke Suchtauslöser. Wie lange die Substanz im Körper bleibt, spielt dabei keine Rolle.

Frage: Fühlt man sich wirklich gut, wenn man Kokain nimmt?

Antwort: Die guten Gefühle halten nicht lange an. Schlimmer noch – auf die Glücksgefühle folgen sehr schnell irrsinnige Wahnvorstellungen oder heftige Entzugserscheinungen.

Die WAHRHEIT über Methamphetamin

Auch Speed, Crystal, Crystal Speed, Pep, Crank, Yaba, Perlik, Piko oder Ice genannt.

Christopher Heredia erzählt in einem Artikel im *San Francisco Chronicle* die Geschichte von Sam, die gern Gedichte schrieb und sich Musik aus dem Internet herunterlud. Sam schien ein glücklicher Teenager zu sein – bis sie anfing, Methamphetamin zu nehmen.

»Als Sam zum ersten Mal zusammen mit einigen Schulfreundinnen Crystal Speed probierte, hatte sie

Angst. Doch sie fand schnell Gefallen daran. Deshalb machte sie weiter. Sam hatte ihren Körper immer gehasst. Jetzt nahm sie plötzlich ab. Nun war sie dünn und bekam endlich Anerkennung von den anderen Mädchen aus ihrer Klasse. Früher war sie oft deprimiert, doch Speed machte sie glücklich.

Allerdings fing sie schon bald an, sich heftig mit ihren Eltern und ihren Freundinnen zu streiten. Manchmal blieb sie tagelang in ihrem Zimmer. Sie hatte panische Angst, dass die Polizei sie gleich holen würde. Sie konnte nicht mehr schlafen und magerte von 65 auf 45 Kilo ab.«

Im Spiegel blickte ihr ein Skelett entgegen.

Ihr fielen die Haare aus.

Sie fühlte sich von allen verlassen.

In den nächsten Jahren kämpfte Sam gegen ihre Sucht und stritt sich andauernd mit ihren Eltern. Schließlich kam sie in eine Suchtklinik. Sie hatte noch zwei Rückfälle, ist jetzt aber seit fast einem Jahr clean.

Sie sagt: »Ich dachte, Speed sei wunderbar. Das stimmt aber nicht … Erst jetzt habe ich wieder Ziele und Pläne für die Zukunft. Ich darf es nicht mehr nehmen! Sonst könnte ich sterben. Wenn ich wieder damit anfange, wäre alles wieder so schrecklich wie damals.«

Hättest du das gewusst?

Methamphetamin ist völlig unberechenbar. Da es für die Herstellung viele verschiedene Methoden gibt, weiß man nie, welche Wirkungen es haben wird. Auch wenn es bisher keine schlimmen Folgen hatte, kann es dich beim nächsten Mal umbringen.

Methamphetamin schädigt das Gehirn. Kurzfristig ruft Methamphetamin Stimmungsänderungen wie Angst und Depressionen, aber auch Euphorie hervor. Zu den langfristigen Wirkungen zählen chronische Erschöpfung, Wahnvorstellungen und dauerhafte psychische Schäden.

Methamphetamin schädigt den Körper. Bei allen Speed-Formen besteht die Gefahr, dass man sich völlig verausgabt. Speed gaukelt einem vor, unendlich viel Kraft und Energie zu haben. So steigen Herzschlag und Blutdruck drastisch und das Schlaganfallrisiko ist um ein Vielfaches erhöht.

Methamphetamin macht sofort süchtig. Speed ist ein ungemein starkes Suchtmittel, das Aggressionen und Gewaltausbrüche hervorrufen kann. Fast die Hälfte der Leute, die nur ein einziges Mal Crystal Speed genommen haben, werden sofort süchtig.

Die häufigsten Fragen zu Methamphetamin

Frage: Ist Speed weniger gefährlich als Crack, Kokain oder Heroin?

Antwort: Nein, es ist wesentlich gefährlicher. Viele werden schon nach dem ersten Mal süchtig. Da Crystal Speed aus hochgiftigen Stoffen wie Batteriesäure, Abflussreiniger oder Laternenöl hergestellt werden kann, besteht ein extrem großes Risiko, dass man eine Herzattacke, einen Schlaganfall oder schwere Hirnschäden erleidet.

Frage: Hat Crystal Speed nicht eine ähnliche Wirkung wie Schlankheitspillen?

Antwort: Nein. Es kann zwar zu extremem Gewichtsverlust führen, doch diese Wirkung hält nicht lange an. Der Körper gewöhnt sich sehr schnell daran, und das Gewicht steigt wieder.

Fazit Es gibt noch unzählige Drogen, die ich hier nicht erwähnt habe – LSD, Heroin, PCP ... Aber es ist immer die gleiche Geschichte: Man nimmt es und denkt, dass man alles im Griff hat. Doch schnell ist man süchtig und steckt in riesengroßen Schwierigkeiten. Drogen machen alles kaputt und sie verschlingen Unsummen. Also: Wenn du jemanden kennst, der Drogen nimmt, solltest du ihn ermutigen, sich Hilfe zu suchen. Und: Falls du selbst welche nimmst, dann hör damit auf!

Das Übel an den Wurzeln packen

Niemand denkt: »Ich kann es gar nicht abwarten, süchtig zu werden!« Man greift zu Drogen, weil man Bedürfnisse und Sehnsüchte hat, die nicht erfüllt werden. Der Philosoph Henry David Thoreau hat das so ausgedrückt: »Tausende hacken an den Ästen des Übels herum, doch nur einer trifft die Wurzel.« Anders gesagt: Wir konzentrieren uns meist nur auf die Symptome von Süchten, statt zur wahren Wurzel des Problems vorzudringen. Doch: Wer eine Sucht besiegen will, muss die Wurzel ausreißen. Aber wo liegen die Wurzeln von Süchten? In der Regel löst einer der folgenden sechs Faktoren eine Sucht aus.

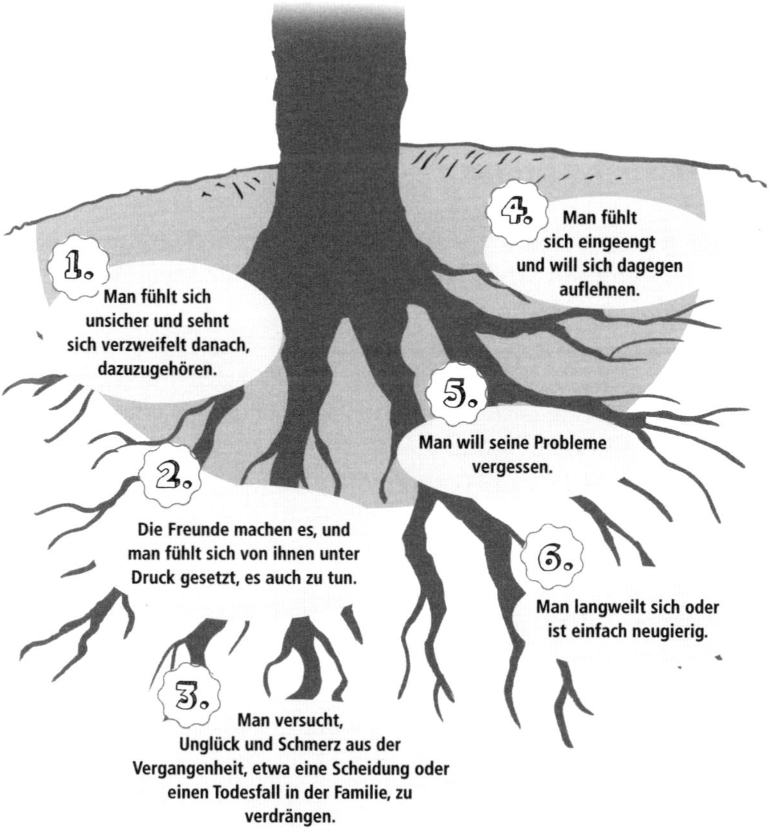

Die Wurzeln von Süchten

Die Geschichte von Amanda ist ein typisches Beispiel. Ihre Familie zog um, als sie 13 war. Das war ein großer Bruch in ihrem Leben:

»Damals geriet ich in der Schule in eine Clique mit Leuten, die rauchten und LSD nahmen. Das Rauchen war etwas, was uns verband. Da wollte ich einfach irgendwie dazugehören. An die Folgen dachte ich damals nicht.«

Bist du wütend, verletzt oder unsicher? Gibt es in deinem Leben ein tiefes Loch? Dann solltest du es nicht mit Alkohol oder Drogen füllen, sondern mit etwas Besserem und Dauerhafterem. Man kann nämlich nicht nur nach schädlichen Sachen süchtig werden, sondern auch nach guten Dingen. Damit gerät man auf ganz natürliche Weise in einen Rausch. Es gibt jede Menge positive Süchte, die dir helfen, Löcher in deinem Leben zu füllen. Hier sind ein paar Beispiele:

Viel besser als Drogen

- **Bewegung.** Bewegung setzt Endorphine frei. Endorphine sind die natürlichen Schmerzmittel des Körpers und wundervolle Gute-Laune-Macher.
- **Sport.** Sport ist gesund und macht Spaß. Hier besteht echte Suchtgefahr. Und: Wenn du aktiv Sport machst, bist du so beschäftigt und lernst so viele neue Leute kennen, dass du für Drogen gar keine Zeit hast.
- **Musik.** Einer meiner Freunde entdeckte mit 13, dass er eine unglaubliche musikalische Begabung hat. Wenn er niedergeschlagen war, betäubte er sich nicht mit Drogen, sondern spielte ganz einfach Gitarre.
- **Anderen helfen.** Sich um andere zu kümmern, war schon immer das beste Mittel, um seine eigenen Sorgen und Probleme zu vergessen.
- **Hobbys.** Such dir etwas, was du wirklich gern machst. Fotografieren, Kochen oder auch Malen: Hobbys rufen einen natürlichen Glücksrausch hervor – und das ganz ohne Kater danach.

- **Lesen.** Bücher nehmen dich mit in fremde Welten! Lass dich von der Lese-Sucht anstecken – das ist völlig ungefährlich und macht jede Menge Spaß.
- **Familie.** Niemand liebt dich so sehr wie deine Familie. Hier bekommst du bei allen Problemen Trost und Hilfe. Drogen sind da wirklich völlig überflüssig.
- **Freunde.** Stütz dich in schweren Zeiten auf gute Freunde. Besprich deine Probleme nicht mit der Flasche, sondern mit ihnen.
- **Ein Tagebuch führen.** Dein Tagebuch kann dein bester Freund werden. Ihm kannst du alles anvertrauen – ohne deswegen schief angeschaut oder verurteilt zu werden.

Ob Trinken, Rauchen oder Drogen: Es kann sein, dass du hier in deiner Teenagerzeit einem enorm starken Gruppendruck ausgesetzt bist. Hier ein paar gute Tipps, wie du stark bleiben und dem Druck widerstehen kannst:

Die Fakten kennen # Bei manchen Entscheidungen genügt es, wenn man gut informiert ist. Rauchen richtet großen Schaden im Körper an und ist ein starker Suchtauslöser. Alkohol führt dazu, dass man Dummheiten macht. Drogen schädigen das Gehirn. Suchtmittel zerstören dein Leben. Das müsste reichen, um klar und deutlich Nein zu sagen!

Sich selbst kennen # Man kann viel leichter Nein sagen, wenn es etwas Wichtigeres gibt, zu dem man Ja sagen kann. Falls du beispielsweise studieren und einen guten Abschluss machen willst, brauchst du jede einzelne Gehirnzelle. Falls du Sportler bist, willst du sicher nicht riskieren, beim Trinken oder mit Drogen erwischt zu werden und aus der Mannschaft zu fliegen. Immer wenn du eine schwierige Entscheidung treffen musst, solltest du dich fragen: Passt das zu dem, wie ich bin und wie ich sein will?

Die Situation kennen # Wer sich in Gefahr begibt, kommt darin um! Deshalb sollte man allen brenzligen Situationen von vornherein aus dem Weg gehen: Wer ein Alkoholproblem hat, sollte nicht als Barkeeper arbeiten. Und wenn du dazu neigst, dem Druck der anderen nachzugeben? Dann geht auf keinen Fall zu einer Party, von der du genau weißt, dass sich dort alle sinnlos betrinken oder bekiffen werden. Wenn du nicht vorausschauend planst, werden die anderen für dich planen. Und dann hast du keine Kontrolle mehr.

5 x Nein

Mit 18 wurde Alby verhaftet, weil er mit Drogen gedealt hatte. Alles hatte an einem Sommertag an einer Straßenecke in New York begonnen. Damals war Alby 13.

»Lass dich auf Touren bringen!«, sagte ein Freund zu ihm. »Ich hab hier was echt Cooles für dich.«

Alby hatte nicht die Kraft, Nein zu sagen. Er glaubte, mitmachen zu müssen, um dazuzugehören. Und das war sein größter Wunsch. Also rauchte er den Blunt, und dann machte er immer weiter, bis er schließlich süchtig und Dealer wurde. Wenn er doch nur stärker gewesen wäre …

Wenn Teenager nicht Nein sagen, liegt das oft daran, dass sie nicht wissen, wie man das genau macht. Deshalb geben sie einfach nach. Damit dir das nicht passiert, werde ich dir jetzt fünf Möglichkeiten zeigen, wie du Nein sagen kannst. Such dir einfach eine aus, die dir besonders gut liegt. Üb das Ganze mehrmals laut vor dem Spiegel. Dann bist du bestens auf den Ernstfall vorbereitet:

Direkt sein # Falls du genügend Selbstvertrauen hast, kannst du ganz direkt Nein sagen. Du brauchst dich nicht dafür zu entschuldigen! Das könnte dann so ablaufen:

»Lass dich auf Touren bringen. Ich hab hier was echt Cooles für dich.«

»Nein danke.«

»Komm schon! Es wird dir nicht schaden.«

»Vielleicht nicht, aber ich brauch das Zeug nicht. Akzeptier das doch einfach.«

Witzig sein # Manchmal ist es gut, das Ganze mit etwas Humor anzugehen.

»Hier, probier das mal! Es ist wirklich genial.«

»Nein danke – ich hänge an meinen Gehirnzellen.«

Alles auf seine Eltern schieben # Wenn du in eine schwierige Situation gerätst, kannst du deine strengen Eltern vorschieben. Das hab ich auch immer gemacht – und es funktioniert wirklich perfekt!

»Jetzt du – probier mal!«

»Oh nein, meine Eltern würden mich umbringen!«

»Die erfahren das doch gar nicht.«

»Du kennst meine Eltern nicht – die kriegen alles raus!«

Eine Alternative vorschlagen # Manche Teenager trinken und nehmen Drogen, weil sie sich langweilen und ihnen nichts Besseres einfällt. Deshalb solltest du immer ein paar gute Alternativen parat haben.

»Hier, nimm doch auch eine!«

»Können wir nicht was anderes machen?«

»Was denn?«

»Lass uns doch ins Kino gehen. Da läuft ein cooler Film!«

Aufstehen und gehen # Falls du in eine Situation kommst, bei der du einfach ein schlechtes Gefühl hast, solltest du dich auf dein Bauchgefühl verlassen und sofort gehen!

»He, wo willst du denn hin?«

»Ich muss dringend weg. Ich erklär es dir später. Tschüss!«

Unzählige Süchtige sagen: »Wenn ich doch nur beim ersten Mal Nein gesagt hätte – dann würde mein Leben heute ganz anders aussehen!« Mach dir nichts vor. Red dir nicht ein, dass einmal keinmal ist und es dir schon nicht schaden wird. Das haben sie nämlich alle gesagt!

Die Sucht besiegen

Bist du auf dem Weg zu einer Sucht oder vielleicht sogar schon süchtig? Drogen wirken sich stark auf das Gehirn aus. Sie manipulieren unser ganzes Denken und Handeln. Deshalb kommt man nur schwer wieder davon los. Wir sprechen hier also über eine richtig große Sache. Nur wenige Teenager schaffen es, von jetzt auf gleich aufzuhören – einfach nur durch Willenskraft. Anderen gelingt es nach einem Entzug in einer Klinik. Viele müssen sich jahrelang einer Therapie unterziehen. Und manche schaffen es nie.

Mein Freund Phil, von dem ich dir ja schon erzählt habe, bekämpfte seine Alkoholsucht über Jahre. Er machte eine Entziehungskur nach der anderen. Doch er blieb immer nur ein paar Wochen trocken und betrank sich dann wieder bis zur Bewusstlosigkeit. Er machte einen fürchterlichen Teufelskreis von Triumphen und schrecklichen Abstürzen durch. Nachdem er total am Ende war, fand er schließlich die Kraft, es doch noch mal zu versuchen. Er schloss sich den Anonymen Alkoholikern an und schaffte es tatsächlich, seine Sucht zu besiegen. Nun ist er schon seit vielen Jahren trocken.

Heute ist sein Hauptanliegen, anderen zu helfen, ihre Sucht zu überwinden. Obwohl er im Moment sehr glücklich ist, betrachtet Phil sich immer noch als Alkoholiker. Er weiß genau, dass er für den Rest seines Lebens immer nur ein einziges Glas von einem Rückfall entfernt sein wird. Phil hat drei Tipps, die dir helfen können, deine Sucht zu besiegen:

1. **Gib es zu!** Gib zu, dass du ein Problem hast oder gerade dabei bist, eins zu bekommen.

2. **Such dir Hilfe!** Wende dich an deine Eltern, einen guten Freund, eine Selbsthilfegruppe oder einen Berater. Da Drogenmissbrauch und Alkoholsucht extrem verbreitet sind, gibt es unzählige Therapien und Hilfsangebote. Du hast viel bessere Chancen, wenn du nicht versuchst, diesen Kampf allein auszufechten.

3. **Warte nicht länger!** Unternimm was gegen deine Sucht. Schieb die Sache nicht vor dir her: *Je länger du wartest, desto schwieriger wird es!*

Die Droge des 21. Jahrhunderts

Es gibt noch eine Sucht, über die wir bisher nicht gesprochen haben: die Sucht nach Pornographie. Ich bezeichne Pornographie als *Droge,* weil sie genauso abhängig macht wie Kokain. Das werden dir alle Betroffenen und auch alle Therapeuten bestätigen. Natürlich ist Pornographie nichts Neues. Doch seit es das Internet gibt, hat sie unglaubliche Ausmaße angenommen. Genau deshalb ist **Pornographie die Droge des 21. Jahrhunderts.** Noch vor einer Generation war es schwer, an Pornographie heranzukommen. Heute wird sie uns direkt ins Haus geliefert.

Die Porno-Branche verdient Milliarden. Hier geht es nur ums Geld. Was mit dir passiert, ist den Leuten dort völlig egal. Sie wissen, dass Pornographie süchtig macht, und denken sich immer neue Möglichkeiten aus, dich zu verführen. Für Jungs und Männer ist das eine besonders große Versuchung. Doch inzwischen werden auch immer mehr Mädchen und Frauen pornosüchtig. Aber warum ist Pornographie so gefährlich?

Die WAHRHEIT über Pornographie

Hättest du das gewusst?

Pornographie wirkt wie eine Droge. Genau wie Drogen löst Pornographie chemische Reaktionen im Gehirn aus. Das Betrachten von Pornographie setzt Adrenalin frei und führt zur Produktion von Testosteron, Oxytocin, Dopamin und Serotonin. Pornographie überschwemmt einen so mit einem wahren Drogencocktail.

Pornographie ist ein starker Suchtauslöser. Wayne erzählt:

Pornographie macht enorm süchtig! Ich würde sie in eine Reihe mit Alkohol und Nikotin stellen. Ich bin ihr verfallen, seit ich zum ersten Mal Pornos gesehen habe. Die Pornographie beherrschte mein ganzes Leben. Ich konnte an nichts anderes mehr denken. Alles drehte sich nur noch um Pornos. Ich schottete mich völlig ab. Mir war total egal, dass meine Noten absackten. Sobald ich nach Hause kam, holte ich meine Pornohefte aus ihrem Versteck. Stundenlang starrte ich auf die Bilder. Nachts konnte ich nicht schlafen. Dann sah ich mir bis zum Morgengrauen Sexfilme an. Ich war gefangen, und wusste nicht, wie ich da wieder rauskommen sollte. Die Pornographie hatte unglaubliche Macht über mich. Ich kann nur jedem raten, die Finger davon zu lassen.«

Die Sucht beginnt meist sehr früh. Dr. Victor Cline hat schon Hunderte von Männern wegen ihrer Sucht nach Pornographie und Sex behandelt. Er sagt: »Ich habe festgestellt, dass die Probleme bei nahezu allen erwachsenen Sexsüchtigen damit anfingen, dass sie in ihrer Kindheit oder Jugend in Kontakt mit Pornographie gekommen waren.«

Die häufigsten Fragen zu Pornographie

Frage: Ist es nicht völlig normal, sich Pornos anzuschauen?

Antwort: Nein. An Sachen, die süchtig machen, ist nie etwas Normales. Zu den ganz und gar nicht normalen Aspekten von Pornographie gehören ihre Auswirkungen auf Beziehungen. Pornographie kann dazu führen, dass du andere nur noch als Objekte für deine Befriedigung missbrauchst. Sie kann deine Beziehung zu deinem Freund oder deiner Freundin zerstören, denn niemand ist so perfekt wie die Bilder auf deinem Computer, in Magazinen oder Filmen. Pornographie wird dich in einen Menschen verwandeln, der du eigentlich gar nicht bist. Sie lässt dich Dinge tun, die du normalerweise nicht machen würdest.

Frage: Wieso ist es schädlich, sich Pornographie anzusehen?

Antwort: Studien belegen, dass Pornographie bei Kindesmissbrauch, Vergewaltigungen, Gewalt gegen Frauen, Drogenmissbrauch und dem Scheitern von Ehen eine große Rolle spielt.

Zwei Wölfe

Eines der besten Bücher, das ich je gelesen habe, war William Goldings *Herr der Fliegen*. Vielleicht kennst du es ja? Darin geht es um einige Jungs, die nach einem Flugzeugabsturz auf einer Insel festsitzen. Schon nach wenigen Tagen bilden sich verschiedene Gruppen, die sich gegenseitig bekämpfen. Einige der Jungs bleiben zivilisiert. Viele von ihnen werden jedoch allmählich zu Wilden. Die Geschichte zeigt, dass wir alle zwei verschiedene Seiten haben – eine helle und eine dunkle, eine freundliche und eine brutale, eine zivilisierte und eine wilde. Es liegt allein an uns, für welche Seite wir uns entscheiden. Das erinnert mich auch an die Fabel von den beiden Wölfen. Ein Großvater sagt zu seinem Enkel:

» *Ich habe das Gefühl, dass in meinem Herzen zwei Wölfe miteinander kämpfen. Der eine ist rachsüchtig, wütend und gewalttätig; der andere liebevoll und mitfühlend.* «

» *Großvater, welcher Wolf wird diesen Kampf in deinem Herzen gewinnen?* «

» *Lieber Enkel, allein derjenige, dem ich Futter gebe.* «

So funktioniert das. Wenn du deine schwache Seite immer wieder mit Pornographie fütterst, wird das wilde Tier in dir stärker werden. Deshalb: Lass das wilde Tier in dir verhungern! Dann hat es eine Chance. Möchtest du wissen, wie man das macht? Ganz einfach: Du darfst immer nur den guten Wolf füttern. Fütter ihn mit guten Filmen, schöner Musik und starken Bildern. Such dir Freunde, die einen guten Einfluss auf dich haben. Umgib dich mit Menschen, die das Beste in dir zum Vorschein bringen.

Die Sucht nach Pornographie beeinflusst unser Denken und Handeln genauso stark wie Kokain. Geh ihr aus dem Weg! Falls du Freunde hast, die sich Pornos anschauen, solltest du darauf achten, niemals mit ihnen alleine zu sein. Sag ihnen, dass du süchtig wirst und dir so etwas nicht ansehen willst. Und: Falls du schon süchtig bist, hol dir Hilfe – das würdest du bei einer Drogen- oder Alkoholsucht ja auch machen. Lass dir von niemandem einreden, dass Pornographie völlig normal und ganz harmlos ist oder dass Jungs sich so was nun mal ansehen. Das ist Quatsch!

Frei von jeder Sucht

Natürlich gibt es noch viele andere Süchte – etwa Essstörungen, Spielsucht oder Fernseh- und Computersucht. Alle diese Süchte können sehr gefährlich sein und dich regelrecht auffressen. Bei meinen Recherchen zu diesem Kapitel habe ich zu meinem Entsetzen festgestellt, wie sehr sich der Verlauf von Süchten ähnelt. Irgendwie scheinen alle Geschichten gleich zu sein. Alle laufen nach dem gleichen Muster ab. Dabei kann man fast immer fünf Sucht-Stufen erkennen:

ABRUTSCHEN IN DIE SUCHT

SÜCHTE

HOHER WEG	NIEDRIGER WEG
✚ Seinen Körper respektieren	▭ Seinen Körper nicht achten
✚ Konsequent Nein sagen	▭ Alles ausprobieren
✚ Süchten aus dem Weg gehen	▭ Einer gefährlichen Sucht nachgehen

Solltest du ganz ohne Süchte leben, kannst du dich wirklich freuen. Vielleicht machst du aber gerade Experimente und hast dich noch nicht entschieden hast, welchen Weg du einschlagen willst? Dann denk noch mal genau über alles nach, was du hier gerade gelesen hast. Bemüh dich mit aller Kraft, clean zu bleiben. Und: Wenn du schon nach irgendwas süchtig bist, ändere schnell deinen Kurs. Du hast das selbst in der Hand Also: Warte nicht, bis es zu spät ist!

Kleine Schritte

1. Wer wäre betroffen, wenn du nach irgendwas süchtig wärst? Schreib die Namen dieser Leute unten in die Zahnräder.

2. Mal ein Bild, erstell eine Collage oder schreib Wörter auf, die beschreiben, wie deine Zukunft aussehen soll. Lass nicht zu, dass deine Träume durch irgendeine Sucht zerstört werden!

3. Kennst du jemanden, der drogensüchtig ist? Überleg mal, welche schlimmen Folgen das für sein Leben hat.

4. Üb vor dem Spiegel, wie du dem Gruppendruck mit einem klaren Nein standhalten kannst. Benutz dabei eines der folgenden fünf »Nein« aus diesem Kapitel:

- Direkt sein
- Witzig sein
- Alles auf seine Eltern schieben
- Eine Alternative vorschlagen
- Aufstehen und gehen

5. Stell eine Liste mit Dingen zusammen, die dich in einen Glücksrausch versetzen – ganz ohne Alkohol oder Drogen!

____

____

6. Kleb zur Erinnerung einen Zettel an deinen Schrank, auf deinen Spiegel oder in deinen Planer:

»Passt das zu dem,
wie ich sein will?«

Stell dir diese Frage immer, wenn du eine schwierige Entscheidung treffen musst.

7. Mach eine Liste mit Menschen und Dingen, die gut für dich sind. Verbring deine Zeit mit ihnen. Gib dem guten Wolf Futter.

8. Falls du eine Sucht hast: Hol dir **jetzt** Hilfe! Sprich mit einem Erwachsenen, dem du vertraust, oder geh zu einem Berater. Warte keinen einzigen Tag mehr!

6. Entscheidung

SELBST-BEWUSSTSEIN

TOP 10

Die wichtigsten Dinge, die du über das Selbstbewusstsein wissen solltest

10. Frag deinen Spiegel nicht: »Wer ist die Schönste im ganzen Land?« Sag ihm lieber, dass **du** die Schönste bist!
Shannon Mills (18), Orem, Utah

9. Ich finde, dass Sport und Hobbys unser Selbstbewusstsein enorm steigern. Man muss sich einfach was suchen, bei dem man gut ist.
John Green (19), Dublin, Irland

8. Mach dir nichts draus, wenn jemand dich nicht mag! Das ist ganz normal. Man kann nicht mit allen befreundet sein.
Mette Foged (19), Kopenhagen, Dänemark

7. Hör nicht auf das, was andere über dich sagen. Führ dein eigenes Leben!
Conor Docherty (19), Edinburgh, Schottland

6. Lass nicht zu, dass andere auf dir herumtrampeln!
Sanghee Cho (17), Seoul, Südkorea

5. Wünsch dir die besten Dinge im Leben für dich und finde heraus, wie du sie bekommen kannst!
Carmen Ko (17), Selangor, Malaysia

4. Was andere denken, spielt überhaupt keine Rolle. Es wird dich nicht glücklich machen, anderen zu gefallen.
Laura Maccallum (19), Gullane, Schottland

3. Ein gesundes Selbstbewusstsein ist die Voraussetzung für gute Beziehungen.
Hwa Young Lee (15), Sung Nam-Si, Südkorea

2. Akzeptier deine Schwächen und entwickle deine Stärken!
Astrid de Guzman (18), Marikina City, Philippinen

1. Geh mit erhobenem Kopf. Strahl Zuversicht aus und sei stolz auf das, was du bist.
Diana Tang (16), Long Beach, Kalifornien

Wer sagt, Worte könnten ihn nicht verletzen, der lügt. Gehässige Bemerkungen können uns total fertigmachen. Genau wie viele andere Dinge auch – zum Beispiel eine Fünf in Mathe oder die Trennung unserer Eltern. Ein gesundes Selbstbewusstsein aufzubauen, das ist absolut kein Spaziergang.

Unter **Selbstbewusstsein** verstehe ich deine Meinung, die du über dich selbst hast. Dafür gibt es auch noch andere Bezeichnungen: Selbstachtung, Selbstbild, Selbstvertrauen oder Selbstwert. Welches Wort auch immer man verwendet: Letztlich geht es darum, welchen Wert du in deinen eigenen Augen hast.

Was du im Hinblick auf dein Selbstbewusstsein tust, ist die letzte der lebenswichtigen Entscheidungen, die du in deiner Teenagerzeit treffen musst. Willst du den hohen Weg einschlagen? Dann musst du dein bestes Ich erkennen, deinen Charakter und deine Stärken weiterentwickeln und lernen, dich mit allen deinen Schwächen zu mögen. Natürlich kannst du auch den niedrigen Weg wählen. Du kannst der Meinung anderer viel zu viel Bedeutung geben, nicht an dir arbeiten und wegen deiner Fehler übertrieben hart mit dir ins Gericht gehen.

Gesundes Selbstbewusstsein bedeutet nicht, dass man komplett von sich überzeugt ist. Es bedeutet, dass man genügend Selbstvertrauen hat, um sich so zu akzeptieren, wie man ist.

Ein gesundes Selbstbewusstsein hilft dir

- dem Gruppendruck nicht nachzugeben,
- etwas Neues auszuprobieren,
- mit Enttäuschungen, Fehlern und Misserfolgen fertig zu werden,
- das Gefühl zu haben, dass man dich liebt und braucht.

Ein geringes Selbstbewusstsein führt dazu, dass du

- dem Gruppendruck nachgibst,
- keinen Mut hast, Neues auszuprobieren,

- schwer an Enttäuschungen und Misserfolgen zu knabbern hast,
- das Gefühl hast, weder geliebt noch gebraucht zu werden.

Der amerikanische Autor Maxwell Maltz hat das so ausgedrückt: »Wer ein geringes Selbstbewusstsein hat, fährt immer nur mit angezogener Handbremse durchs Leben.« Die gute Nachricht: Ganz egal, was du heute von dir hältst – du kannst dein Selbstbewusstsein steigern. Dazu musst du deine Denk- und Verhaltensweisen ändern. Und das ist wirklich keine Riesensache!

Kleiner Test in Sachen Selbstbewusstsein

Zieh einfach einen Kreis um die passende Ziffer.		**Stimmt nicht!**			**Stimmt total!**	
1.	Ich mag mich im Großen und Ganzen.	1	2	3	4	5
2.	Ich habe ein ziemlich großes Selbstbewusstsein.	1	2	3	4	5
3.	Ich finde mein Aussehen okay.	1	2	3	4	5
4.	Ich kann mit gemeinen Bemerkungen ganz gut umgehen.	1	2	3	4	5
5.	Ich habe viele Stärken und Talente.	1	2	3	4	5
6.	Was ich anfange, mache ich auch fertig.	1	2	3	4	5
7.	Ich freue mich mit anderen über ihre Erfolge.	1	2	3	4	5
8.	Ich versuche immer wieder, Neues auszuprobieren.	1	2	3	4	5
9.	Ich glaube an mich und bin von mir überzeugt.	1	2	3	4	5
10.	Ich habe in meinem Leben schon einiges erreicht.	1	2	3	4	5
	SUMME					

- Bitte zähl deine Punkte zusammen. Dann siehst du sofort, wie es mit deinem Selbstbewusstsein aussieht.

40–50:	Du bist auf dem hohen Weg. Mach weiter so!
30–39:	Du liegst zwischen dem hohen und dem niedrigen Weg. Versuch, noch weiter nach oben zu kommen!
10–29:	Du bist auf dem niedrigen Weg. Bitte pass bei diesem Kapitel wirklich gut auf!

Alle Teenager haben irgendwann Probleme mit ihrem Selbstbewusstsein. Das gilt auch für diejenigen, die oberflächlich ziemlich selbstsicher wirken. **Was siehst du wirklich im Spiegel?** Im ersten Teil erfährst du, warum du dich nicht zu sehr von den Ansichten anderer beeinflussen lassen solltest. In **Charakter und Kompetenz** werde ich dir zeigen, wie du mehr Selbstbewusstsein gewinnen kannst. Und im Kapitel **Selbstzweifel besiegen** geht es darum, was du tun kannst, damit die großen und kleinen Stacheln des Lebens dich nicht so leicht verletzen.

Was siehst du wirklich im Spiegel?

Warst du schon mal in einem Spiegelkabinett? In den verrückten Spiegeln sieht man plötzlich aus, als wäre man nur einen halben Meter groß oder drei Meter breit. Alles ist total verzerrt. Wir lachen darüber. Denn wir wissen ja, dass das nicht stimmt. Die Frage ist: In welchen Spiegel schaust du, wenn es um dein Selbstbewusstsein geht? In den verzerrten oder in den wahren Spiegel?

Da kannst zwischen zwei Spiegeln wählen: dem **sozialen Spiegel** und dem **wahren Spiegel.** Der soziale Spiegel zeigt dir, wie andere Leute dich sehen. Der wahre Spiegel hingegen verrät dir, wie du wirklich bist.

Der soziale Spiegel beruht darauf, wie du im Vergleich zu anderen abschneidest. Er kann dazu führen, dass du Dinge wie »Ich sehe besser aus als sie!« oder »Er ist klüger als ich!« denkst. Der wahre Spiegel dagegen beruht auf deinem Potenzial und deinen Entwicklungsmöglichkeiten. Der soziale Spiegel ist *extern*: Du willst dann außerhalb von dir herausfinden, wer du wirklich bist. Der wahre Spiegel aber ist *intern*: Du suchst in deinem Inneren nach deinem wahren Selbst.

Wenn du dich bei deinem Selbstbild auf den sozialen Spiegel verlässt, wirst du dein Spiegelbild früher oder später für dein wahres Ich halten. Es wird dein Etikett, und du fühlst dich damit wohl. Du vergisst völlig, dass du in einen Zerrspiegel schaust. Mit einem kleinen Experiment kannst du ganz leicht herausfinden, in welchen Spiegel du schaust:

- Trag in den sozialen Spiegel ein, wie andere – etwa deine Freunde, Familie oder Lehrer – dich beschreiben würden.
- Trag in den wahren Spiegel ein, wie du dein wirkliches Selbst siehst. Überleg dir, wie jemand, der uneingeschränkt an dich glaubt, dich beschreiben würde.

Bei Kelly, 17 Jahre alt, sahen die Spiegel so aus:

Versuch es jetzt doch einfach mal selbst!

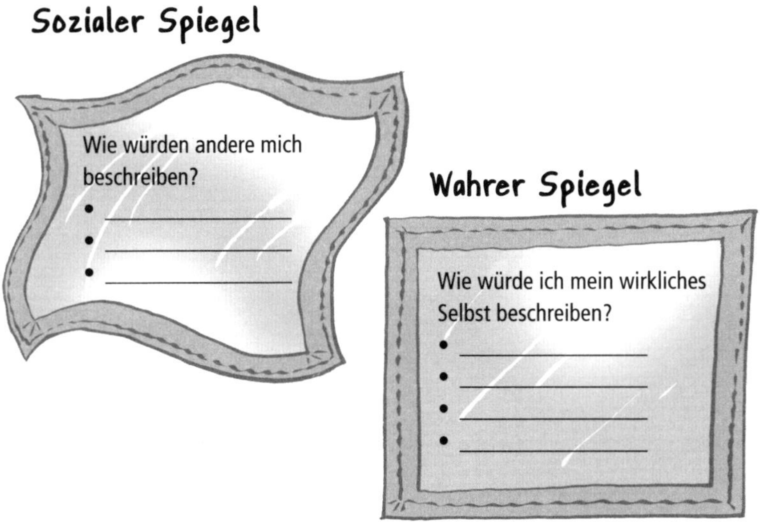

Sieh dir nun die beiden Listen an. In welchem Spiegel betrachtest du dich? Im sozialen oder im wahren? Bei den meisten Menschen kommt das Selbstbild mehr aus dem sozialen Spiegel und weniger aus dem wahren. Ist das bei dir auch so? Dann beruht deine Meinung über dich selbst auf den Ansichten anderer.

Vielleicht sehen die anderen bereits das Beste in dir? In diesem Fall macht es kaum einen Unterschied, ob du in den sozialen oder in den wahren Spiegel schaust. Dann hast du wirklich Glück! Und du bist eine Ausnahme. Denn: Die meisten von uns beziehen ihre Ansichten über sich selbst vor allem daraus, wie andere sie sehen.

Sprünge im sozialen Spiegel

Es ist schlecht, sich zu sehr auf den sozialen Spiegel zu verlassen. Dafür gibt es gleich mehrere Gründe:

Der soziale Spiegel ist unrealistisch. Die Medien reden uns ein, dass es **nur aufs Aussehen ankommt.** Und wir glauben das auch noch! Man gaukelt uns vor, dass man alles – Liebe, Glück und Erfolg – haben kann, wenn man gut aussieht. Das Problem ist, dass die Vorbilder dafür, wie wir auszusehen haben, aus Filmen und Hochglanzmagazinen stammen. Die Autorin Georgia Beaverson schreibt:

> Das Fernsehen und die anderen Medien haben unsere Teenager in eine schlimme Zwickmühle gebracht. Auf der einen Seite stehen Männer mit unglaublichen Muskeln und Frauen mit perfektem Aussehen. Und was steht auf der anderen Seite?
>
> **Die Wirklichkeit!**

Der Einfluss der Medien ist so stark, dass wir glauben, wir müssten wie eine Barbie-Puppe aussehen. Aber das geht gar nicht! Adiosbarbie.com beschreibt, was das bedeuten würde:

> Wenn Barbie eine wirkliche Person wäre, wäre sie 1,75 Meter groß. Sie hätte einen doppelt so langen Hals wie normale Menschen und würde 50 Kilo wiegen, nur 76 Prozent des Gewichts, das für sie gesund wäre. Ihre Maße wären 95-45-80. Und ihre Füße wären so klein, dass sie darauf gar nicht gehen könnte.
>
> Bei den Jungs sieht es allerdings auch nicht besser aus. Man erwartet, dass sie genauso muskulös sind wie Barbies männliches Pendant Ken. Doch: In Lebensgröße hätte Ken einen Brustumfang von 140 Zentimetern und einen Bizeps von fast 70 Zentimetern. Damit wäre sein Bizeps fast so breit wie seine Hüfte.

Kein Wunder, dass wir uns minderwertig vorkommen, wenn wir uns mit den Models in den Zeitschriften, in Filmen und auf Instagram vergleichen!

Der soziale Spiegel ändert sich ständig. Wenn du dein Selbstbewusstsein daraus beziehst, wie andere dich sehen, wirst du nie gefestigt sein. Die Meinungen und die Mode ändern sich ja ständig. Es ist unmöglich, da mitzuhalten. Du wirst dich bald wie Alice im Wunderland fühlen:

> *»Wer bist du?«, fragte die Raupe. Alice antwortete schüchtern:*
>
> > *»Momentan kann ich das gar nicht so genau sagen. Ich kann zwar sagen, wer ich war, als ich heute Morgen aufgestanden bin. Doch ich glaube, dass ich mich inzwischen ein paar Mal verändert habe.«*

Die Modezeitschriften und das Internet können sich offensichtlich nicht entscheiden. Dort findet man einen Artikel, in dem steht, dass man mit dem Körper glücklich sein sollte, mit dem man geboren wurde. Gleich daneben ist eine Werbung für Nasenkorrekturen, Fettabsaugen und Brustvergrößerung. Was denn jetzt?! Ein Mädchen hat zu mir gesagt: »Die meisten Teens versuchen, mit allen Trends Schritt zu halten. Sie strengen sich total an, wie die Models oder Stars zu werden. Gleichzeitig wollen sie aber sie selbst sein. Das funktioniert einfach nicht!« Der soziale Spiegel zeigt nicht das wahre Bild. Du bist unendlich viel mehr, als man von außen sieht. Du hast Möglichkeiten, Stärken und Talente, die niemand erkennt, nicht einmal du selbst. Also: Mach einen großen Bogen um den sozialen Spiegel!

Spieglein, Spieglein an der Wand …

Du entscheidest jeden Tag, ob du in den sozialen oder in den wahren Spiegel schauen willst. Du hast die Wahl, ob du dich auf deine Schwächen oder auf deine guten Seiten konzentrieren willst. Aber wann schauen wir überhaupt in den Spiegel? Hier die drei häufigsten Momente:

Der Moment, in dem du dich fertig machst. Jedes Mal, wenn du in den Spiegel schaust, um dich für den Tag oder eine Verabredung fertig zu machen, kannst du …

Der Moment, in dem du unsicher bist. Wenn du mit einer Gruppe von Freunden zusammen bist und dich unsicher fühlst, kannst du …

Sozialer Spiegel

… daran denken, wie oft andere dich schon wegen deiner Schüchternheit verspottet haben.

Wahrer Spiegel

… dich daran erinnern, wie witzig, aufgeschlossen und charmant du sein kannst.

Der Moment, in dem Mut angesagt ist. Wenn du Angst davor hast, etwas Neues auszuprobieren, kannst du …

Sozialer Spiegel

… daran denken, dass alle anderen viel besser sind als du.

Wahrer Spiegel

… dich auf deine Stärken und die Tatsache, dass du dich gut vorbereitet hast, konzentrieren.

Wenn du dich am wahren Spiegel orientierst, wird dir das viel Kraft geben. Wenn du aber nur in den sozialen Spiegel schaust, wird dir das Angst machen. Welchen Spiegel wählst du? Es ist deine Entscheidung!

Charakter und Kompetenz

Stell dir vor, du hast gerade erfahren, dass du ein Herzproblem hast und **möglicherweise** operiert werden musst. Du hast die Wahl zwischen zwei Ärzten. Dr. Gut ist als ehrlicher Mensch bekannt, der seinen Patienten gegenüber sehr fürsorglich ist. Er hat allerdings noch nie eine Herzoperation durchgeführt.

Der andere Arzt, Dr. Fähig, gilt als hervorragender Herzchirurg. Er ist aber leider unehrlich. Dr. Fähig will möglichst viel Geld verdienen. Deshalb nimmt er Operationen vor, auch wenn sie überhaupt nicht nötig sind.

Für wen würdest du dich entscheiden? Für Dr. Gut, den wunderbaren Menschen ohne Erfahrung im OP? Oder für Dr. Fähig, der zwar jede Menge Erfahrung hat, aber ein Lügner ist?

Was du wirklich brauchen würdest, ist ein ehrlicher und erfahrener Arzt – ein Arzt mit **Charakter** und **Kompetenz**.

Genau diese beiden Dinge, Charakter und Kompetenz, sind auch die wichtigsten Faktoren für ein gesundes Selbstbewusstsein. Aber was sind Charakter und Kompetenz genau?

- **Dein Charakter ist das, was du bist. Er ist die Summe deiner positiven Eigenschaften.** Der Pfadfinderkodex ist eine gute Definition dafür. Pfadfinder sind vertrauenswürdig, loyal, hilfsbereit, freundlich, höflich, gehorsam, fröhlich, sparsam, tapfer, ordentlich und respektvoll.
- **Deine Kompetenz ist das, worin du besonders gut bist. Sie ist die Summe deiner Talente, Fertigkeiten und Fähigkeiten.** Wir bewundern Menschen, die kompetent sind, die über Know-how und Sachkenntnis verfügen. Dabei spielt es keine Rolle, ob es darum geht, Autos zu reparieren, Geige zu spielen oder quadratische Gleichungen zu lösen.

Sieh dir jetzt bitte das folgende Diagramm an. Überleg dir genau, in welchen Quadranten du dich einordnen würdest.

CHARAKTER

KOMPETENZ	WENIG	VIEL
VIEL	VERSCHWENDER EIGENSCHAFTEN • Talentiert • Arrogant • Egoistisch	STARS EIGENSCHAFTEN • Engagiert • Ehrlich • Mutig
WENIG	NULL-NUMMERN EIGENSCHAFTEN • Faul • Unehrlich • Negativ	HOCHBEGABTE EIGENSCHAFTEN • Zuverlässig • Ehrlich • Wenig Mut und Initiative

Verschwender (wenig Charakter – viel Kompetenz) sind Menschen mit großem Talent, aber ohne Rückgrat und moralische Stärke. Ich nenne sie **Verschwender**. Warum? Weil sie ihre Talente vergeuden. Sie könnten sehr viel Gutes tun – *könnten*! Denn sie machen es nicht, weil sie nur an sich selbst denken.

Null-Nummern (wenig Charakter – wenig Kompetenz) haben echte Probleme. Andere Menschen sind ihnen egal. Ja, sie interessieren sich nicht einmal für sich selbst. **Null-Nummern** sind einfach nur faul, sie bewegen sich nicht von der Stelle. Sie brauchen dringend neuen Schwung in ihrem Leben.

Hochbegabte (viel Charakter – wenig Kompetenz) sind sehr talentierte Leute. Allerdings arbeiten sie (noch) nicht daran, ihre Fähigkeiten weiterzuentwickeln. Sie haben das Talent, echte Cracks zu werden. Deshalb sind in diesem Quadranten viele Teenager. **Hochbegabte** haben alles, was sie brauchen. Aber sie müssen sich einen Ruck geben, um wirklich etwas aus ihrer Begabung zu machen.

Stars (viel Charakter – viel Kompetenz) zeichnen sich durch ein gutes Können und einen guten Charakter aus. **Stars** haben hart daran gearbeitet, ihre Talente zu entwickeln. Dabei haben sie auch das Wohl anderer im Blick. Natürlich sind auch sie nicht perfekt, aber sie strengen sich wirklich an.

Zum Glück gibt es wesentlich mehr Hochbegabte und Stars als Null-Nummern und Verschwender. Und: Jeder hat die Anlagen, um ein Star zu werden! Was du dafür tun kannst? Entscheide dich, etwas zu verändern. Und dann arbeite konsequent daran, deinen Charakter und deine Kompetenz auszubauen. Wie das geht, das zeige ich dir jetzt!

Die Grundsteine des Charakters

Zum Aufbau von Charakter gehören viele Faktoren. Die drei wichtigsten sind Integrität, Dienen und Vertrauen.

INTEGRITÄT # Integrität ist ein anderes Wort für Ehrlichkeit. Dabei wird Ehrlichkeit jedoch aus einem ganz besonderen Blickwinkel betrachtet. Integrität heißt: Dem *treu zu bleiben,* was man als richtig erkannt hat. Dazu gehört, zu allen – auch zu sich selbst – ehrlich zu sein. Wenn du integer bist, dann schummelst du nicht bei Klassenarbeiten oder Klausuren, belügst deine Eltern nicht und lästerst auch nicht über andere.

Integrität ist ein wichtiger Grundstein unseres Selbstbewusstseins. Sie gibt uns innere Sicherheit. Wenn du innerlich gefestigt bist, wirst du mit fast allem fertig – sogar mit fiesen Klassenkameraden, herzzerreißenden Trennungen und großen Peinlichkeiten.

Wie sieht es bei dir mit der Integrität aus? Musst du noch daran arbeiten? Macht nichts! Das geht fast allen Teens so. Keiner ist perfekt! Wichtig ist, dass du deine Fehler wiedergutmachst. Versuch nie, einen Fehler zu vertuschen. Das macht alles nur noch viel schlimmer.

Als ich acht war, habe ich in einem Kellerschacht bei unserem Nachbarn ein Feuer angezündet – aus Blödsinn. Doch das Feuer geriet außer Kontrolle. Fast wäre das Haus abgebrannt. Du kannst dir sicher vorstellen, wie wütend unser Nachbar auf mich war! Ich hatte in der ganzen Gegend den Ruf weg, nichts als Schwierigkeiten zu machen.

Torbogen des Selbstbewusstseins

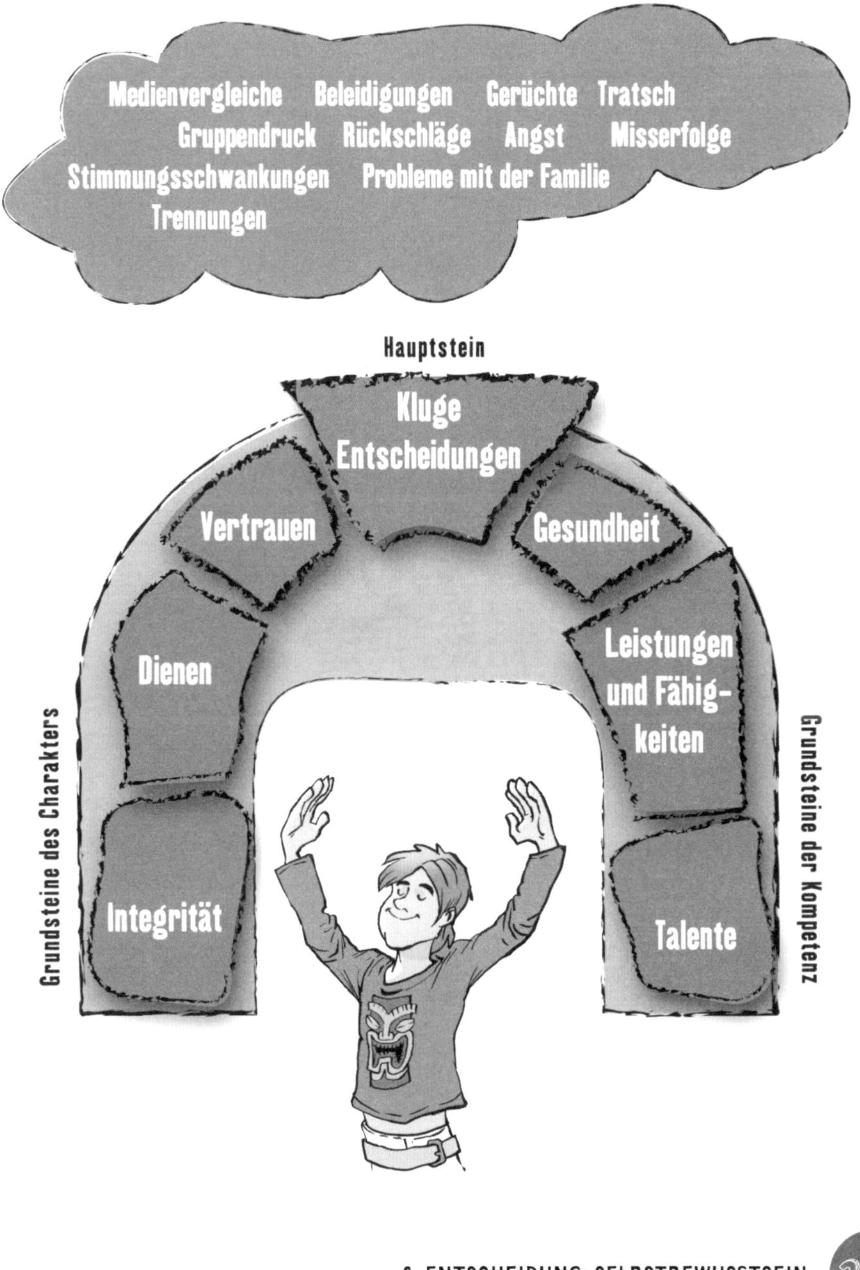

Um mir zu helfen, brachte mein Vater mir etwas bei, was er **»Vier gewinnt!«** nannte. Das bedeutet: Wenn du einen Fehler gemacht hast, musst du ihn nicht einmal, sondern viermal wiedergutmachen. Also putzte ich den Kellerschacht unseres Nachbarn, fegte seine Einfahrt, mähte seinen Rasen und erledigte Besorgungen für ihn. Du kannst mir glauben: Er mochte mich danach wirklich! *»Vier gewinnt!«* funktioniert also wirklich!

Also: Mach jeden Fehler vierfach gut. Falls du deinen Eltern eine dicke Lüge aufgetischt hast, könntest du beispielsweise das Geschirr abwaschen, das Wohnzimmer saugen, Einkäufe erledigen und ihnen einen Entschuldigungsbrief schreiben. *Wiedergutmachung statt Vertuschung* – das ist wahre Integrität!

DIENEN # »Die Dienste, die wir anderen erweisen, sind die Miete, die wir für unseren Platz auf der Erde zahlen.« Das hat Wilfred Grenfall gesagt. Das Leben ist wirklich ein Geschenk. Und wenn du mal darüber nachdenkst, wirst du sicher vieles finden, wofür du dankbar sein solltest. Zum Beispiel:

- Da du dieses Buch liest, bist du besser dran als über eine Milliarde Menschen, die nicht lesen können.
- Wenn du ein Dach über dem Kopf hast, Essen im Kühlschrank und Klamotten am Leib, hast du mehr als über drei Milliarden Menschen, die jeden Tag mit weniger als zwei Euro auskommen müssen.
- Wenn du heute Abend etwas zu essen bekommst, geht es dir besser als dem Fünftel der Weltbevölkerung, das hungrig ins Bett gehen muss.

Da wir viel bekommen haben, sollten wir auch viel geben. Wer etwas gibt, bekommt immer etwas zurück. Jose hat mir geschrieben, dass ein Lehrer ihn dazu brachte, Obdachlosen zu helfen:

Ich kaufte ein paar Sachen bei McDonald's. Dann fuhr ich mit meinem Freund herum, bis wir einen Obdachlosen auf der Straße entdeckten. Ich stieg aus, ging zu ihm und bot ihm das Essen an. Er war so dankbar! Ich fühlte mich wirklich gut, weil ich wusste, dass der Mann an diesem Abend nicht hungrig schlafen gehen würde.

Das Tolle am Dienen und an ehrenamtlichen Tätigkeiten ist, dass es dafür unbegrenzte Möglichkeiten gibt: ein Tier aus dem Tierheim »adoptieren«, Mitschülern bei den Hausaufgaben helfen, kleinen Patienten in einem Krankenhaus etwas vorlesen, Senioren im Altenheim besuchen oder einfach nur besonders nett zu denen sein, die das gerade brauchen … Wenn man anderen hilft, baut man damit zugleich das eigene Selbstbewusstsein auf. Meine Nichte Shannon hat das aus eigener Erfahrung gelernt. Als junge Erwachsene arbeitete sie mehrere Monate lang unentgeltlich in einem rumänischen Waisenhaus. Hier ist ein Auszug aus einem ihrer Briefe:

Als ich zum ersten Mal in das Waisenhaus kam, war ich total geschockt. Ich ging in den Saal und sah all die Babys in ihren Bettchen liegen und vor sich hin starren. In manchen Bettchen lagen sogar drei Kinder. Ich wollte sie alle auf den Arm nehmen und nie wieder loslassen.

Ich erinnere mich noch gut daran, wie ein kleines Baby namens Denisa zum ersten Mal in meinen Armen einschlief. Ich wollte sie nicht in ihr Bettchen legen. Ich wusste, dass sie noch nie in den Armen eines Menschen eingeschlafen war, sondern immer nur allein in ihrem kleinen, harten Bettchen. Es war einfach wunderbar, ihr meine Liebe und Nähe geben zu können.

An einem anderen Tag brachte ich mehrere Zweijährige ins Bett. Ich hatte zwei von ihnen auf dem Arm, doch da fing ein Dritter an zu weinen. Da ich keinen Arm mehr frei hatte, schob ich meinen Stuhl an sein Bettchen, um auch ihn trösten zu können. Ich begann, ein Lied aus meiner Kindheit zu summen. Der Junge war ganz schnell ruhig und hörte gebannt zu. Das war ein ganz besonderer Moment in meinem Leben.

Diese Kinder, die ihre Arme nach mir ausstreckten oder zu mir gelaufen kamen und mich Mama nannten, waren einfach wunderbar. Ich war unendlich dankbar, dass ich mein bequemes, selbstsüchtiges Leben für einige Zeit aufgegeben hatte, um ihnen meine Liebe und Fürsorge zu schenken. Sie gaben mir so viel und veränderten mein Leben für immer. Das kann ich ihnen niemals genug danken!

Das Gute, das du tust, wird wie ein Tropfen in einem Teich noch lange kleine Wellen schlagen. Als Shannon aus Rumänien zurückkam, hielt sie Vorträge in Schulen über ihre Arbeit in Rumänien. Sie wollte auch andere junge Leute dafür begeistern. Tatsächlich meldeten sich mehrere Mädchen, um freiwillig in dem Waisenhaus in Rumänien zu arbeiten. Shannon war sehr froh, dass sich weiter jemand um »ihre« Babys kümmerte.

> Wenn ich verhindern kann,
> dass auch nur ein einziges Herz bricht,
> habe ich nicht vergebens gelebt.
> Wenn ich das Leid in einem einzigen Leben lindern
> oder einen einzigen Schmerz stillen kann,
> habe ich nicht vergebens gelebt.
>
> Emily Dickinson

VERTRAUEN # Beim Vertrauen geht es immer um etwas, das man nicht sehen kann. Es gibt die verschiedensten Formen: das Vertrauen in sich selbst oder in andere, aber auch das Vertrauen, dass harte Arbeit zu guten Ergebnissen führt. Du könntest beispielsweise darauf vertrauen, dass du eine bessere Zukunft haben wirst, wenn du im Hinblick auf die Schule, deine Freunde und Drogen kluge Entscheidungen triffst. Das Vertrauen bringt dich dann dazu, zu handeln. Ohne Vertrauen hast du nichts, worauf du hoffen kannst.

Eine ganz besondere Form des Vertrauens ist unsere Religiosität oder unsere Spiritualität. Natürlich ist es völlig in Ordnung, dass jeder es mit dem Glauben so hält, wie er es für gut und richtig findet. Doch Studien zeigen immer wieder, dass Glaube und Religion die Selbstachtung von Kindern und Jugendlichen enorm steigern können. Dein Glaube kann dir nämlich:

- verlässliche Maßstäbe für dein Leben geben,
- helfen, negativem Gruppendruck standzuhalten,
- ein Gefühl der Identität und der Zugehörigkeit vermitteln.

In den letzten Jahren habe ich unzählige Leitbilder von Teenagern aus der ganzen Welt bekommen. Und ich staune immer wieder darüber, dass der Glaube, Gott, die Kirche und Ähnliches so oft eine große Rolle darin spielen. Forschungen haben sogar gezeigt, dass der Glaube – gleich nach den Eltern – den zweitgrößten Einfluss auf Jugendliche hat. Egal, wie du über Glauben und Religion denkst, es lohnt sich auf jeden Fall, an Wunder zu glauben und die Hoffnung niemals aufzugeben. Das hat auch Albert Einstein erkannt:

> »*Man kann sein Leben auf zwei Weisen führen:*
> *So, als würde es* **überhaupt keine Wunder** *geben.*
> *Oder so, als sei* **alles ein Wunder**.«

Die Grundsteine der Kompetenz

Der Charakter ist für unser Selbstbewusstsein sehr wichtig. Aber er ist nicht alles. Wenn wir irgendein Talent bei uns entdecken und es weiterentwickeln, hebt das unser Selbstbewusstsein mehr als alles andere. Das ist Kompetenz – dafür gibt es keinen Ersatz. Zu den Grundsteinen der Kompetenz gehören Talente und Fähigkeiten, Leistungen und Gesundheit.

TALENTE UND FÄHIGKEITEN # Je älter ich werde, desto mehr bin ich überzeugt, dass wir alle mit einzigartigen Talenten und Fähigkeiten geboren werden. Sie fallen uns allerdings nicht in den Schoß. Wir müssen sie entwickeln! Als Kind habe ich mir mal den Arm gebrochen. Als der Gips endlich wieder abgenommen wurde, war mein Arm ganz dünn und verschrumpelt. Mit unseren Talenten und Fähigkeiten ist es genauso. Wenn wir uns nicht um sie kümmern, werden sie schwächer. Sobald wir uns weiterentwickeln wollen, müssen wir unsere Komfortzone verlassen und uns in die Mutzone wagen. Was ich damit meine? Wir müssen Neues ausprobieren, Risiken eingehen, Rückschläge verdauen und immer wieder aufstehen, um neue Höhen zu erreichen. **Kompetenz ist wie ein Muskel:** Nur durch intensives Training können wir sie voll entfalten. Melody hat selbst erlebt, wie gut es für unser Selbstbewusstsein ist, wenn wir uns in unsere Mutzone vorwagen:

Um in den Staats-Chor von Kentucky zu kommen, muss man vorsingen. Als meine Gesangslehrerin mich zum ersten Mal aufforderte, vor der Klasse zu singen, war ich total aufgeregt. Das Herz schlug mir bis zum Hals, meine Hände waren feucht, mir zitterten die Beine. Inzwischen habe ich schon über 20-mal vor meiner Klasse gesungen. Ich habe hart daran gearbeitet, meine Komfortzone zu verlassen und in die Mutzone zu kommen. Nun bin ich nicht mehr nervös. Morgen Abend muss ich für den Staats-Chor vorsingen. Aber das macht mir nichts aus. Ich habe jetzt jede Menge Selbstbewusstsein und bin sicher, dass alles klappen wird.

Wie sieht es bei dir aus? Verschwendest du deine Talente? Oder arbeitest du an dir und lernst immer neue Dinge? Die Neuntklässlerin Roxy ist eine hervorragende Designerin und Schneiderin, eine wahre Zauberin an der Nähmaschine. Sie ist zwar stolz darauf, sagt aber: »Schneidern findet heute leider keiner mehr richtig cool.« Aber wer bestimmt denn, was cool ist? Alles ist cool, wenn es einem Spaß macht und man dabei etwas Besonderes leisten kann – Nähen, Sport, in einer Band spielen, Geschichten schreiben, Theater spielen, Websites ins Netz bringen …

Als Junge hatte ich große Angst davor, vor Leuten zu sprechen. Um diese Angst zu besiegen, meldete ich mich in der siebten Klasse zu einem Rhetorik-Training an. Als ich zum ersten Mal eine Rede vor den anderen Kursteilnehmern halten musste, schlotterten mir die Knie. Aber es wurde von Mal zu Mal besser. Deshalb belegte ich immer wieder Rhetorik-Kurse. Ich habe meine Angst zwar nie völlig überwunden. Aber ich bin ein viel besserer Redner geworden, und das hat meinem Selbstbewusstsein einen enormen Schub gegeben.

Ein blinder Junge aus Tibet, Tashi Pasang, hätte gar keinen schlechteren Start ins Leben haben können. Als er 11 war, ließ ihn sein Vater allein in der tibetischen Hauptstadt Lhasa zurück. Der Junge war ihm einfach eine zu große Last. Die anderen Straßenkinder bestahlen und verprügelten Tashi immer und immer wieder. Irgendwie schaffte er es, seinen ersten Winter auf der Straße zu überleben: Er bettelte und hüllte sich in Plastiktüten, um nicht zu erfrieren.

Schließlich hatten einige Leute Mitleid mit Tashi und brachten ihn in eine Schule für behinderte Kinder. Obwohl er blind war, arbeitete Tashi hart daran, seine Talente und Fähigkeiten weiterzuentwickeln.

Heute kann er nicht nur lesen und schreiben, sondern er spricht sogar drei Sprachen – Tibetisch, Chinesisch und Englisch. Er hat einen guten Job und will nun noch einmal in sein Dorf zurückkehren, um seinen Eltern zu sagen, dass er am Leben ist und dass es ihm gut geht.

Weil er lesen und schreiben kann und auch noch drei Sprachen spricht, hat Tashi jetzt das Rüstzeug, um etwas aus seinem Leben zu machen. Ohne diese Fähigkeiten hätte er keine Chance. In der Welt von heute reicht es längst nicht, Talent zu haben – man braucht auch Kompetenz.

LEISTUNGEN # Aus seinen Leistungen, aus den Dingen, die man im Leben erreicht, gewinnt man viel Kraft. Wenn wir eine Schwäche überwinden, einer Versuchung widerstehen oder ein wichtiges Ziel verwirklichen, werden wir stärker. Vielleicht ist es für dich eine Leistung, lauter Einsen zu schreiben, und für einen deiner Freunde ist es das Größe, ins Fußballteam zu kommen.

Manchmal sehen unsere Leistungen auch ganz anders aus, als wir es eigentlich erwartet haben. Mein Freund Tanner hatte immer das Ziel, wie sein großer Bruder Landesmeister im Ringen zu werden. Nach Jahren harter Arbeit hatte er schließlich die Chance, sich für die Landesmeisterschaft zu qualifizieren. Bei diesem Kampf verletzte er sich jedoch schwer am Ellbogen. Damit war sein Traum, Landesmeister zu werden, geplatzt. Das machte ihn total fertig. Doch dann bekam er einen Brief von seinem älteren Bruder:

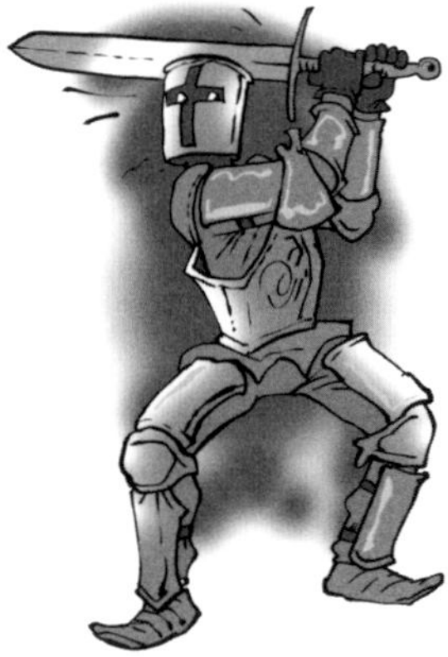

Lieber Tanner,
als Landesmeister fühlt man sich zwar ganz toll. Doch allein dadurch ist man noch lange kein gutes Vorbild für die anderen. Aber: Wie du dich vorbereitet hast und wie du alles im Kampf gegeben hast – das macht dich zu einem echten Vorbild für alle anderen! Du hast alles gegeben. Darauf kommt es wirklich an!!!

Dieser Brief berührte Tanner sehr. Und: Beim Kampf um die Landesmeisterschaft trug sein Team ihm zu Ehren ein Band am Ellbogen! Da wurde Tanner klar, dass er sein ursprüngliches Ziel tatsächlich erreicht hatte: Er war ein echtes Vorbild – und die anderen waren wirklich stolz auf ihn!

Es gibt den Ort, an dem wir gerade stehen. Und es gibt den Ort, an dem wir gerne sein würden. Dazwischen liegt immer eine Kluft. Manchmal ist sie klein, und manchmal riesig. Wie groß die Kluft auch sein mag: Bleib positiv, arbeite hart daran, sie zu schließen. Bitte hör nicht auf den Perfektionisten in dir, der nie zufrieden ist! Wenn du es schaffst, die Kluft auch nur ein winziges bisschen kleiner zu machen, ist das eine Leistung, auf die du sehr stolz sein kannst!!!

GESUNDHEIT # Als Kind war ich verrückt nach Popcorn, Donuts und Chips. Daher wurde ich oft *Dicker* genannt. Manchmal fragte ich meine Mutter: »Findest du mich dick?«

Sie sagte dann: »Nein, du bist nicht dick – du bist stämmig.« Und ich grinste vor mich hin. »Ja, ich bin nicht dick, sondern nur stämmig.«

Im Sommer nach der siebten Klasse schickte mein Vater mich zu einem Überlebenskurs, weil er fand, dass ich nicht kräftig genug war. Ich musste zusammen mit 80 anderen Kindern in vier Tagen rund 80 Kilometer laufen. Dabei durften wir uns nur von Kräutern und Beeren ernähren. Die Kursleiter verlangten total verrückte Sachen von uns:

Wir mussten uns von Felswänden abseilen, reißende Flüsse überqueren und Regenwürmer und Insekten essen!

Doch: Bei dieser Tortur nahm ich über 4 Kilo ab. Als ich zurückkam, sagte eine Freundin meiner Mutter: »Mensch, Sean, du siehst ja richtig fit aus!« Das hatte noch nie jemand zu mir gesagt. Ich war vor Freude außer mir! Das war genau die Starthilfe, die ich brauchte.

Also holte ich mir das Ernährungshandbuch meiner Mutter – dort wurden die Lebensmittel in Gruppen aufgeteilt. Daneben zeigten Kästchen, wie viele Portionen man pro Tag essen durfte. Ich habe das noch heute genau im Kopf:

LEBENSMITTELGRUPPE	TAGESPORTIONEN
Getreide (Brot, Reis, Nudeln …)	☐ ☐ ☐ ☐ ☐
Obst	☐ ☐ ☐
Gemüse	☐ ☐ ☐ ☐
Molkereiprodukte (Milch, Käse, Joghurt …)	☐ ☐ ☐
Proteine (Geflügel, Fisch, Rindfleisch, Hülsenfrüchte …)	☐ ☐
Fette (Butter, Öle …)	☐ ☐ ☐
Wasser	☐ ☐ ☐ ☐ ☐ ☐

Ich achtete dann einige Tage genau darauf, was ich aß. Dabei wurde mir klar, dass ich überwiegend von Brot, Fleisch und Fett lebte und kaum Obst, Gemüse und Milchprodukte aß. Außerdem trank ich so gut wie kein Wasser. Das war ein richtiger Schock für mich! Von da an hielt ich mich sehr genau an das Programm. Ich kreuzte jeden Abend an, was ich am Tag gegessen hatte. Ich aß zwar immer noch viel, aber ganz andere Dinge, nämlich Obst und Gemüse. Außerdem fing ich mit Gewichtheben und Laufen an. Mein Körper veränderte sich schnell. Das Übergewicht, das ich mit mir herumschleppte, schmolz in wenigen Monaten weg. Jetzt fühlte ich mich viel besser. Zu meiner Überraschung wurde ich, obwohl ich bisher ziemlich langsam war, sogar der schnellste Spieler in unserem Footballteam.

Willst du dich in Form bringen? Dann musst du erst mal herausfinden, was deinem Körper guttut. Die folgenden zehn Ernährungsprinzipien unterstützen dich dabei:

Tageskarte

1. Lass das Frühstück nie sausen.
2. Mach einen großen Bogen um alle Diäten. Damit nimmst du vielleicht vorübergehend ab. Langfristig aber wird der berühmt-berüchtigte Jo-Jo-Effekt zuschlagen. Dann wiegst du ganz schnell viel mehr als vor deiner Diät.
3. Iss jeden Tag mindestens fünf Portionen Obst und Gemüse. Achte dabei auf Abwechslung. Alle Sorten sind gut.
4. Verzichte auf behandelte Getreidesorten. Mach einen großen Bogen um Fertigmuffins oder weißen Reis. Nimm lieber braunen Reis und Vollkornprodukte.
5. Iss weniger Zucker, Konserven und Gebratenes. Und: Streich Limo, Marmelade oder Pommes möglichst oft von deinem Speiseplan.
6. Versorg dich jeden Tag mit Proteinen. Iss täglich zwei Portionen. Gut sind beispielsweise Fleisch, Geflügel, Fisch, Eier, Hülsenfrüchte oder Sojaprodukte.
7. Setz jeden Tag mindestens zwei Portionen Milchprodukte auf deinen Speiseplan – zum Beispiel Hüttenkäse, Joghurt oder Quark.
8. Ob Fisch, Nüsse, Oliven- oder Sonnenblumenöl: Versorg deinen Körper täglich mit gesunden Fetten.
9. Verteil deine Kalorienaufnahme über den gesamten Tag. Es ist besser, mehrere kleine Mahlzeiten zu essen als eine riesengroße.
10. Trink REICHLICH Wasser.

Neben gesunder Ernährung ist Bewegung ein entscheidender Faktor, um deinen Körper in Form zu bringen. Sicher hast du schon mal was über Endorphine gehört. Endorphine helfen dir, gute Laune zu haben und Schmerzen loszuwerden. Rate mal, was du tun kannst, damit dein Gehirn Endorphine ausschüttet? Genau: Versuchs mit Bewegung. Wer braucht schon Drogen, wenn er sich mit etwas Bewegung jederzeit in einen natürlichen Endorphinrausch versetzen kann?

Viele denken, dass sie keine Zeit für Bewegung hätten. In Wirklichkeit kannst du es dir aber gar nicht leisten, dich davor zu drücken. Ausreichend Bewegung sorgt dafür, dass du dich besser fühlst, besser aussiehst und sogar länger lebst. Deshalb empfehlen Gesundheitsexperten folgendes Bewegungsprogramm:

FÜR EINEN KLAREN KOPF: Yoga, Pilates, Atem- oder Meditationsübungen sorgen für Entspannung, beugen Verletzungen vor und stärken den Kreislauf. Drei kleinere Übungseinheiten pro Woche sind ideal zum Stressabbau.

TRAINING FÜRS HERZ: Schwimmen, Nordic Walking, Radfahren, Joggen, Kickboxen und alle anderen aeroben Ausdauersportarten stärken das Herz enorm. Natürlich profitieren auch deine Lungen und das Kreislaufsystem davon. Zudem werden so jede Menge Kalorien verbrannt. Empfohlen sind drei- bis fünfmal in der Woche jeweils 20 bis 60 Minuten.

MUSKELAUFBAU: Zum Muskelaufbau eignen sich besonders Gewichtheben und Gymnastik. Durch Gewichtheben verbrennt der Körper sehr viele Kalorien, und auch die Knochenmasse nimmt zu. Ideal sind zwei bis drei Trainingseinheiten mit einer Dauer von 20 bis 40 Minuten pro Woche.

PAUSEN EINLEGEN: Durch Krafttraining und andere anstrengende Sportarten werden Muskelfasern zerstört. In Ruhephasen bauen die Muskeln sich schnell wieder auf. Deshalb solltest du beim

Krafttraining darauf achten, nie an zwei Tagen hintereinander dieselbe Muskelgruppe zu belasten.

Als Faustregel gilt, dass ein halbes Kilo Körpergewicht 3850 Kalorien entspricht. Wenn du pro Woche ein Pfund abnehmen möchtest, musst du jeden Tag 550 Kalorien mehr verbrennen, als du aufnimmst. Das kannst du ganz leicht nachrechnen: 550 Kalorien x 7 Tage = 3850 Kalorien.

Informier dich über gesunde Ernährung und Bewegung. Bring dich in Form. Du wirst sehen, es tut unglaublich gut, wenn man sich in seinem Körper wohlfühlt. Aber Achtung: Ich möchte nicht, dass du dich nur noch mit deinem Aussehen beschäftigst, fast nichts mehr isst und spindeldürr wirst. Im Gegenteil: Du sollst deinem Körper etwas Gutes tun! Es geht gar nicht darum, wie du aussiehst. Was zählt, ist, dass du dich wohlfühlst und fit bist.

Der Hauptstein: Kluge Entscheidungen

Die 14-jährige Lea hat mir erzählt, dass sie zu Beginn der siebten Klasse eine besonders schwierige Zeit durchmachte. Alle achteten nur auf Aussehen, Kleidung und Beliebtheit. Aber Lea war übergewichtig. Deswegen wurde sie oft verspottet. Das gab ihr das Gefühl, von den anderen nicht akzeptiert zu werden.

Nach ein paar Monaten fand sie einige Freundinnen, und ihr Leben wurde viel besser. Doch ihre Freundinnen entwickelten sich bald in eine Richtung, die Lea nicht einschlagen wollte. Sie schwänzten die Schule, rauchten, tranken und probierten Drogen.

Als Lea eines Abends wieder mit ihren Freundinnen unterwegs war, betrachtete sie ihre Clique und dachte: »Sie sehen ja aus, als kämen sie direkt aus der Gosse! Bin ich etwa genauso?« Sie rief ihre

Mutter an und bat sie, sie abzuholen. An jenem Abend fasste sie den Entschluss, sich von nun an von diesen Mädchen fernzuhalten.

Die nächsten Wochen waren hart für Lea. Ihre alten Freundinnen gingen auf sie los, weil sie sich nicht mehr mit ihnen treffen wollte. Sie ließ das Mittagessen jetzt oft ausfallen. Es war ihr peinlich, allein in der Cafeteria zu sitzen. Aber Lea hielt durch. Schon bald fand sie neue Freundinnen, die ähnliche Grundsätze hatten wie sie selbst. Auch eine ihrer alten Freundinnen verließ die frühere Clique und schloss sich Lea an. So gewann Lea immer mehr Selbstbewusstsein und fand ihren Weg.

Eine einzige kluge Entscheidung kann dein ganzes Leben verändern. Aber: Was kommt zuerst? Trifft man gute Entscheidungen, weil man viel Selbstbewusstsein hat? Oder hat man viel Selbstbewusstsein, weil man gute Entscheidungen trifft? Wahrscheinlich ist das ähnlich wie mit der Frage, ob das Ei zuerst da war oder das Huhn. Es funktioniert in beide Richtungen.

Kluge Entscheidungen sind der Hauptstein des Triumphbogens des Selbstbewusstseins. **Wenn du hier richtig handelst, werden alle anderen Bausteine wie von selbst ihren Platz finden.** Kluge Entscheidungen stärken dein Selbstbewusstsein in mehrfacher Hinsicht:

ENTSCHEIDUNGEN, DIE AUF DEN HOHEN WEG FÜHREN …	… STEIGERN DEINE SELBSTACHTUNG
In der Schule dein Bestes geben.	• Du wirst mehr lernen, bessere Noten haben und später einen guten Job bekommen. • Deine Eltern werden nicht dauernd wegen deiner Noten an dir rumnörgeln.
Dir wahre Freunde suchen und selbst ein guter Freund sein.	• Deine Freunde werden dir helfen, dein Bestes zum Vorschein zu bringen. • Du wirst leichter echte Freunde finden.

Gut mit deinen Eltern klarkommen.	• Du wirst zu Hause weniger Stress haben. • Deine Eltern werden dich viel besser unterstützen.
Clever bei Verabredungen sein, nicht mit jedem ausgehen und gut auf dich achten.	• Du wirst einen guten Ruf haben. • Du musst keine Angst vor sexuell übertragbaren Krankheiten, einer ungewollten Schwangerschaft oder schlimmen Enttäuschungen haben.
Die Finger von Drogen und allen anderen Suchtmitteln lassen.	• Du wirst nicht süchtig und musst nicht mit den schlimmen Folgen einer Suchterkrankung leben. • Du fühlst dich fit und gesund. • Du verlierst nicht die Kontrolle über dein Leben.

Der soziale Spiegel macht uns vor, dass unser Selbstbewusstsein allein auf gutem Aussehen und Beliebtheit beruht. In Wirklichkeit erwächst es jedoch aus Charakter, Kompetenz und klugen Entscheidungen. Dumbledore sagt in *Harry Potter und die Kammer des Schreckens*:

»Viel mehr als unsere Fähigkeiten sind es unsere Entscheidungen, Harry, die zeigen, wer wir wirklich sind.«

Selbstzweifel besiegen

Einer der größten Filme aller Zeiten ist *Drei Amigos!*. Darin tobt ein heftiger Kampf zwischen den Guten und einem verrückten Verbrecher namens El Guapo. Um die Dorfbewohner dazu zu bringen, sich gegen El Guapo zu erheben, sagt einer der Amigos: »Irgendwann kommt für uns alle die Stunde, in der wir uns einem El Guapo stellen müssen. Für manche könnte der El Guapo Schüchternheit sein, für andere ihre fehlende Bildung. Für uns ist El Guapo ein großer, gefährlicher Kerl, der uns umbringen will.«

Wenn es um unser Selbstbewusstsein geht, muss jeder von uns irgendeinen El Guapo besiegen. Was ist deiner? Die drei folgenden sind besonders verbreitet:

- Wie kann ich selbstbewusst sein, wenn ich glaube, dass ich nicht gut aussehe?
- Wie kann ich damit fertigwerden, dass andere mich ständig mobben und beschimpfen?
- Wie kann ich aus meiner Depression herauskommen?

Wie kann ich selbstbewusst sein, wenn ich glaube, dass ich nicht gut aussehe?

Diese Frage hat mir Rotem aus Israel geschickt. Als Antwort möchte ich die Geschichte von Golda Meir erzählen, die sich in ihrer Teenager-Zeit genauso fühlte wie Rotem:

Ich war nie eine Schönheit. Als ich alt genug war, um zu verstehen, wie wichtig gutes Aussehen ist, war ich sehr, sehr traurig darüber: Bei jedem Blick in den Spiegel erkannte ich, dass Schönheit mir versagt bleiben würde. Doch dann fand ich heraus, was ich in meinem Leben wirklich machen wollte. Plötzlich war es nicht mehr wichtig, hübsch zu sein. Ich habe erst viel später begriffen, dass mein Aussehen eigentlich ein Segen für mich war. Es zwang mich dazu, meine inneren Stärken zu entwickeln. Mir wurde klar: Frauen, die sich nicht auf ihre Schönheit verlassen können, sind im Vorteil. Sie müssen aktiv werden und ihre Talente und Fähigkeiten ausbauen.

Golda Meir wurde die erste Ministerpräsidentin von Israel. Sie gilt als eine der größten Politikerinnen aller Zeiten. Wie hat sie ihr Selbstbewusstsein aufgebaut? Sie fand heraus, was sie wirklich machen wollte. Mit einem Schlag war es nicht mehr wichtig, hübsch zu sein. Diesen Weg kannst du auch gehen! Mach dir klar, was du erreichen willst. Überleg dir, was deine Lebensziele sind. Das gibt dir die Motivation, deine Träume wahr werden zu lassen. Dann wirst du dich nicht mehr auf dein Aussehen, sondern auf deine Ziele und Träume konzentrieren. Genau das ist der Schlüssel zum Erfolg!

Ziemlich alle Teenager würden gerne besser aussehen. Viele haben den Wunsch, etwas an sich verändern. Ich höre immer wieder Sätze wie:

»Meine Nase ist zu groß!«

»Ich habe schiefe Zähne!«

»Ich bin zu klein!«

»Ich habe abstehende Ohren!«

»Meine Beine sind krumm!«

Ich habe viele Teens aus der ganzen Welt gefragt, was sie am liebsten in ihrem Leben ändern würden. Hier die sieben häufigsten Antworten:

Was würdest du gerne verbessern?

- Besser aussehen
- Bessere Noten
- Mehr Selbstvertrauen
- Sportlicher sein
- Einen festen Freund oder eine Freundin haben
- Beliebter werden
- Mich mehr anstrengen

Es ist keine Überraschung, dass »besseres Aussehen« bei den Antworten an erster Stelle steht. Du solltest dich nicht auf dein Äußeres fixieren. Dennoch solltest du dich bemühen, deine Schokoladenseiten zu betonen. Letztlich ist jeder von uns auf seine ganz besondere Weise schön: funkelnde Augen, lange Wimpern, hohe Wangenknochen, eine niedliche Nase, breite Schultern, schöne Hände, muskulöse Beine, volle Lippen …

Denk daran: Wenn du nur in den sozialen Spiegel schaust, wirst du dir immer unzulänglich vorkommen. Wenn du aber in den wahren Spiegel blickst, wirst du erkennen, dass innere Schönheit viel wichtiger ist als äußere.

Der Autor Neal Maxwell bringt auf den Punkt, was wahre Schönheit ist:

»Wäre es nicht faszinierend, wenn das Aussehen der Menschen ihr wahres Selbst enthüllen würde? Dann wüssten wir, wer die wirklich schönen Menschen auf dieser Welt sind.«

Audrey Hepburn war zur Zeit meiner Eltern eine der bezauberndsten Hollywoodschauspielerinnen. Sie war für ihr Aussehen und ihren Stil berühmt und gab die folgenden Schönheitstipps:

Schönheitstipps

Für anziehende Lippen sprich freundliche Worte.

Für schöne Augen such nach dem Guten in den Menschen.

Für eine schlanke Figur
teil dein Essen mit den Hungrigen.

Für wundervolles Haar lass einmal am Tag
ein Kind mit den Fingern hindurchfahren.

Für eine gute Haltung geh in dem Wissen,
dass du nie allein sein wirst.

Die Schönheit einer Frau liegt nicht in ihrer Kleidung,
ihrer Figur oder der Art, wie sie ihr Haar kämmt.
Die Schönheit einer Frau muss man in ihren Augen
sehen, denn sie sind die Tür zu ihrem Herzen,
zu dem Platz, wo die Liebe wohnt.

Willst du dich umbringen?

Beim Versuch, gut auszusehen und uns gut zu fühlen, dürfen wir auf keinen Fall zu weit gehen. Das zeigt die folgende Geschichte:

Ich habe es mit Erbrechen versucht ... Ich dachte, so könnte ich alles schaffen, was ich wollte. Wenn ich etwas aß, was auf meiner Liste mit den schlechten Dingen stand, konnte ich es schnell wieder loswerden. Ich nahm an, wenn ich ein bestimmtes Gewicht erreichte, würde ich aufhören können. Merkwürdigerweise war die Zahl auf der Waage aber nie niedrig genug ...

Das ist die Denkweise von Menschen, die an einer Essstörung leiden. Die drei häufigsten Essstörungen sind:

- Anorexia nervosa: Magersucht – man isst so gut wie gar nichts mehr.
- Bulimia nervosa: Bulimie – man stopft sich mit Essen voll und erbricht es dann wieder.
- Man leidet unter unkontrollierbaren Fressanfällen.

Hast du gewusst, dass Zehntausende von Jugendlichen an Essstörungen gestorben sind oder noch daran sterben werden? Die Sterblichkeitsrate bei Anorexie ist die höchste unter allen psychischen Erkrankungen.

Nach Schätzungen von Gesundheitsexperten werden **5 bis 20 Prozent der Menschen, die an Anorexie leiden, daran sterben.** Das ist einfach fürchterlich!

Millionen von Teenagern leiden an Essstörungen. Du kennst vielleicht auch jemanden oder bist sogar selbst betroffen. Essstörungen treten sowohl bei Jungs als auch bei Mädchen auf, bei reichen und bei armen Menschen, bei Teenagern und bei Erwachsenen. Am häufigsten sind sie bei Mädchen im Teenageralter. Essstörungen werden von den Betroffenen oft jahrelang vertuscht. Und selbst wenn sie erkannt werden, streiten die Erkrankten oft alles ab, sodass keine Behandlung erfolgt.

Aber wie entstehen Essstörungen? Es gibt viele Faktoren, die dazu beitragen: Probleme in der Familie, Depressionen oder das zwanghafte Verlangen, dünn zu sein.

Wenn du eine Zukunft haben willst, brauchst du einen starken, gesunden Körper. Gedächtnisverlust, Desorientierung, verkümmerte Muskeln, Herzrhythmusstörungen bis hin zum Herzinfarkt und die vielen anderen Symptome von Anorexie kannst du dir nicht leisten. Lass dich nicht auf unnatürliche, ungesunde und vor allem gefährliche Essgewohnheiten ein! Denn: Essstörungen wird man nur schwer wieder los, sie können sogar das ganze Leben lang anhalten. Wenn du abnehmen möchtest, gibt es dafür natürliche, gesunde Methoden.

Und: Falls du im Augenblick unter einer Essstörung leidest, solltest du dich an deine Eltern, euren Hausarzt oder eine geeignete Institution in deiner Nähe wenden. Warte nicht länger – unternimm sofort was!

Wie kann ich damit fertigwerden, dass andere mich ständig mobben und beschimpfen?

Die Worte sprudelten nur so aus dem 16-jährigen Reese heraus. Dieses Mal hatte er eine wirklich tolle Geschichte zu erzählen! Er schilderte seinen Freunden in allen Einzelheiten, wie er sich beim Skifahren verirrt hatte und schließlich zur Olympia-Sprungschanze gekommen war, zu der normalerweise niemand Zutritt hatte. Plötzlich fiel Brad ihm scharf ins Wort: »Reese, halt endlich die Klappe! Deine blöde Geschichte interessiert keinen! Weißt du was? Du redest viel zu viel dummes Zeug!«

Alle lachten. Reese tat so, als würde ihm das überhaupt nichts ausmachen. Aber innerlich starb er tausend Tode. Er kam sich wie ein Riesentrottel vor und fragte sich, wie oft er den anderen schon mit seinen Geschichten auf den Geist gegangen war. Von da an achtete er genau darauf, was er seinen Kumpels sagte. Er rief sie auch nicht mehr an, um zu fragen, ob sie etwas zusammen machen wollten. Reese hatte viel zu viel Angst, sie zu nerven. Bald riefen sie ihn auch nicht mehr an. Er dachte: »Wenn sie etwas mit mir unternehmen wollen, werden sie mich anrufen.« Das taten sie aber nicht. Schließlich endeten diese Freundschaften. Das war ein schwerer Schlag für sein Selbstbewusstsein.

Solche Sachen passieren andauernd! Eine fiese Bemerkung. Ein unfreundliches Wort. Das tut weh! Deshalb sollten wir alle unsere Zungen viel besser im Zaum halten. Ich habe vor einiger Zeit mit einem Mädchen gesprochen, das die Schule regelrecht hasste. Als ich sie nach dem Grund fragte, brach sie in Tränen aus und sagte: »Weil in manchen Fächern ganz gemeine Mädchen dabei sind, die mir furchtbare Schimpfwörter an den Kopf werfen. Das halte ich einfach nicht mehr aus!«

Was kannst du tun, wenn dir so was passiert? Jeder, der mal was Derartiges durchgemacht hat, wird dir die gleiche Antwort geben. Bridget hat mir erzählt, wie sie gelernt hat, mit Gemeinheiten fertigzuwerden:

Als ich noch jünger war, habe ich mich kaum gewehrt. Wenn irgendjemand zu mir sagte, er fände meine Schuhe blöd, habe ich einfach gar nichts gesagt. Später habe ich mich dann mit Mädchen angefreundet, die einen guten Einfluss auf mich hatten. Zum Beispiel mit Michelle. Sie gibt nichts auf das, was andere über sie sagen. Sie ist einfach sie selbst. Wenn andere sie nicht leiden können, ist das eben deren Pech. Ich habe gelernt, dass man für sich eintreten und selbstbewusst sein muss. Wenn heute jemand zu mir sagt, dass er irgendwas blöd an mir findet, bin ich stark genug, um zu mir zu stehen und Flagge zu zeigen.

Das ist ein sehr guter Rat. Die meisten denken nicht wirklich nach, wenn sie mit Gemeinheiten um sich werfen. Deshalb sollte es dir total egal sein, was sie von dir halten.

Wie kann ich aus meiner Depression herauskommen?

Depression – dieses Wort wird viel zu oft benutzt. Weißt du, was es genau bedeutet? Der *Duden* gibt zwei Definitionen für »Depression«:

1. Traurigkeit
2. Seelische Erkrankung

Rachel erlebt gerade die erste Form – Traurigkeit:

Im Moment ist mein ganzes Leben der reine Stress. Ich mache mir nur noch Sorgen, bin deprimiert oder total obendrüber. Himmelhoch jauchzend – zu Tode betrübt: Meine Gefühle können sich nicht entscheiden! Das macht mich fertig. Und es hat auch Auswirkungen auf die Menschen in meinem Umfeld. Wenn ich zum Beispiel schlechte Laune habe, lasse

ich das oft an meiner Familie aus. Ich weiß, dass das ungerecht ist. Ich mache es aber trotzdem ...

Diese Form der Depression macht jeder mal durch. Das sind die normalen Höhen und Tiefen des Lebens. Viele Dinge können dazu führen, dass wir uns so fühlen: Unser Freund oder unsere Freundin hat Schluss gemacht, die Eltern wollen umziehen oder du hast die Mathearbeit verhauen. Das ist deprimierend. Aber es geht wieder vorbei. Dieses Gefühl hält meist nur ein paar Tage an.

Es gibt noch eine zweite Form der Depression: die psychische oder klinische Depression. Sie ist viel schlimmer. Viele denken, man kann sie einfach wegwünschen. Aber das stimmt nicht! Sie ist auch kein Zeichen persönlicher Schwäche. Die psychische oder klinische Depression wird durch schwerwiegende Dinge wie den Tod eines Freundes oder Familienmitglieds, Einsamkeit, Stress, Drogenmissbrauch oder Probleme in der Familie hervorgerufen. Zu den Symptomen gehören:

- große Veränderungen in Bezug auf Schlaf, Appetit und Energie,
- mangelndes Interesse an Aktivitäten, die einem früher viel Freude gemacht haben,
- das Gefühl von Traurigkeit, Schuld, Wertlosigkeit, Hoffnungslosigkeit und Leere,
- immer wiederkehrende Gedanken an den Tod oder an Selbstmord.

Falls du auch solche Symptome hast, kann ich dir sagen: Man kann etwas dagegen tun! Psychische oder klinische Depression können durch professionelle Beratung, angemessene Ernährung, ausreichend Bewegung, Medikamente oder eine Kombination aller dieser Maßnahmen behandeln werden. Dennoch lässt sich nicht einmal die Hälfte der Menschen, die unter einer klinischen Depression leiden, von Fachleuten helfen.

Von Zeit zu Zeit werden wir alle einmal körperlich krank – wir holen uns einen Schnupfen oder eine Grippe. Manchmal gehen wir zum Arzt und nehmen Medikamente. Wir reden ganz offen darüber und sagen: »Ich fühle mich einfach schrecklich!«

Aber: Wir können auch psychisch krank werden. Dann geraten die chemischen Stoffe in unserem Gehirn aus dem Gleichgewicht. Wir sind am Boden zerstört. Anders als bei körperlichen Beschwerden sprechen wir nicht offen über psychische Erkrankungen. Wir kommen uns vor wie Aussätzige, wollen nicht zum Arzt gehen oder Medikamente nehmen. Wir glauben, die Sache selbst in den Griff zu bekommen. Doch das ist ein gewaltiger Irrtum! Die Expertin Sherri Wittwer schreibt:

»Eine psychische Erkrankung zu haben, ist keine Schande. Diese Krankheiten unterscheiden sich nicht groß von anderen Erkrankungen, etwa Asthma oder Diabetes. Wir wissen, dass ihre Behandlung gut funktioniert, dass Heilung möglich ist und dass immer Hoffnung besteht.«

Hast du schon mal an Selbstmord gedacht oder dich gefragt, ob es überhaupt eine Rolle spielt, ob du lebst oder tot bist? Dann hör mir jetzt bitte gut zu:

Dort draußen gibt es jemanden, der dich liebt. Daran kannst du dich klammern. Wirf dein Leben nicht weg! Die Lage ist nie so schlimm, wie es auf den ersten Blick aussieht. Sprich sofort mit jemandem und erzähl ihm, wie du dich fühlst. Mach es so, als ob du mit ihm sprechen würdest, weil du eine fürchterliche Grippe hättest: »Mir geht es wirklich schlecht. Kannst du mir bitte helfen?«

Dido hat ein Lied darüber geschrieben, wie man in der Hoffnung auf eine bessere Zukunft mit Schmerz fertig werden kann:

»Ich komme, um das Tageslicht hereinzulassen.
Du kannst dich hier nicht länger verkriechen!
Du musst dir die verquollenen Augen waschen,
du kannst hier nicht mehr bleiben!

Wahrscheinlich willst du nicht hören, dass morgen alles anders aussieht,
aber ich verspreche dir, dass du die Sonne wieder sehen wirst!
Du fragst mich, weshalb man Schmerzen erleiden muss, um glücklich zu werden,
und ich verspreche dir, dass du die Sonne bald wieder sehen wirst …«

Ich könnte jetzt noch über viele andere El Guapos sprechen. Das lasse ich aber. Denn die Lösung ist fast immer dieselbe:

Konzentrier dich auf die Dinge, über die du die Kontrolle hast, schau in den wahren Spiegel und gib die Hoffnung nie auf!

Kostbare Diamanten

Vor ein paar Jahren hielt Russell Conwell eine Rede mit dem Titel »Diamantenfelder«. Darin erzählte er die Geschichte des Bauern Ali Hafid. Ali, der im alten Persien lebte, war unzufrieden mit dem, was er hatte. Deshalb verkaufte er seinen Hof und verließ seine Familie, um nach Diamanten zu suchen. Er zog jahrelang durch Palästina und Europa. Schließlich kam er an die spanische Küste. Er hatte keinen Cent, kam fast vor in Sehnsucht nach seiner Familie um und war völlig am Ende.

In seiner Verzweiflung ertränkte er sich im Meer. Später stellte sich heraus: Auf dem Land, das er verkauft hatte, befand sich die größte Diamantenmine der Welt. Wenn Ali zu Hause geblieben wäre und auf seinem eigenen Grund gegraben hätte, hätte er unendlich viele Diamanten gefunden.

Ich bin überzeugt, dass es bei jedem von uns auch so ist: Jeder besitzt eine Unmenge Fähigkeiten und Talente – »Diamanten«. Diese liegen bereits in uns, sodass wir nirgendwo anders danach suchen müssen. Also: Grabt auf euren eigenen Feldern!

In *Der König der Löwen* gibt es eine Szene, die genau das zum Ausdruck bringt: Nach dem Tod von Mufasa, dem König des Dschungels, soll sein Sohn Simba König werden. Simba fühlt sich jedoch für den Tod seines Vaters verantwortlich. Er läuft weg und verbringt die nächsten Jahre in Gesellschaft verantwortungsloser Freunde. Seine große Aufgabe und sein Erbe sind vergessen … Doch eines Nachts erscheint ihm sein Vater:

MUFASA: Simba, du hast mich vergessen!

SIMBA: Nein, wie könnte ich das?

MUFASA: Du hast vergessen, wer du bist. Und damit hast du auch mich vergessen. Blick in dich hinein, Simba. Du bist mehr als das, was du geworden bist. Du musst deinen Platz im Kreislauf des Lebens einnehmen.

SIMBA: Wie kann ich denn zurückgehen? Ich bin nicht mehr der, der ich war.

MUFASA: Denk daran, wer du bist. Du bist mein Sohn und der einzige wahre König. Denk immer daran, wer du bist. Vergiss das nie!

Ich hoffe, dass auch **du** daran denken wirst, wer **du** wirklich bist. Ich hoffe, dass du dich an die großen Dinge erinnern wirst, die du in deinem Leben schon geschafft hast: an jedes einzelne Mal, wenn du auf dein Herz gehört oder ein Ziel erreicht hast. Ich hoffe, du wirst dich an deine Träume und Hoffnungen für die Zukunft erinnern. Und daran, dass du nicht nur zu deiner eigenen Familie gehörst, sondern auch zur großen Familie aller Menschen.

Deine Familie könnte letztlich die größte Quelle sein, aus der du

Selbstbewusstsein beziehen kannst. Vielleicht denkst du jetzt: »Sean, du spinnst! Meine Geschwister kann ich nicht ausstehen und meine Eltern nörgeln ständig an mir rum!« Ja, manche Familien funktionieren wirklich nicht. Die meisten sind allerdings ziemlich gut. Auch wenn du dich manchmal tierisch über sie ärgerst: Deine Eltern und deine Geschwister werden in schwierigen Situationen immer für dich da sein und alles Menschenmögliche für dich tun.

Heute versuchen viele, über das Internet ihren Stammbaum zu erstellen. Schau doch mal, ob du in der folgenden Abbildung drei Generationen deiner Vorfahren eintragen kannst! Setz zuerst deinen eigenen Namen ein und geh dann über deine Eltern und Großeltern zu deinen Urgroßeltern zurück. Falls du irgendwo nicht weiterkommst, bitte deine Eltern oder deine Großeltern, dir zu helfen.

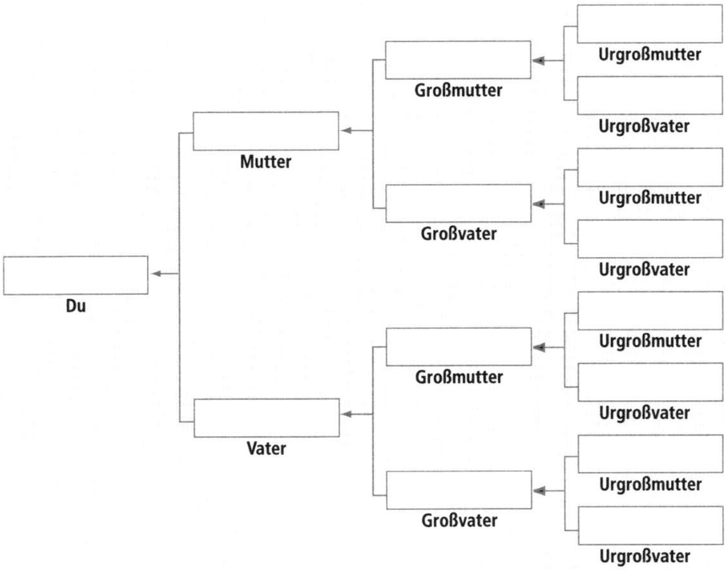

Wie gut kennst du dich mit deiner Abstammung aus? Kannst du Geschichten über deine Großeltern oder Urgroßeltern erzählen? Wie waren sie als Teenager? Ich wette, dass jeder von euch unter seinen Vorfahren jemanden findet, der ein tolles Vorbild für ihn sein kann. Wenn du deine Familie näher kennenlernst, wird dir das ein Gefühl der

Zugehörigkeit und Sicherheit geben. Dann wirst du wie Simba sehen, dass du Teil eines Ganzen bist, das viel größer ist als du selbst. Und du wirst erkennen, was für einen starken Einfluss ein einzelner Mensch – im Guten wie im Schlechten – auf ganze Generationen haben kann.

Lass dein inneres Licht leuchten!

Obwohl manche Teenager schon sehr viel Selbstbewusstsein in die Wiege gelegt bekommen haben, müssen die meisten doch hart daran arbeiten. Vielleicht wird es Jahre dauern, bis du erkennst, wozu du wirklich fähig bist. Du wirst nicht einfach eines Tages aufwachen und sagen: »Toll, ich bin so froh, dass ich ich bin!« Aber ich verspreche dir: Irgendwann wird genau das passieren! Dein wahrer Wert hat nichts mit deinem Aussehen oder deiner Beliebtheit zu tun. Er beruht auf der Tatsache, dass du ein Mensch mit einem riesengroßen Potenzial bist. Niemand von uns ist mehr oder weniger wert als ein anderer. Wir sind alle gleich und unendlich viel wert! Deshalb solltest du dich *nie* mit anderen *vergleichen*. Du bist weder besser noch schlechter. Es spielt keine Rolle, dass du eine Zahnspange trägst, Akne hast oder schüchtern bist. Eines Tages wird das alles vorbei sein! Lass nie zu, dass der soziale Spiegel dir deine einzigartigen Fähigkeiten und Talente raubt. Davor warnt auch der große Erfinder R. Buckminster Fuller:

> **»Alle Kinder werden als Genies geboren: 9999 von 10 000 werden allerdings schnell, wenn auch unabsichtlich, von Erwachsenen ihres Genies beraubt.«**

Woran kannst du sehen, dass dein Selbstbewusstsein steigt?

- Du wirst dir nicht mehr so viele Gedanken darüber machen, was andere von dir halten.
- Du wirst dich mehr für andere einsetzen und sie unterstützen.
- Du wirst dich schneller von Rückschlägen erholen.
- Du wirst mehr innere Sicherheit verspüren.
- Du wirst dich über den Erfolg von anderen freuen.

Du musst dich entscheiden: Tag für Tag!

Wir alle müssen uns jeden Tag aufs Neue für unser Selbstbewusstsein entscheiden. In der *Deseret Morning News* habe ich etwas Interessantes zu diesem Thema gelesen:

> Lieber Harlan,
> ich habe gerade mit dem Studium angefangen und brauche dringend deinen Rat: Wie kann ich damit umgehen, dass ich unattraktiv bin? Ich bin zu dick, habe aber mit einigem Erfolg daran gearbeitet, mein Übergewicht loszuwerden. Ich habe ausgeprägte Cellulitis zurückbehalten und zudem auch noch Akne-Narben im Gesicht und auf der Brust.
> Ich bin noch nie mit einem Mädchen ausgegangen. Es wäre schön, wenn ich mal ein Mädchen kennenlernen würde. Wie schaffe ich es, mit meinen Komplexen fertigzuwerden?
> Der Maskenträger
>
> Lieber Maskenträger,
> ich habe mich am Wochenende mal ein bisschen in einem Einkaufszentrum umgesehen. Dabei sind mir Dutzende verliebter Paare mit schlechter Haut, Zahnspangen und Cellulitis begegnet. Schlussfolgerung: Nicht dein Aussehen steht dir im Weg, sondern du selbst! Du bist so daran gewöhnt, dich als minderwertig zu betrachten, dass du den Mädchen gar keine Chance gibst.
> Hier mein Rat: Arbeite daran, tolle Eigenschaften zu sammeln! Eigne dir jeden Monat etwas Neues an – Sport, dich für andere engagieren oder zuhören

lernen. Dann wirst du nach einem Jahr 12 richtig gute Eigenschaften mehr haben, nach zwei Jahren 24 und immer so weiter.
Je mehr gute Eigenschaften du sammelst, desto mehr Grund hast du, zu lächeln. Vergiss nicht: Du bist attraktiv! Du verdienst das Beste. Wenn du heute lernst, dich selbst zu lieben, werden morgen auch andere lernen, dich zu lieben.

Welchen Weg willst du jetzt gehen? Den hohen oder den niedrigen? Mein Tipp: Nimm den hohen Weg. Schau in den wahren Spiegel, entwickle Charakter und Kompetenz und freu dich darauf, deine »Diamanten«, dein wahres Potenzial zu entdecken.

SELBSTBEWUSSTSEIN

HOHER WEG	NIEDRIGER WEG
+ Dein bestes Ich »sehen«	– Dir andauernd Gedanken über die Meinung der anderen machen
+ Deinen Charakter und deine Kompetenz entwickeln	– Nichts tun, um dich zu verbessern
+ Lernen, dich zu lieben – mit allen Fehlern und Schwächen	– Jede kleine Unvollkommenheit an dir höchst kritisch zu beäugen

Ein gesundes Selbstbewusstsein aufzubauen bedeutet nicht, dass du nie mehr verletzt werden und dich nie mehr unsicher fühlen wirst. Aber du hast dann ein *starkes Immunsystem*, das die Bazillen bekämpfen kann, die dir das Leben schickt. Sei doch wie ein Pfirsich! Pfirsiche sind außen süß und köstlich, haben innen aber einen harten Kern. Wir sollten keine Angst davor haben, Liebe zu geben, offen und verletzlich zu sein. Ja, vielleicht werden wir hin und wieder verletzt: Aber damit werden wir fertig! Im Inneren haben wir einen festen, unerschütterlichen Kern, den niemand zerbrechen kann.

Also: Lass dich nicht einschüchtern – **sei selbstbewusst!**

Kleine Schritte

1. Mach eine Liste mit deinen besten Talenten und Fähigkeiten. Füg dann noch eine Sache hinzu, die du gerne hättest.

   Neue Fähigkeit:

   ____

2. Versuch's bei deinem nächsten Fehler mit *Vier gewinnt!*. Mach deinen Fehler viermal wieder gut.

3. Hilf an fünf Tagen hintereinander einem Menschen, der deine Unterstützung gut brauchen kann. Hak die Kästchen ab und achte darauf, wie gut du dich dann fühlst.

   ☐ 1. Tag ☐ 2. Tag ☐ 3. Tag ☐ 4. Tag ☐ 5. Tag

4. Was war bisher die größte Leistung in deinem Leben? Schreib auf, wie sich das auf dein Selbstbewusstsein ausgewirkt hat.

   ____

   ____

5. Leg einen Integritätstag ein: Sei einen Tag lang bei allem, was du machst, ganz ehrlich. Keine Lügen, keine Mogeleien oder Täuschungen, keine Übertreibungen, kein Tratschen! Halte alle deine Versprechen. Achte genau darauf, wie gut du dich dann fühlst.

6. Schreib fünf Ziele auf, die du in deinem Leben unbedingt erreichen willst.

____

____

7. Zähl drei Tage hintereinander, wie viele Portionen Obst und Gemüse du isst. Falls es nicht mindestens fünf sind, stell deine Ernährung um.

Portionen Obst und Gemüse

1\. Tag

____

2\. Tag

____

3\. Tag

____

HALTE DICH AN DEN KODEX

Triff gute Entscheidungen – es lohnt sich!

Im Film *Fluch der Karibik* gibt es eine unvergessliche Szene. Als alles verloren scheint, fragt einer der Piraten Captain Jack Sparrow, was sie tun sollen. Der Captain ist zwar nicht gerade ein redlicher Mann, hat aber *eine sehr gute Antwort* parat. Er sagt:

»Halte dich an den Kodex!«

Captain Sparrow meint natürlich den Piraten-Kodex. Doch in diesem Buch bedeutet »Halte dich an den Kodex!« etwas anderes. Hier heißt es: Bleib auf Kurs und triff an jeder Weggabelung kluge Entscheidungen! Es geht darum, sich an das zu halten, was richtig ist – auch wenn das manchmal schwer oder unpopulär ist. Und: Wenn du mal vom richtigen Weg abkommst, dann kehr um. Geh schnell wieder dorthin zurück!

Ich würde dir gern sagen, dass von jetzt an alles in deinem Leben eitel Sonnenschein sein wird. Aber das wäre glatt gelogen! Du wirst deprimierende Tage haben und Tage, an denen du mit deinem Aussehen nicht zufrieden bist. Manchmal wird es dir so vorkommen, als wäre alles verloren. Für solche Situationen kann ich dir nur raten: »Halte dich an den Kodex!« Bleib auf dem richtigen Kurs und folge deinem Gewissen. Hör auf die Stimme der Vernunft in dir, die dich glücklich macht, wenn du etwas Gutes getan hast. Dein Gewissen wird dir helfen, auf dem richtigen Weg zu bleiben.

Es gibt schon lange Diskussionen darüber, was uns zu dem macht, was wir sind: Unsere Gene? Oder unser Umfeld? Oder unsere Erziehung? Meine Antwort lautet: Weder – noch!

Unsere Entscheidungen machen uns zu dem, was wir sind!

Natürlich sind unsere Gene, unser Umfeld und unsere Erziehung wichtige Einflussfaktoren. Doch der Hauptpunkt sind unsere Entscheidungen. Deshalb: Denk daran, dass du in deiner Teenagerzeit sechs Entscheidungen treffen musst, die sich auf dein ganzes Leben auswirken. Von diesen Entscheidungen hängt deine Zukunft ab – im Guten wie im Schlechten. *Du hast die Freiheit, deinen Weg selbst zu wählen.* Ich hoffe, dass du jetzt gut darauf vorbereitet bist, die folgenden Fragen zu beantworten:

- Was mache ich mit Schule und Ausbildung?
- Welche Freunde wünsche ich mir? Und was für ein Freund will ich selbst sein?
- Wie soll die Beziehung zu meinen Eltern aussehen?
- Was ist mit Dates und Sex?
- Wie gehe ich mit dem Rauchen, Alkohol, Drogen, Pornographie und anderen Dingen, die süchtig machen, um?
- Was werde ich tun, um mein Selbstbewusstsein aufzubauen?

Triff kluge Entscheidungen:
Davon hängt dein ganzes Leben ab!

Wenn du dich für den hohen Weg entscheidest, wird dir das helfen, heute glücklich und gesund zu sein. Zudem bist du bestens auf die Zukunft vorbereitet und kannst etwas aus deinem Leben machen! Vielleicht denkst du jetzt: »Wenn ich dieses Buch doch bloß schon früher gelesen hätte! Leider habe ich mich schon ziemlich oft falsch entschieden.« Keine Panik! **Es ist nie zu spät**, aus seinen Fehlern zu lernen und sein Leben wieder auf den richtigen Kurs zu bringen.

Ob du 15, 19 oder 25 bist:
Du kannst deinen Kurs immer noch ändern!

Natürlich ist es besser, von Anfang an den hohen Weg zu gehen. Denn: Wer wirklich klug ist, lernt nicht nur aus seinen eigenen Fehlern, sondern vor allem aus denen der anderen. Falls du schon auf dem hohen Weg bist, dann streck anderen die Hand entgegen. Verurteile sie nicht. Hilf ihnen, auch auf den hohen Weg zu kommen. Wenn einer deiner Freunde die Schule schwänzt oder mit Drogen zu tun hat, kannst du einen guten Einfluss auf ihn ausüben. Wer weiß, vielleicht bist du ja der Lebensretter, den er gerade so dringend braucht!

Es gibt in unserer Welt viel Negatives – da lässt man leicht den Kopf hängen. Doch du solltest den Mut nicht verlieren. Es gibt so viel Gutes und Schönes um dich herum. Das erinnert mich an das Gespräch von Frodo und Sam in *Der Herr der Ringe*, als beide völlig am Ende sind und kaum noch Hoffnung haben.

> **SAM:** Es ist wie bei allen großen Geschichten, Herr Frodo. Den Geschichten, die wirklich von Bedeutung sind. Sie alle sind voller Dunkelheit und Gefahr. Manchmal will man gar nicht wissen, wie sie ausgehen. Wie hätten sie ein gutes Ende finden können? Wie hätte die Welt nach all dem wieder so werden können wie vorher? Doch letztlich wird dieser Schatten vorübergehen. Selbst die tiefste Dunkelheit wird vergehen. Ein neuer Tag wird kommen. Und dann wird die Sonne wieder umso heller scheinen. Das sind die Geschichten, die ich behalten habe. Die etwas bedeuteten. Auch wenn ich damals noch nicht verstehen konnte, weshalb das alles so war.
>
> Aber ich glaube, jetzt verstehe ich es, Herr Frodo. Die Menschen in jenen Geschichten hatten eine Menge Gelegenheiten, umzukehren. Genau wie wir. Aber sie haben es nicht getan. Sie gingen weiter. Weil es etwas gab, was ihnen wichtig war!
>
> **FRODO:** Was ist denn für uns so wichtig, Sam?
>
> **SAM:** Dass es in dieser Welt Gutes gibt, Herr Frodo. Und dass es sich lohnt, dafür zu kämpfen!

Ich bin genau der gleichen Meinung: Es gibt viel Gutes auf dieser Welt – und es lohnt sich, dafür zu kämpfen. Ich bin fest davon überzeugt, dass auch du gut bist und dass es sich lohnt, um dich zu kämpfen. Ich glaube sogar, dass ihr die beste Teenagergeneration aller Zeiten seid. Deshalb habe ich das Buch hier geschrieben.

Jetzt sind wir am Ende angekommen. TOLL, dass du dieses Buch bis zum Ende gelesen hast! Bevor ich mich nun verabschiede, wünsche ich dir von ganzem Herzen Erfolg für dein Leben. Bleib auf Kurs und halte dich an den Kodex! Und: Lies bitte noch ganz viele andere Bücher! Bücher sind die beste Nahrung fürs Gehirn!!!

Stichwortverzeichnis

Alkohol 241 f.
Allen, Woody 69
Andere ausgrenzen 116 f.
Anderson, Kristen 222
Ausbildung 74 ff.
Aussehen 300 ff.

Bedürfnisland 88
Bedürfnisse 80 ff.
Beethoven, Ludwig van 66
Beliebtsein 103 f.
Buckminster Fuller, Richard 312
Bulimie 304
Bytheway, John 33

Charakter 282 ff.
Checkliste für Verabredungen und Sex 184 f.
Check-up zum Thema Sucht 233
Christie, Agatha 66
Cline, Victor 265
Conwell, Russell 309

Das Wichtigste zuerst tun (3. Weg) 31 ff.
Dates und Sex (4. Entscheidung) 181 ff.
Depressionen 219, 306 ff.
Der Herr der Ringe 320
Der König der Löwen 310
Die 7 Wege zur Effektivität für Jugendliche 25, 324
Die Säge schärfen (7. Weg) 31 ff., 54 ff.
Dienen 286 ff.
Drei Amigos! 300
3. Alternative 165, 171
Drogen 229 ff.

Einstein, Albert 65
Eltern (3. Entscheidung) 133 ff.
Eltern-Check 138
Emotionales Beziehungskonto 113 ff., 139 ff.
Ernährung 293 ff.
Erst verstehen, dann verstanden werden (5. Weg) 31 ff., 115, 163 ff.
Essstörung 303 ff.

Fähigkeiten 290 ff.
Fehler in einer Beziehung 192
Fehler, die Teenager in Gesprächen oft machen 173 f.
Fluch der Karibik 318
Ford, Henry 66
Freier Wille 18, 208 f.
Freiheit zu wählen 18, 207 f., 231, 319
Freunde (2. Entscheidung) 95 ff.
Freundschafts-Check 98
Fröhliche Weihnachten 107
Frost, Robert 26
Fünf-Schritte-Plan zur Schaffung von Synergien 168 ff.

Gangs 125 ff.
Gesundheit 293 ff.
Gewinn-Verlust-Denken 160 f.
Gewissen 80 ff., 208 f.
Gewissensland 89
Gewohnheiten 25, 41, 52, 73, 174,
Golding, William 265
Gruppendruck 119 ff.
Guapo, El 300

Hafid, Ali 309 f.
Hausaufgaben 37, 44 ff., 71, 73 f., 168 ff.
Hepburn, Audrey 302 f.
Herr der Fliegen 265

Innere Stimme 80 ff.
Integrität 284
Intelligenz 66 f.

Kaplan, Ben 78 f.
Keith, Kent 129
Klatsch und Tratsch 107
Kleine Schritte 92 ff., 130 f., 178 f., 226 f., 268 ff., 315 f.
Kodex 317 ff.
Kokain 253 f.
Komfortzone 290 f.
Kommunikationslücke 150 ff.
Kompetenz 282 ff.
Konkurrenz 108 f.

Last-Minute-Büffler 61
Lebensaufgabe 90 ff.
Lebensverdienst 49
Lebenszentrum 102 ff.
Legasthenie 69
Leidenschaft 80 ff.
Leidenschaftsland 87
Leitbild 91, 122 f.

Leitlinien für cleveres Dating 20ff.
Lerngewohnheiten 73f.
Lernprobleme 67ff.
Liebeskummer 217f.
Lincoln, Abraham 118

Magersucht 304
Marihuana 244ff.
Marshmallow-Deal 47f.
Medikamentenmissbrauch 244f.
Meeker, Meg 219
Meir, Golda 300f.
Menschliche Turbo-Werkzeuge 208f.
Methamphetamin 254ff.
Mischel, Walter 47f.
Mobbing 305f.
Murray, Bill 92
Mut 127f.
Mutter Teresa 129
Mutzone 290f.
Mythen über Sex 205ff.

Nein Sagen 60, 260f.
Newton, Isaac 65
Noten 65ff.

Paradigma 28f.
Partydrogen 248f.
Patchwork-Familie 137
Persönliche Zeitverschwender (PVZ) 59
Picasso, Pablo 66
Pornographie 263ff.
Potter, Harry 120, 299
Price, Durelle 189
Prinzipien 28ff., 103, 192
Prioritäten 35ff.
Pro-aktiv sein (1. Weg) 31ff., 208

Queen Bees & Wannabes 104

Rauchen 243f.
Reaktion 208
Reisen 63ff.
Reiz 208
Retterkomplex 195
Rohn, Jim 209

Safer Sex 210
Scheidung 150ff.
Schlafmangel 56f.
Schluss machen 193ff.
Schnüffelstoffe 252f.
Schokoladenfarm 84
Schon am Anfang das Ende im Sinn haben (2. Weg) 31ff., 122, 190
Schönheitstipps 303
Schulabschluss 50ff.
Schul-Check-up 46
Schule (1. Entscheidung) 43ff.
»Schutzschild gegen Gruppendruck« 121ff.
Schwangerschaft 215ff.
Selbstbewusstsein (6. Entscheidung) 271ff.
Selbstverteidigung 107f.
Selbstwahrnehmung 208f.
Selbstzweifel 300ff.
Sex 181ff., 205ff.
Sexuell übertragbare Krankheiten 211ff.
Sparrow, Jack 318
Spiegel 275ff.
Spiegeln 163ff.
Star Wars 25
Steroide 250f.
»Stimmenfinder« 85ff.
Stipendium 78ff.
Studium 74ff.
Süchte (5. Entscheidung) 229ff.
Synergien schaffen (6. Weg) 39, 165ff.

Talent 80ff., 290ff.
Talentland 86
Test in Sachen Selbstbewusstsein 274f.
Thoreau, Henry David 257
Twain, Mark 135

Überfürsorgliche Eltern 149f.
Überlebenstipps für Freundschaften 99ff.
Universität 77f.
Unterstützungssystem 124f.

Vergleiche 146f., 312
Vertrauen 288f.
Vorschnelle Urteile 111f.
Vorstellungskraft 208f.

Wahre Liebe 220ff.
Was ist mit Bob? 92
Weihenmayer, Erik 207
Winfrey, Oprah 90f.
Win-Win-Denken (4. Weg) 160ff.
Win-Win-Sätze 162, 165
Wiseman, Rosalind 104

Zahlenlabyrinth 27, 42
Zauberwörter 145f.
Zeitfinder 58ff.
Zeit-Quadranten 36f.
Ziele 122f.

Über den Autor

Sean Covey ist ein international gefragter Vortragsredner und New-York-Times-Bestsellerautor. Er hat mehrere Bücher geschrieben – darunter *Die 6 wichtigsten Entscheidungen für Jugendliche, Die 7 Wege zur Effektivität für Jugendliche* und *Die 7 Wege zur Effektivität für Jugendliche – Workbook.*

Als Präsident von FranklinCovey Education widmet sich Sean der Verbesserung von Bildungsmöglichkeiten auf der ganzen Welt. Zudem leitet er das Schulentwicklungsprogramm Leader in Me® von FranklinCovey, das mittlerweile in über 6000 Schulen eingesetzt wird.

Sean wurde in Belfast (Nordirland) geboren. Nach dem Bachelorstudium an der Brigham Young University in Utah (USA), machte er seinen MBA in Betriebswirtschaft an der Harvard Business School. Als Quarterback für die Brigham Young University führte er sein Team in zwei Endspiele und wurde vom amerikanischen Kabelsender ESPN zweimal zum wertvollsten Spieler gewählt.

Seine Lieblingsbeschäftigungen sind Kinobesuche, Sport, Unternehmungen mit der Familie, Mountainbike fahren, Kurzfilme drehen und Bücher schreiben. Sean und seine Frau Rebecca leben mit ihren Kindern in den Rocky Mountains.

Über FranklinCovey

FranklinCovey ist ein internationales Beratungs- und Trainingsunternehmen, das auf die Entwicklung von Unternehmens- und Führungskultur spezialisiert ist. Weltweit in über 150 Ländern vertreten, berät FranklinCovey mit rund 3500 Beratern in bis zu 40 Sprachen Kunden aller Branchen im Bereich der Organisations- und Personalentwicklung. Dabei ist es das Ziel, deren Unternehmenskultur als strategischen Wettbewerbsvorteil aufzubauen.

Programminhalte und Angebote

FranklinCoveys Programme wurden über viele Jahre entwickelt und orientieren sich an wissenschaftlich belegten Verhaltensmustern. Die Inhalte sind darauf ausgelegt, Führungskräften und Mitarbeitern prinzipienorientierte Einstellungen und relevante Kompetenzen zu vermitteln und ihnen zu zeigen, wie sie diese anhand von erprobten Werkzeugen umsetzen. Dabei ist das Ziel, Veränderungen auf allen Ebenen zu erreichen und somit die Kultur der Unternehmen nachhaltig zu entwickeln.

Die Kompetenzfelder von FranklinCovey sind:

- Führung
- Produktivität
- Vertrauen
- Umsetzung
- Vertrieb

Programmportfolio

FranklinCovey bietet eine große Bandbreite von innovativen, hochwertig ausgearbeiteten Trainingsformaten an, die von klassischen Workshops über Vorträge bis hin zu Online- und Blended-Learning-Konzepten reichen. Neben Firmentrainerausbildungen und IP-Lösungen ist auch die Beratung und Leitung von Change-Projekten enthalten. Für Unternehmen und Organisationen bietet FranklinCovey alle seine Trainingsinhalte und Programme sowie Webinare und Lernvideos auch als All Access Pass™ an.

www.franklincovey.com, www.franklincovey.de

DIE COVEY-BIBLIOTHEK: DER SCHLÜSSEL ZU DEINEM PERSÖNLICHEN ERFOLG

GLEICH WEITERLESEN?

Entdecke noch mehr **Tipps, Tricks und Praxis-Hacks** für ein erfolgreiches, glückliches Leben. Scanne den QR-Code – und schon kommst du zu unserer **Covey-Bibliothek**.

Hier warten spannende **Leseproben** zu den Themen **Erfolg, Persönlichkeitsentwicklung** und **Besser leben** auf dich. Finde dein Wunschbuch und bestelle es ganz bequem mit nur einem Klick.

gabal-verlag.de
gabal-magazin.de

GABAL.
Wissen vernetzen